高等院校电子商务专业系列规划教材

电子商务法

Electronic Commerce Law

郭海霞 主　编
张　聪　孔令秋　隋丽丽 副主编
何宏莲　刘尊梅 参　编

电子工业出版社
Publishing House of Electronics Industry
北京·BEIJING

未经许可，不得以任何方式复制或抄袭本书部分或全部内容。
版权所有，侵权必究。

图书在版编目（CIP）数据

电子商务法 / 郭海霞主编. —北京：电子工业出版社，2021.4
ISBN 978-7-121-40831-1

Ⅰ. ①电… Ⅱ. ①郭… Ⅲ. ①电子商务－法规－中国－高等学校－教材 Ⅳ. ①D922.294

中国版本图书馆 CIP 数据核字（2021）第 051239 号

责任编辑：刘淑敏
文字编辑：王 戬
印　　刷：三河市鑫金马印装有限公司
装　　订：三河市鑫金马印装有限公司
出版发行：电子工业出版社
　　　　　北京市海淀区万寿路 173 信箱　邮编：100036
开　　本：787×1 092　1/16　印张：14.75　字数：387 千字
版　　次：2021 年 4 月第 1 版
印　　次：2021 年 11 月第 2 次印刷
定　　价：49.80 元

凡所购买电子工业出版社图书有缺损问题，请向购买书店调换。若书店售缺，请与本社发行部联系，联系及邮购电话：（010）88254888，88258888。
质量投诉请发邮件至 zlts@phei.com.cn，盗版侵权举报请发邮件至 dbqq@phei.com.cn。
本书咨询联系方式：（010）88254199，sjb@phei.com.cn。

前　言

随着《中华人民共和国电子商务法》（简称《电子商务法》）的颁行，学习《电子商务法》成为全社会的风气。电子商务法课程现在已经成为全国高等学校法学专业、电子商务专业教学中不可或缺的专业课程。为了适应电子商务法课程教学发展的需要，本书紧密结合《电子商务法》，以其为主线构建本书的框架体系，全书共十一章，具体包括"电子商务法概述""电子商务经营者""电子签名法律制度""电子合同法律制度""电子支付法律制度""电子商务知识产权保护法律制度""电子商务消费者权益保护法律制度""电子商务安全与网络犯罪""电子商务税收法律制度""电子商务争议解决""跨境电子商务法律法规"等内容。

与以往该课程教材相比，本书具有以下特点。

第一，本书内容紧密结合我国电子商务最新的立法实践，强调法律内容的与时俱进性，突出解决电子商务法律问题的及时性和急迫性。

第二，以解决实际电子商务法律问题为目的，紧紧围绕电子商务法律实践的工作流程，将实体法与程序法有机地结合起来，以保证本书的实用性和知识的全面性。

第三，理论学习与实践能力同步培养。本书在每章章首都设置了"学习目标""案例导读"等，章后有"本章实践技能操作"和"本章知识自测"，在正文中设置"相关链接"等众多独具特色的栏目，使教材系统性更加突出，内容更加丰富充实，从而实现了在内容和形式上的"双创新"。

本书由东北农业大学的郭海霞担任主编，隋东旭负责全书统稿工作。哈尔滨学院的张聪、孔令秋和哈尔滨师范大学的隋丽丽担任副主编，东北农业大学的何宏莲、刘尊梅担任参编。具体分工如下：张聪撰写第 1 章、第 3 章；郭海霞撰写第 2 章、第 5 章、第 8 章；隋丽丽撰写第 4 章、第 6 章；何宏莲撰写第 9 章，刘尊梅撰写第 10 章；孔令秋撰写第 7 章、第 11 章。

本书在编写过程中参阅和借鉴了大量的相关书籍、报纸、学术论文和网站的内容，在此表示感谢。由于电子商务法本身是一门不断发展的，并有待于进一步发展的课程，加之作者水平有限，书中的缺点和错误在所难免，恳请专家、读者不吝赐教。编者邮箱为：klq2006@126.com。

本书可以作为电子商务专业、法学专业、经济管理及其他相关专业的本科学生学习电子商务法律课程的教材，也可供成人院校、独立院校及其他相关人士阅读参考。

目　　录

第1章　电子商务法概述 ... 1
1.1　电子商务概述 ... 2
1.1.1　电子商务的内涵 ... 2
1.1.2　电子商务的主体与参与对象 ... 4
1.1.3　电子商务的功能 ... 4
1.2　电子商务法的内涵 ... 6
1.2.1　电子商务法的概念 ... 6
1.2.2　电子商务法的特点 ... 6
1.2.3　电子商务法的基本原则 ... 7
1.2.4　电子商务法的调整对象 ... 9
1.2.5　电子商务法律关系 ... 9
1.3　国内外电子商务立法概况 ... 12
1.3.1　国际电子商务立法概况 ... 12
1.3.2　我国电子商务立法概况 ... 13
1.3.3　我国《电子商务法》及其主要内容 ... 14
本章实践技能操作 ... 17
本章知识自测 ... 18

第2章　电子商务经营者 ... 20
2.1　电子商务经营者概述 ... 21
2.1.1　民事法律关系主体 ... 21
2.1.2　电子商务经营者的概念与分类 ... 22
2.1.3　电子商务经营者的特征 ... 23
2.2　电子商务经营者的一般规定 ... 23
2.2.1　电子商务经营者的市场主体登记 ... 24
2.2.2　电子商务经营者应当依法履行纳税义务 ... 24
2.2.3　依法取得行政许可的义务 ... 25
2.2.4　电子商务经营者的法定义务与消费者权益保护 ... 25
2.3　电子商务平台经营者的法律规制 ... 27
2.3.1　电子商务平台经营者网络服务的法律规制 ... 27
2.3.2　我国《电子商务法》中的相关规定 ... 30
本章实践技能操作 ... 34
本章知识自测 ... 34

第3章 电子签名法律制度 37

3.1 电子签名与电子签名法 38
3.1.1 电子签名的基本含义 38
3.1.2 电子签名的相关概念 39
3.1.3 电子签名、传统签名与数字签名 40
3.1.4 我国《电子签名法》的基本框架 41

3.2 电子签名的法律效力 42
3.2.1 电子签名的法律效力概述 42
3.2.2 电子签名的法律效力 43

3.3 电子认证及其法律效力 45
3.3.1 电子认证的概念 46
3.3.2 电子签名和电子认证的关系 46
3.3.3 我国电子认证立法 47
3.3.4 电子签名认证证书制度 47
3.3.5 电子认证机构 50
3.3.6 电子认证服务过程中的法律责任 55

本章实践技能操作 57
本章知识自测 57

第4章 电子合同法律制度 60

4.1 电子商务合同概述 61
4.1.1 电子商务合同的概念与特征 61
4.1.2 电子商务合同的分类 62
4.1.3 电子商务合同对传统合同法的冲击和挑战 63

4.2 电子商务合同的订立 64
4.2.1 电子商务合同的主体 65
4.2.2 电子商务合同中的要约 66
4.2.3 电子商务合同中的承诺 68
4.2.4 电子商务合同的成立 69

4.3 电子商务合同的形式和条款 70
4.3.1 合同的书面形式 70
4.3.2 电子商务合同的条款 71

4.4 电子商务合同的效力 72
4.4.1 电子商务合同的生效要件 72
4.4.2 电子商务合同效力认定 73

4.5 电子商务合同的履行与违约责任 74
4.5.1 电子商务合同的履行 75
4.5.2 电子商务合同的违约责任 76

本章实践技能操作 79
本章知识自测 80

第5章 电子支付法律制度 ·· 82

5.1 电子支付概述 ·· 83
- 5.1.1 传统交易中支付的法律规定 ·· 83
- 5.1.2 电子支付 ·· 84
- 5.1.3 电子银行和网上银行 ·· 85
- 5.1.4 电子货币的法律问题 ·· 87
- 5.1.5 我国电子支付立法现状 ·· 90

5.2 电子支付法律关系主体及其法律责任 ·· 91
- 5.2.1 电子支付法律关系的概念和特征 ·· 91
- 5.2.2 电子支付法律关系的主体 ·· 92
- 5.2.3 电子支付法律关系主体的权利和义务 ·· 93
- 5.2.4 电子支付各方承担法律责任的方式 ·· 94

5.3 电子银行法律制度 ·· 96
- 5.3.1 电子银行的设立与运行 ·· 96
- 5.3.2 电子银行的风险管理 ·· 98
- 5.3.3 电子银行的法律责任 ·· 99

5.4 第三方支付法律制度 ·· 100
- 5.4.1 第三方支付概述 ·· 100
- 5.4.2 第三方支付的申请与许可 ·· 101
- 5.4.3 对客户备付金的保护措施 ·· 102
- 5.4.4 法律责任 ·· 103

本章实践技能操作 ·· 105
本章知识自测 ·· 106

第6章 电子商务知识产权保护法律制度 ·· 108

6.1 《电子商务法》与知识产权保护概述 ·· 109
- 6.1.1 知识产权的概念 ·· 109
- 6.1.2 知识产权的分类 ·· 109
- 6.1.3 电子商务对知识产权的影响 ·· 110
- 6.1.4 电子商务知识产权保护的立法体系 ·· 110
- 6.1.5 《电子商务法》中对知识产权保护的一般规定 ·· 111

6.2 电子商务中的域名法律保护 ·· 113
- 6.2.1 域名概述 ·· 113
- 6.2.2 我国现行与域名相关的立法概况 ·· 115
- 6.2.3 域名的法律保护 ·· 115

6.3 电子商务与著作权保护 ·· 119
- 6.3.1 网络著作权概述 ·· 119
- 6.3.2 电子商务中网络著作权的内容 ·· 121
- 6.3.3 网络著作权的侵权形式 ·· 125
- 6.3.4 网络著作权侵权行为的归责原则 ·· 126

6.4 电子商务中的专利权保护 · 127
6.4.1 专利与专利权 · 127
6.4.2 计算机软件的专利保护 · 129
6.4.3 电子商务方法的专利保护 · 129
本章实践技能操作 · 131
本章知识自测 · 131

第7章 电子商务消费者权益保护法律制度 · 133
7.1 电子商务消费者权益保护概述 · 134
7.1.1 消费者与经营者概述 · 134
7.1.2 电子商务中的消费者与经营者 · 134
7.1.3 电子商务时代消费者权益保护的困境 · 135
7.1.4 国内外电子商务消费者权益法律保护体系的构建 · 136
7.2 电子商务消费者权利的保护 · 138
7.2.1 电子商务消费者的安全权 · 138
7.2.2 电子商务消费者的知情权 · 139
7.2.3 电子商务消费者的自主选择权 · 140
7.2.4 电子商务消费者的公平交易权 · 141
7.2.5 电子商务消费者的索赔权 · 142
7.2.6 电子商务消费者的其他权利 · 143
7.3 电子商务中的隐私权和个人信息保护 · 144
7.3.1 隐私和隐私权的内涵 · 144
7.3.2 个人信息 · 145
7.3.3 电子商务中消费者隐私权的内容 · 146
7.3.4 电子商务中侵犯隐私权的表现形式 · 147
7.3.5 国际上网络隐私权法律保护的主要模式 · 148
7.3.6 我国对电子商务消费者隐私权的法律保护 · 149
本章实践技能操作 · 151
本章知识自测 · 152

第8章 电子商务安全与网络犯罪 · 154
8.1 电子商务安全概述 · 155
8.1.1 电子商务安全的基本要求 · 155
8.1.2 电子商务安全存在的问题 · 156
8.1.3 我国电子商务安全立法概况 · 156
8.2 电子商务安全的法律保护 · 157
8.2.1 网络运行安全的法律保护 · 157
8.2.2 网络信息安全的法律保护 · 159
8.2.3 电子商务交易安全的法律保护 · 160
8.3 电子商务与网络犯罪 · 161
8.3.1 网络犯罪的概念 · 162

8.3.2 网络犯罪的种类 ……………………………………………………… 162
8.3.3 网络犯罪的认定与处罚 ………………………………………… 163
8.3.4 电子商务犯罪及其类型 ………………………………………… 165
8.3.5 电子商务犯罪的法律规制 ……………………………………… 166
本章实践技能操作 …………………………………………………………… 168
本章知识自测 ………………………………………………………………… 169

第9章 电子商务税收法律制度 …………………………………………… 171
9.1 电子商务对现行税收体制的挑战 ……………………………………… 172
9.1.1 电子商务对税收基本理论的冲击 ……………………………… 172
9.1.2 电子商务中课税对象的变化 …………………………………… 173
9.1.3 电子商务对税种和税收征收的影响 …………………………… 174
9.2 比特税及国际税收立法概况 …………………………………………… 176
9.2.1 比特税方案（Bit Tax） ………………………………………… 176
9.2.2 经济合作与发展组织（OECD）的税收立法 ………………… 177
9.2.3 欧盟的电子商务税收立法 ……………………………………… 177
9.2.4 美国的电子商务税收立法 ……………………………………… 178
9.2.5 其他国家对电子商务征税的政策 ……………………………… 178
9.3 我国现行电子商务税收法律体系及其完善 …………………………… 178
9.3.1 电子商务税收法律制度的基本前提 …………………………… 179
9.3.2 明确电子商务中的税收原则 …………………………………… 180
9.3.3 科学界定电子商务中的课税对象 ……………………………… 181
9.3.4 电子商务环境下我国现行税法体系及其完善 ………………… 182
9.3.5 税收程序法 ……………………………………………………… 186
本章实践技能操作 …………………………………………………………… 189
本章知识自测 ………………………………………………………………… 190

第10章 电子商务争议解决 ………………………………………………… 192
10.1 电子商务争议解决概述 ………………………………………………… 193
10.1.1 电子商务发展带来的纠纷 …………………………………… 193
10.1.2 我国《电子商务法》中关于纠纷解决的规定 ……………… 194
10.2 电子商务争议中的证据与证据责任 …………………………………… 195
10.2.1 证据与电子证据概述 ………………………………………… 195
10.2.2 电子证据的调查收集及真实性判定 ………………………… 196
10.2.3 电子商务争议中的证据责任 ………………………………… 196
10.3 在线争议解决机制 ……………………………………………………… 197
10.3.1 在线争议解决机制概述 ……………………………………… 197
10.3.2 电子商务争议解决的法律依据及方法 ……………………… 198
10.3.3 在线协商和解 ………………………………………………… 198
10.3.4 在线投诉与在线调解 ………………………………………… 198
10.3.5 在线仲裁 ……………………………………………………… 200

10.4 在线诉讼和互联网法院 ··· 201
    10.4.1 传统诉讼概述 ··· 201
    10.4.2 在线诉讼 ·· 202
    10.4.3 互联网法院 ·· 204
本章实践技能操作 ··· 207
本章知识自测 ·· 208

第 11 章 跨境电子商务法律法规 ··· 210

11.1 跨境电子商务概述 ··· 211
    11.1.1 跨境电子商务的含义 ··· 211
    11.1.2 跨境电子商务的模式与分类 ································ 212
    11.1.3 我国跨境电子商务的发展现状与发展趋势 ················ 214

11.2 我国跨境电子商务的立法进程 ································· 217
    11.2.1 我国跨境电商立法的早期探索 ····························· 217
    11.2.2 《电子商务法》颁行与跨境电商的新起点 ··············· 218

11.3 我国跨境电子商务的法律规制与保护 ······················· 218
    11.3.1 关于跨境电子商务的一般性法律规定 ···················· 219
    11.3.2 跨境电子商务中的主要法律主体的相关规定 ············ 219
    11.3.3 电子合约的签署及其履行过程中的风险 ················· 220
    11.3.4 供应链配送问题的法律风险 ································ 220
    11.3.5 个人信息的法律保护 ··· 221
    11.3.6 海关、检验检疫、税务和收付汇等问题 ················· 221

本章实践技能操作 ··· 222
本章知识自测 ·· 223

参考文献 ·· 225

第1章

电子商务法概述

学习目标

通过本章的学习与技能训练，要求学生：
1. 掌握电子商务的定义和基本内容，电子商务法的基本含义，我国《电子商务法》的基本内容。
2. 理解电子商务的本质特征，电子商务法律关系，电子商务法的基本原则。
3. 熟悉电子商务的分类，电子商务法的主体、客体和内容。
4. 了解电子商务法的特点。

案例导读

《中华人民共和国电子商务法》立法进程回顾

2018年8月31日下午，十三届全国人大常委会第五次会议表决通过了《中华人民共和国电子商务法》（以下简称《电子商务法》）。我国《电子商务法》立法从2013年年底启动，历时5年，经过四次审议、三次向社会公开征求意见，才最终付诸表决的立法过程受到社会各界高度关注。

2013年12月，根据十二届全国人大常委会立法规划，由全国人大财政经济委员会牵头，成立包括国务院12个部门参加的《电子商务法》起草组，从而拉开了电子商务立法工作的序幕。

从《电子商务法》起草开始，行业协会、专家学者以及地方的电子商务示范城市等就参与其中，后来草案又三次公开征求意见，从而充分调动了社会各界的积极性。《电子商务法》在立法中及时回应社会关切，这从相关条文的反复修改完善中可以得到证明。如草案初次审议稿关于促进电子商务发展的内容分散规定在相关章节中，二审稿对此做了修改，设专门章节规定了电子商务的促进。草案二审稿强化了电子商务经营者，尤其是电子商务平台在消费者保护、平台公平交易、知识产权保护等方面的义务。三审稿对电子商务经营者搭售商品、押金退还等行为做了规范，还增加了电子商务平台承担连带责任的规定：对关系消费者生命健康的商品或者服务，电子商务平台经营者对平台内经营者的资质资格未尽到审核义务，或者对消费者未尽到安全保障义务，造成消费者权益受到损害的，依法与该平台内经营者承担连带责任。草案四次审议稿将草案三次审议稿中对"依法与该平台内经营者承担连带责任"修改为"依法承担相应的补充责任"。

商务部电子商务和信息化司司长骞芳莉认为,《电子商务法》是我国电子商务发展史上的里程碑,为电子商务由高速度增长迈进高质量发展的新时代提供了有力的法律保障,也为全球电子商务和数字经济治理贡献了中国智慧。

辩证与思考:我国《电子商务法》颁行的价值和意义是什么?

1.1 电子商务概述

电子商务是通过互联网络进行商务活动的,方便、快捷、安全可靠的电子商务活动模式突破了传统商务在时间、地域的限制,带给人们商业机会、利润空间的同时,也改变了人们的生活及工作方式。

1.1.1 电子商务的内涵

随着我国互联网,特别是移动互联网普及率的提高,我国电子商务发展迅猛。根据中国互联网络信息中心(CNNIC)发布的第46次《中国互联网络发展状况统计报告》显示,截至2020年6月,我国网民规模达9.40亿人,互联网普及率达67%,其中手机网民规模达9.32亿人,网民使用手机上网的比例达99.2%。互联网的普及,使电子商务已经"飞入寻常百姓家"。

1. 电子商务的概念

人们对早期电子商务的认识是基于电子技术而开展的商务活动。由于对"电子技术"和"商务活动"的理解和界定角度的不同,从而形成了广义上和狭义上的电子商务的概念。

广义的电子商务,即EB(Electronic Business),包括了所有利用电子手段进行的商务贸易活动。这些电子工具不管是初级的还是高级的,均涵盖其中,如利用电话、电报等进行的商务活动等。

狭义的电子商务,即EC(Electronic Commerce),仅将通过互联网进行的商业活动归属于电子商务的范畴。其准确描述为:在交易活动中,交易各方或参与人利用互联网技术等现代信息技术而开展的各类商务活动,包括实物货物贸易、数字化产品贸易和服务等。

我国《电子商务法》采用了狭义的电子商务的概念,即电子商务是指通过互联网等信息网络销售商品或者提供服务的经营活动。在我国,国家鼓励发展电子商务新业态,创新商业模式,促进电子商务技术研发和推广应用,推进电子商务诚信体系建设,营造有利于电子商务创新发展的市场环境,充分发挥电子商务在构建开放型经济、满足人民日益增长的美好生活需要方面的重要作用。国家平等对待线上线下商务活动,促进线上线下融合发展,各级人民政府和有关部门不得采取歧视性的政策措施,不得滥用行政权力排除、限制市场竞争。

2. 电子商务的特征

基于互联网开展的电子商务活动催生了新型社会关系。这种新型的社会关系交叉存在于实体社会和虚拟社会之间，具有独特的性质。为此，电子商务应具有以下特征：

（1）电子商务是采用信息技术而开展的商务活动。

电子商务在本质上仍属于商业交易活动，只不过是采用了先进的互联网技术、信息技术完成。在交易活动过程中，电子商务交易有关各方只需将供求意愿表达于电子商务网络，网络便会根据其需求，完成相关信息搜索并提供多种买卖选择，协助完成合同的签订、分类、传递和款项收付等全套业务。

（2）电子商务的交易活动是在虚拟的网络市场中完成的。

互联网打破了时空界限，把全球市场连接成一个虚拟的整体，为此，电子商务能够跨越时空、准确、实时地向交易各方提供商品和服务，从而使买卖双方能够更方便地研究市场，更准确地了解市场和把握市场，进而精准地完成各项交易活动。

（3）电子商务是现代信息技术和商务活动的结合。

电子商务则是现代信息技术和商务活动的结合部分，即利用先进的信息技术，开展商务活动。现代信息技术包含了以互联网为主体的各种通信技术和方式，商务活动则指法人、非法人组织和自然人为实现生产经营目的或消费活动而从事的各类有关资源、知识、信息交易等活动的总称。

3. 电子商务的分类

按照交易对象进行划分，电子商务可分为：

（1）B2B电子商务。

B2B（Business to Business）是企业与企业之间的电子商务活动。B2B电子商务包括两种基本模式：一种模式为企业之间直接进行的电子商务，如采购商的在线采购和制造商的在线供货等，另一种模式是企业之间通过第三方电子商务网站平台进行的商务活动。

 学而思：你知道B2B第三方电子商务网站平台有哪些代表吗？

（2）B2C电子商务。

B2C（Business to Customer）是企业与消费者之间的电子商务，多以网络零售业为主，企业主要借助互联网开展在线销售活动，基本等同于电子化的零售。B2C是销售商通过互联网建立单独的网上商店或在网上商城中开设店铺，为消费者提供新型的购物环境，消费者通过互联网进行选购，并在线支付完成交易过程。B2C类网站以销售制式化或个性化商品为主，包括软件类商品和制式无差异产品（如品牌笔记本电脑、MP3）等。由于该模式为交易双方节约成本，为买卖双方提供了便利，大大提高了交易效率。目前B2C电子商务的付款方式是货到付款与网上支付相结合，而大多数企业的配送选择物流外包方式以节约运营成本。

 学而思：你知道B2C网站有哪些代表吗？

（3）C2C电子商务。

C2C（Customer to Customer），即消费者与消费者之间开展的电子商务活动，主要是指网上拍卖。通过在线交易平台，卖方主动提供商品上网拍卖，而买方可以自行选择商品进行竞价。

学而思：你知道 C2C 网站有哪些代表吗？

（4）B2G 电子商务。

作为特定模式的 B2G（Business to Government）电子商务，即企业与政府方面的电子商务，这也是一种不可缺少的电子商务交易。B2G 电子商务活动覆盖企业与政府组织间的各项事务。主要包括：政府机构通过网络进行的网上招标、采购，政府利用互联网对电子商务进行管理和服务，如网络报税、电子报关等业务。

▶▶ 1.1.2　电子商务的主体与参与对象

电子商务的主体与参与对象主要包括网络平台、电子商务交易双方、CA 认证中心、物流运营商、网上金融服务提供者等。

1. 网络平台

网络平台，是指以互联网为技术基础的各种各类网络服务支持系统和网络服务活动。网络平台是电子商务的基础，具体包括计算机、互联网络、网络技术和网络平台服务提供者（电子商务平台经营者）。

2. 电子商务交易方

电子商务交易方包括个人与企业。个人用户主要利用互联网进行消费活动，企业用户则利用互联网发布产品信息、进行网上销售、洽谈，同时也可以利用网络进行企业内部管理。

3. CA 认证中心

CA（Certificate Authority）认证中心，又称电子认证机构，是在电子商务交易中承担安全电子交易认证服务，签发数字证书，确认用户身份等工作的，具有权威性和公正性的第三方服务机构，是电子商务的一个核心环节。CA 认证中心的主要任务是受理数字证书的申请、签发及管理数字证书，使网上交易各方能互相确认身份。

4. 物流运营商

物流运营商是商品传输和配送服务的提供者。对于网络信息产品和服务可以直接通过网络传输方式进行配送，而对于实体商品和服务来说，物流可能仍通过传统的渠道进行。

5. 网上金融服务提供者

传统银行的业务在互联网上是可以实现的，网络银行为用户提供 24×7 服务，电子商务交易双方采用网上支付手段获得了极大的便利。网上银行或结算中心在电子商务的活动中担负着重要的支付中介角色，是开展电子商务必不可少的支持机构。

▶▶ 1.1.3　电子商务的功能

电子商务可提供网上交易和管理等全过程的服务，因此它具有网络商务信息发布与采集、咨询洽谈、网络营销、网上银行、物流与服务传递、网上交易管理等功能。

1. 网络商务信息发布与采集

电子商务交易各方均可在互联网上发布各类商业信息。需求者利用自媒体、搜索引擎和专业网站迅速地找到自己所需的商品和服务信息,而供应者则可利用搜索引擎、专门的网页、自媒体和电子邮件等手段在全球范围内宣传自己的商品。与以往的各类广告相比,电子商务广告成本最为低廉,而给顾客的信息量却最为丰富。

2. 咨询洽谈

电子商务交易各方可利用微信、QQ 等即时通信工具和非实时的电子邮件等网上通信工具进行洽谈交易事务。网上的咨询和洽谈能超越人们面对面洽谈的限制、提供多种方便的异地交谈形式。电子商务企业可以及时获取客户的反馈意见,迅速提高售后服务的水平,使企业获得改进产品、发现和获得更多的商业机会。

3. 网络营销

网络营销指的是以现代营销理论为基础的,借助网络、通信和数字媒体技术等实现营销目标的商务活动。在网络营销过程中,商家可以自建独立的网上商店或借助于第三方电子商务平台建立网店,以图片、动画、音频、视频等视听方式进行产品展示,设置购物车和网上结算等功能模块实现网上销售,而消费者可以在网店中寻找所需商品,通过网上订购、网上支付的方式完成产品的交易。

4. 网上银行

网上支付是电子商务的重要组成部分。电子商务交易各方可通过网上银行开展开户、销户、查询、对账、行内转账、跨行转账、信贷、网上证券、投资理财等业务办理。网上支付通过可靠的信息传输和安全性控制以防止欺骗、窃听、冒用等非法行为的发生。

5. 物流与服务传递

网上销售完成有赖于物流系统的支持。企业通过物流系统将客户订购的货物尽快地传递到他们的手中。实物产品通过网上物流调配,快速地发送给客户,而最适合在网上直接传递的货物是信息产品,如杀毒软件、电子读物、信息服务等,客户可以直接通过销售企业网站下载,或直接从电子仓库中将货物发到用户端。

6. 网上交易管理

电子商务交易全过程管理将涉及人、财、物多个方面,企业和企业、企业和客户及企业内部等各方面的协调和管理。电子商务提供了一个良好的交易管理的网络环境及多种多样的应用服务系统。

1.2 电子商务法的内涵

电子商务改变了传统的交易环境和交易手段，使得原有交易方式下形成的交易规则难以适用新环境下的商务交易的需求，因此，国家需要出台更多的、实用的全新电子商务法律规范，用以创建适应电子商务发展的法治环境。

1.2.1 电子商务法的概念

电子商务存在广义与狭义之分，电子商务法也相应分为广义的电子商务法和狭义的电子商务法。

1. 广义的电子商务法

广义的电子商务法，是与广义的电子商务概念相对应的，指所有以数据电信方式进行的商事活动的法律规范。

广义的电子商务法分为两大类规范：即以电子商务为交易形式的法律规范和以电子信息为交易内容的法律规范。前者如联合国制定颁行的《电子商务示范法》，后者如联合国国际贸易法委员会（以下简称联合国贸法会）制定的《电子资金传输法》、美国颁行的《统一计算机信息交易法》等，均属此类。电子商务的形式性规范，与以电子信息为内容的实体性规范之间的关系，犹如诉讼法与实体法，其形式规范可以一部法典或法律而制定，但其实体性规范由于涉及面极广，无法以统一的法典或单行法律予以囊括，而只能分别以单行法律、法规，甚至是判例的形式出现，也可能融合在其他部门法的规范之中。

2. 狭义的电子商务法

从以"电子商务法"或"电子交易法"命名的法律文件的内容上分析，它们所解决的明显是共性的问题，都集中于诸如互联网通信记录与电子签名效力的确认、电子鉴别技术及其安全标准的选定、认证机构及其权利义务的确立等方面。从目前国际与国内电子商务及电子商务立法实践来看，多偏重于从狭义角度理解和使用电子商务法的概念，即电子商务法是以数据电文为交易手段而形成的因交易形式所引起的商事关系的规范体系。

本书采用了《中华人民共和国电子商务法》中所界定的电子商务法的概念，即电子商务法是指通过互联网等信息网络销售商品或者提供服务的经营活动所引起的商事关系的法律规范的总称。

1.2.2 电子商务法的特点

电子商务法是针对不同于传统交易形式的电子商务所立的法，因此，应具备如下特点：

1. 开放性

电子商务法是以数据电信进行意思表示的法律制度，而数据电信在形式上是多样化的，并且还在不断发展之中。因此，必须以开放的态度对待任何技术手段与信息媒介，设立开放型的规范，让所有有利于电子商务发展的设想和技巧，都能容纳进来。它具体表现在：电子商务法的基本定义的开放、基本制度的开放及电子商务法律结构的开放这三个方面。

2. 安全性

电子商务给商家和消费者提供便利的同时，也将电子商务安全威胁问题带给了他们。互联网的开放性的另一面就是安全的脆弱性。互联网技术的发展使各行各业对计算机信息系统具有极强的依赖性，同时计算机及互联网系统的漏洞、"黑客"和计算机病毒的猖獗，这些都给商家、消费者乃至整个社会造成极大的损失。因此，电子商务法须着力解决电子商务安全性的问题，通过对电子商务安全问题进行立法，有效地打击和预防各种计算机犯罪，切实保证电子商务乃至整个计算机信息系统的安全运行。

3. 技术性

电子商务是需要通过互联网络得以实现的现代高科技的产物。为此，许多电子商务法律规范都是直接或间接地由技术规范演变而成的。如一些国家将运用公开密钥体系生成的数字签名，规定为安全的电子签名，这样就将有关公开密钥的技术规范，转化成了法律要求，对当事人之间的交易形式和权利义务的行使，都有极其重要的影响。电子商务交易关系的复杂性，主要也是源于其技术手段上的复杂性和依赖性。所以，技术性特点是电子商务法的重要特点之一。

4. 程序性

电子商务法作为交易形式法，它是实体法中的程序性规范，主要解决交易的形式问题，一般不直接涉及交易的具体内容。它所调整的是当事人之间因交易形式的使用而引起的权利义务关系，即电子签名是否有效，是否与交易的性质相适应，认证机构的资格如何，它在证书的颁发与管理中应承担何等责任等。这些规范的主要作用，都给电子商务的开展提供了一个交易形式上的"平台"，将传统纸面环境下形成的法律价值移植于电子商务之中。

▶▶ 1.2.3 电子商务法的基本原则

电子商务立法是新兴的法律领域，除了遵循法律的一般原则，还应符合网络环境的新的法律原则。为此，为保证电子商务法有效合理地调整规范电子商务活动，其应具备以下基本原则：

1. 功能等同原则

功能相同，则法律效力也应该相同。在电子商务中，电子文件代替了纸质文件，以电子数据的形式表现。实践证明功能等同性原则是目前解决数据电文书面形式最好的方法，电子商务法通过扩大"书面形式""签字"和"原件"等概念的范围,把以计算机为基础的技术也包括进去。分析传统的书面要求的目的和作用,以确定如何通过电子商业技术来达到这些目的或作用。

2. 意思自治原则

当事人意思自治,是民事法律中的一项基本原则。即在民事活动中,除法律有强制性规定外,各民事主体可以自主决定自己的行为,交易各方可以自愿约定之间的权利义务关系。电子商务本质上是一种商业活动,在本质上与一般的民事交易活动并没有区别,因此同样应当遵循意思自治原则,参加电子交易的各方应当能够以电子方式选择交易方式,应当能够按双方的意愿确定交易协议的条款。电子商务活动主体有权决定自己是否进行交易、和谁交易。这完全体现电子商务主体的意思自治。

3. 中立原则

电子商务法的基本目标就是在电子商务活动中建立公平的交易规则。为了实现各方利益的平衡,达到公平的目标,就必须确立电子商务法的中立原则。中立原则包括以下几个方面:

(1) 技术中立。

电子商务法对各种现行电子商务及相关技术,不应有任何歧视性要求。同时,还要给未来技术的发展留下法律空间。例如,新一代高速网络的出现等,都将考验电子商务法的技术中立性。当然,技术中立原则在实施过程中,势必会遇到许多困难。而克服这些具体困难的过程,也就是技术中立原则实现的过程。

(2) 媒介中立。

媒介中立是中立原则在各种通信媒体上的具体表现,所不同的是,技术中立侧重于讯息的控制和利用手段,而媒介中立则着重于讯息依赖的载体。电子商务法则应以中立的原则来对待这些媒介体,允许各种媒介根据技术和市场的发展规律而相互融合,互相促进。只有这样,才能使各种资源得到充分的利用,从而避免人为的行业垄断,或媒介垄断。开放性互联网的出现,正好为各种媒介发挥其作用提供了理想的环境,达到兴利除弊,共生共荣。

(3) 实施中立。

实施中立是指在电子商务法与其他相关法律的实施上,不可偏废,在本国电子商务活动与跨国际性电子商务活动的法律待遇上,应一视同仁。特别是不能将传统书面环境下的法律规范(如书面、签名、原件等法律要求)的效力,放置于电子商务法之上,而应中立对待,根据具体环境特征的需求,来决定法律的实施。

(4) 同等保护。

同等保护原则是实施中立原则在电子商务交易主体上的延伸。电子商务法对商家与消费者,国内当事人与国外当事人等,都应尽量做到同等保护。因为电子商务市场本身是国际性的,在现代通信技术条件下,割裂的、封闭的电子商务市场是无法生存的。

4. 安全原则

保障电子商务活动的安全是电子商务法的重要任务和基本原则。电子商务的高效、快捷必须以安全为其前提,它不仅需要技术上的安全措施,同时,也离不开法律上的安全规范。电子商务法对数据电信效力的承认,消除电子商务运行方式的法律上的不确定性,根据电子商务活动中，现代电子技术方案应用的成熟经验而建立起反映其特点的操作性规范，这个过程贯穿了安全原则和理念。

1.2.4 电子商务法的调整对象

调整对象是立法的核心问题，也是一法区别于另一法的基本标准。电子商务法调整对象和范围的确定，直接关系到促进发展、规范秩序、保障权益的立法目标的顺利实现，关系到整个电子商务法总体框架的设计。我国电子商务法中将电子商务定义为："通过互联网等信息网络进行商品交易或者服务交易的经营活动。"在此定义中，信息网络包括互联网、移动互联网等。商品交易包括有形产品交易和无形产品交易（如数字产品），服务交易是指服务产品交易，经营活动是指以营利为目的的商务活动，包括上述商品交易、服务交易和相关辅助经营服务活动。所以电子商务法的调整对象应当包括技术领域与商务领域。

1. 电子商务法所涉及的技术范围

电子商务是通过电子手段传递信息的，例如，通过互联网进行的自由格式的文本的传递，以电子数据交换方式进行的通信等。电子商务法在考虑比较先进的通信技术，如在互联网中的实时交易的同时，也应考虑到适用于不大先进的通信技术，如电传、传真等，并且任何通信技术均不应排除在电子商务法范围之外，因此未来技术发展也必须顾及。

2. 电子商务法所涉及的商务范围

从本质上讲，电子商务仍然是一种商务活动。电子商务法指调整通过互联网等信息网络销售商品或者提供服务的经营活动所引起的商事关系，因此，电子商务法需要涵盖电子商务环境下的合同、支付、商品配送的演变形式和操作规则，需要涵盖交易双方，居间商和政府的地位、作用和运行规范，也需要涵盖涉及交易安全的大量问题，同时，还需要涵盖某些现有民商法尚未涉及的特定领域的法律规范。

1.2.5 电子商务法律关系

在电子商务中，诸多的参与者由于参与的方式和参与的目的不同，形成了不同的经济关系。通过相关的电子商务法律法规的调整，确立他们之间的权利义务关系，从而形成了不同的电子商务法律关系。

1. 电子商务法律关系的概念

电子商务法律关系是指由各种相关的电子商务法律规范所确认的电子商务活动中的当事人之间具有权利义务内容的经济关系。

法律关系一般由主体、客体、内容三个要素构成。电子商务法律关系的构成要素自然也包括电子商务法律关系主体、电子商务法律关系客体和电子商务法律关系内容。电子商务法律关系必须同时具备这三个基本要素，缺一不可。如果变更其中任何要素，均会对电子商务法律关系产生影响。

2. 电子商务法律关系主体

法律关系主体是法律关系的参加者,即在法律关系中,一定权利的享有者和一定义务的承担者。电子商务法律关系的主体是指电子商务的各方参与者,是指享有权利、承担义务的当事人。在一个电子商务法律关系中一般存在着两个或两个以上的主体,其中权利的享有者称为权利主体,义务的承担者称为义务主体,但一般情况下,当事人都是双重身份。

电子商务法需要涵盖电子商务经营者、电子商务平台经营者、消费者和政府的地位、作用和运行规范。以上几类当事人参与电子商务法律关系,必须按照相关的法律法规取得相应的主体资格。

电子商务法律关系的主要主体包括:

(1)电子商务经营者。

电子商务经营者,是指通过互联网等信息网络从事销售商品或者提供服务的经营活动的自然人、法人和非法人组织,包括电子商务平台经营者、平台内经营者,以及通过自建网站、其他网络服务销售商品或者提供服务的电子商务经营者。

(2)电子商务中的消费者。

电子商务中的消费者是借助互联网为个人或家庭生活消费需要网购商品或者接受服务的人。在电子商务环境中,消费者网上消费行为的本质和交易性质并未因消费环境的变化而发生改变,区别仅在于消费形式发生了变化。

(3)电子商务认证机构。

电子商务认证机构是在开放性的电子商务中为交易双方提供验证的第三方机构,由一个或多个用户信任的、具有权威性质的组织实体管理。电子商务认证机构主要证明数据电文中电子签名人的身份及其信用状况,为用户的电子签名颁发数字证书,从而消除交易双方的疑虑,实现交易目的。它不仅要对进行电子商务的交易双方负责,还要对整个电子商务的交易秩序负责。

(4)电子商务监管者。

作为管理者,政府需要加强对电子商务有效的监管,履行监管者的责任,以保证电子商务健康、有序地发展。当前我国政府相关部门在对电子商务监管时应做到:联合监管、网络监管、透明监管、服务监管和依法监管。

3. 电子商务法律关系客体

法律关系客体是指法律关系主体之间的权利和义务所指向的对象,它是构成法律关系的要素之一。法律关系客体包括物、人身、精神产品和行为结果。电子商务法律关系的客体,是指电子商务法律关系主体享有的权利和承担的义务所指向的对象。在电子商务法律关系主体之间,为达到一定的商务目的而形成了相应的法律关系,这种目的就是电子商务法律关系的客体。如有的是为了取得一定的财物,有的是为了提供一定的劳务或者完成一定的工作,有的是为了获得一定的智力成果。电子商务法律关系客体包括:

(1)实体商品。在现实生活中的任何有形商品或物品,包括动产和不动产均可以通过电子商务进行交易。只不过目前通过网络进行交易的实体物品多集中在图书、音像制品和标准化商品,有形商品的电子商务交易要依赖传统方式进行配送或交付。

(2)数字化商品。在网络中进行物流传递的商品是数字化商品、信息商品和网上服务行为。

消费者可以通过网络直接下载数字化商品或信息，如电子书刊、软件和游戏等。这种数字化产品和信息的交易可以通过网络完成信息流、资金流和物流的全过程。

（3）网上服务行为。网上服务行为是通过网络向消费者提供某种信息或服务，如网上旅游服务、网上法律咨询、网上远程教育等在线行为。

4. 电子商务法律关系内容

电子商务法律关系的内容是指电子商务交易中当事人享有的权利和承担的义务。

电子商务主体在电子商务法律关系中依法享有自己为或者不为一定行为和要求他人为或者不为一定行为的权利。而各方的义务相对于权利而存在，其目的是满足权利的需要，是各方的义务主体依法或依合同的规定为实现他人的利益而必须为一定行为或者不为一定行为的责任。

不同的电子商务法律关系主体享有的权利和承担的义务是各不相同的。

（1）电子商务交易双方当事人的权利和义务。

电子商务交易双方之间的法律关系实质上表现为双方当事人的权利和义务。买卖双方的权利和义务是对等的。卖方的义务就是买方的权利，反之亦然。

（2）电子商务平台经营者的法律地位。

电子商务平台经营者在电子商务交易中扮演着介绍、促成和组织者的角色。这一角色决定了电子商务平台经营者既不是买方的卖方，也不是卖方的买方，而是交易的中间人。它是按照法律的规定、买卖双方委托业务的范围和具体要求进行业务活动的。

电子商务平台经营者应当认真负责地执行买卖双方委托的任务，并积极协助双方当事人成交。网络中心在进行介绍、联系活动时要诚实、公正、守信用，不得弄虚作假，招摇撞骗，否则须承担赔偿损失等法律责任。

买卖双方之间各自因违约而产生的违约责任风险应由违约方承担，而不应由电子商务平台经营者承担。因买卖双方的责任而产生的对社会第三人（包括广大消费者）的产品质量责任和其他经济（民事）、行政、刑事责任也概不应由网络交易中心承担。

（3）认证机构在电子商务中的法律地位。

电子商务认证服务机构扮演着一个买卖双方签约、履约的监督管理的角色，买卖双方有义务接受其监督管理。在整个电子商务交易过程中，认证机构有着不可替代的地位和作用。

认证机构的权利。电子商务法律关系中，认证机构的权利包括：收取服务费的权利，这是最基本的合同权利；要求证书所有者提交有关信息并保证这些信息的真实性的权利；中止、废止或撤销证书的权利，即有权根据证书所有者的请求或根据情势中止、废止或撤销证书的权利；损失赔偿请求权，即由于证书所有者的过失给自己造成损失的，有权要求其赔偿损失。

认证机构的义务。在电子商务法律关系中，认证机构的义务包括：颁发电子签名认证证书的义务；使用安全、可靠的信息系统保存证书及证书信息的义务，即认证机构有义务将证书所有者的证书的私匙、有关个人身份方面的信息，安全、妥善地保管起来，以免这些信息丢失或被他人截获、盗用；及时发布有关证书信息的义务，即按照约定或法定的要求，将那些必须发布的证书信息及时发布，以便使潜在的信赖人可以及时查询；及时中止、撤销、恢复证书的义务，即按照证书所有者的请求或根据情势及时将因私匙丢失、遗忘等原因暂时不能使用的证书予以中止，将因私匙被他人盗用或丢失而无法继续使用的证书予以撤销，或将已经暂时中止的证书及时恢复使用的义务；及时通知的义务；损失赔偿的义务。

1.3 国内外电子商务立法概况

1.3.1 国际电子商务立法概况

电子商务的发展对世界现行法律体系产生了很大的冲击，为此，近年来世界上已有许多国家和国际组织都不同程度地对制定和颁行与电子商务有关的法律规范进行了有益的尝试。

1. 联合国（UN）的电子商务立法

随着电子商务实践的不断发展，联合国国际贸易法委员会在1996年6月，推出了《电子商务示范法》，正式拉开全球电子商务立法的帷幕。《电子商务示范法》（共17条）是迄今为止世界上第一个关于电子商务的法律。《电子商务示范法》将纸面文件的基本功能抽取出来，对电子商务交易中哪些条件可视为等同于书面文件签字效力的情况做了明确规定，保证了交易双方通过电子手段传递信息、签订合同的合法性。作为示范法，该法的内容对各国不具有直接的法律效力，但它对于各国的电子商务立法具有很大的指导作用，在电子商务法律领域具有不可忽视的重要意义。

2001年，联合国国际贸易法委员会择机通过《电子签字示范法》，这是联合国国际贸易法委员会继《电子商务示范法》之后，又一部专门针对电子商务制定的示范法。《电子签字示范法》共12条，分别规定了电子签字的适用范围、定义、解释、经由协议的改动、符合签字要求、认证服务提供人的行为等内容。该法将电子商务活动中的数据签字、电子签名等具有相同内容的不同表述统一起来，提出了一套完整的法律制度，为电子签字在电子商务交易中的广泛应用奠定了坚实的法律基础。

此后，联合国国际贸易法委员会电子商务工作组以会议的方式确定立法议题，开展立法活动。例如2016年7月，联合国国际贸易法委员会采纳了中国提出的一个既体现中国需求又考虑欧盟和美国法律差异特点的《跨境电子商务交易网上争议解决技术指引》的中国方案，这是中国引领国际经贸规则制定的一次有益尝试。

2. 欧盟的电子商务立法

在全球性电子商务的发展浪潮中，欧盟国家一直致力于在联盟内部促进电子商务的发展。

欧盟委员会于1997年提出了《欧洲电子商务行动方案》，为规范欧盟电子商务活动制定了框架。1998年又颁布《关于信息社会服务的透明度机制的指令》，1999年12月13日通过了《关于建立有关电子签名共同法律框架的指令》（简称《电子签名指令》），于2000年5月4日又通过了《关于内部市场中与电子商务有关的若干法律问题的指令》（简称《电子商务指令》）。《电子签名指令》和《电子商务指令》这两部法律文件协调与规范了电子商务立法的基本内容，构成了欧盟国家电子商务立法的核心和基础。欧盟的"指令"与一般的国家法不完全相同，它们具有地区性国际条约的性质。从全球电子商务立法的角度看,欧盟的电子商务立法无论在立法思想上、立法内容上,还是立法技术上都是很先进的。

3. 美国等发达国家的电子商务立法

美国是电子商务的发源地。从全球范围看,美国的电子商务开展的时间最早,发展也最快。为了使电子商务在法律的保护和规范下健康发展,美国早在 20 世纪 90 年代中期就开始了有关电子商务的立法准备工作。美国的电子商务法立法,是以各州的立法行动为先导的。犹他州 1995 年颁布的《数字签名法》(Utah Digital Signature Act),是全世界范围的第一部全面确立电子商务运行规范的法律文件。迄今为止美国各州关于电子商务及其配套的法律文件有近百部之多。从法律文件的名称上看,美国大部分州级电子商务法律文件都直接以"电子签名法"或"数字签名法"冠名,因为在以互联网为运行平台的电子商务环境下,交易当事人的身份认证是其中最关键的环节,如果这一问题能够妥善解决,其他问题也就迎刃而解了。

法国于 2019 年 7 月通过首部《数字税法案》,规定全球数字业务年营业收入超过 7.5 亿欧元并在法国境内年营业收入超过 2 500 万欧元的企业按 3%税率纳税。受影响最大的为谷歌、苹果、脸书和亚马逊,因此该法案又称为"GAFA 法案"。

除法国外,英国在 2018 年即提出"数字税法案",于 2020 年 4 月开征数字税。西班牙、意大利、奥地利、乌拉圭、哥伦比亚等国也相继推出其数字税版本。

信息技术革命所引起的电子商务立法在一定程度上与以往传统的立法形式有所不同。从以上立法活动不难看出,世界电子商务的立法呈现出立法的速度快、范围广、学科跨度大,立法的实践性、兼容性和立法进程的不平衡性、促进性等特点。总之,电子商务是未来世界经济发展的潮流,在不断完善电子商务立法的同时,如何实施和运用电子商务法已经成为国际社会的当务之急。

▶▶ 1.3.2 我国电子商务立法概况

随着人类步入信息经济时代,我国立法机关和政府部门敏锐地捕捉到电子商务对传统法律的影响和冲击,在电子商务立法上采取了渐进式的审慎立法政策,"成熟一个,制定一个""宜粗不宜细""先立单项法,后立综合法"等,并在立法时机成熟时,适时出台了《中华人民共和国电子商务法》。

1. 我国电子商务立法进程

早在 20 世纪 80 年代,我国就开始了计算机与网络的立法保护工作,陆续出台了《中华人民共和国计算机信息系统安全保护条例》(征求意见稿)、《计算机软件保护条例》《中华人民共和国计算机信息网络国际联网管理暂行规定》《中国互联网络域名注册暂行管理办法》《中国互联网络域名注册暂行管理办法》等规范性法律文件,为电子商务的法制建设奠定了基础。2004 年我国第一部真正意义上的电子商务法——《中华人民共和国电子签名法》颁布后,我国明显加快电子商务立法进程,陆续颁布和出台了《电子认证服务管理办法》《电子认证服务密码管理办法》《关于促进银行卡产业发展的若干意见》《电子支付指引(第一号)》《互联网电子邮件服务管理办法》《国务院办公厅关于加快电子商务发展的若干意见》和《电子商务发展"十一五"

规划》等规范性法律文件。2018年，经历三次公开征求意见、四次审议及修改、历时近五年，我国电子商务领域的首部综合性法律——《中华人民共和国电子商务法》于8月31日正式出台。

2. 我国《电子商务法》立法的原则

（1）安全性原则。

《电子商务法》要把维护电子商务的安全放在重要位置。电子交易安全是电子商务主体决定选择利用网络进行电子商务的最重要的因素，维护网络安全，既需要先进的安全技术，更需要严密的安全法律规范支持。

（2）兼容性原则。

电子商务的基础是互联网，互联网开放性的特点决定了电子商务本质上是全球性的商事活动，这也必然会导致法律的兼容性。

（3）动态性原则。

电子商务发展迅猛，且目前仍处在高速发展过程中，新的法律问题还将随着电子商务的发展不断出现，因而目前要建立并完善国际电子商务法律体系是不可能的，也是不切实际的，只能就目前已成熟或已经成共识的法律问题制定相应的法规，并随着电子商务发展而不断修改和完善。

（4）指导性原则。

由于电子商务的主要活动是电子交易，而商业交易的主要特征是平等自愿，因此，电子商务立法应充分体现指导性原则，明确政府在发展电子商务中的地位，即宏观规划和指导作用，减弱政府对电子商务的管制与指令，充分体现当事人的意思自治。

（5）协调性原则。

电子商务立法在解决问题的同时，还要注意与其他层面解决方案的协调，避免法出多门，避免因立法权与管理权冲突导致整个电子商务法律环境的无序。

▶▶ 1.3.3 我国《电子商务法》及其主要内容

近年来，我国电子商务迅速发展，在转方式、调结构、稳增长、促就业、惠民生等方面发挥了重要作用。2013年12月，我国成立《电子商务法》起草组，拉开了《电子商务法》立法的帷幕。2018年9月，十三届全国人大常委会第五次会议以167票赞成、1票反对、3票弃权，表决通过了《中华人民共和国电子商务法》，该法于2019年1月1日起开始实施。

1. 电子商务立法的指导思想

电子商务立法的指导思想是：全面贯彻党的十八大和十八届三中、四中、五中、六中全会精神，牢固树立和贯彻落实创新、协调、绿色、开放、共享发展理念，按照完善社会主义市场经济体制、依法治国、依法行政的总体目标和要求，坚持促进发展、规范秩序、保障权益，充分发挥立法的引领和推动作用，加强顶层设计，夯实制度基础，激发电子商务发展创新的新动力、新动能，解决电子商务发展中的突出矛盾和问题，建立开放、共享、诚信、安全的电子商务发展环境，推动经济结构调整，实现经济提质增效、转型升级，切实维护国家利益。

相关链接

《中华人民共和国电子商务法》包括总则、电子商务经营者、电子商务合同的订立与履行、电子商务争议解决、电子商务促进、法律责任、附则共七章、八十九条内容。

2. 我国《电子商务法》的立法宗旨

《电子商务法》的立法宗旨是为了保障电子商务各方主体的合法权益,规范电子商务行为,维护市场秩序,促进电子商务的健康发展。

国家鼓励发展电子商务新业态,创新商业模式,促进电子商务技术研发和推广应用,推进电子商务诚信体系建设,营造有利于电子商务创新发展的市场环境,充分发挥电子商务在推动高质量发展、满足人民日益增长的美好生活需要、构建开放型经济方面的重要作用。

国家平等对待线上线下商务活动,促进线上线下融合发展,各级人民政府和有关部门不得采取歧视性的政策措施,不得滥用行政权力排除、限制市场竞争。

3.《电子商务法》的适用范围

中华人民共和国境内的电子商务活动,适用《电子商务法》。这里所说的电子商务,是指通过互联网等信息网络销售商品或者提供服务的经营活动。法律、行政法规对销售商品或者提供服务有规定的,适用其规定。金融类产品和服务,利用信息网络提供新闻信息、音视频节目、出版以及文化产品等内容方面的服务,不适用《电子商务法》。

4. 我国《电子商务法》的主要内容

(1) 电子商务经营主体。

《电子商务法》对电子商务经营主体做出了明确规定,区分了一般的电子商务经营者和电子商务第三方平台。第三方平台对市场的主导作用,构成了我国电子商务发展的重要特点。

《电子商务法》着重对第三方平台做出明确规定:第一,要求其对经营者进行审查,提供稳定、安全的服务;第二,应当公开、透明地制定平台交易规则;第三,遵循重要信息公示、交易记录保存等要求;第四,退出的要求。工商登记是电子商务经营者的法定义务,但考虑到我国国情和电子商务发展实际,为有利于促进就业,可以对部分符合条件的小规模经营者免于登记。因此,《电子商务法》第十二条第一款规定:"电子商务经营主体应当依法办理工商登记。但是,依法无须取得许可的,以个人技能提供劳务、家庭手工业、农产品自产自销以及依照法律法规不需要进行工商登记的除外。具体办法由国务院规定。"

(2) 电子商务交易与服务。

围绕电子商务的交易与服务主要有电子合同、电子支付和快递物流。关于电子合同,《电子商务法》根据电子商务发展的特点,在现有法律规定的基础上规定了电子商务当事人行为能力推定规则、电子合同的订立、自动交易信息系统,以及电子错误等内容。关于电子支付,《电子商务法》规定了电子支付服务提供者和接受者的法定权利义务,对于支付确认、错误支付、非授权支付、备付金等做出规定。关于快递物流,《电子商务法》明确了快递物流依法为电子商务提供服务,规范了电子商务寄递过程中的安全和服务问题。

(3) 电子商务交易保障。

《电子商务法》主要规定四方面内容：第一，电子商务数据信息的开发、利用和保护。明确规定鼓励数据信息交换共享，保障数据信息的依法有序流动和合理利用，强调电子商务经营者对用户个人信息应采取相应保障措施，并对电子商务数据信息的收集利用及其安全保障做出明确要求。第二，市场秩序与公平竞争，规定电子商务经营主体知识产权保护、平台责任、不正当竞争行为的禁止、信用评价规则。第三，消费者权益保护，包括商品或者服务信息真实、商品或者服务质量保证、交易规则和格式条款制定，并规定了设立消费者权益保证金，电子商务第三方平台有协助消费者维权的义务。第四，争议解决，在适用传统方式的基础上，根据电子商务发展特点，积极构建在线纠纷解决机制。

(4) 跨境电子商务。

近年来，我国跨境电子商务快速发展，已经形成了一定的产业集群和交易规模。发展跨境电子商务，有利于完善我国对外开放战略布局和对外贸易优化升级，有利于推进"一带一路"建设和实施自由贸易区战略，形成对外开放新体制。为支持、促进和保障跨境电子商务发展，电子商务立法对此做了专门规定。第一，国家鼓励促进跨境电子商务的发展。第二，国家推动建立适应跨境电子商务活动需要的监督管理体系，提高通关效率，保障贸易安全，促进贸易便利化。第三，国家推进跨境电子商务活动通关、税收、检验检疫等环节的电子化。第四，推动建立国家之间跨境电子商务交流合作。

(5) 监督管理与社会共治。

《电子商务法》规定了国务院及各级政府对电子商务的监管职能。电子商务治理要充分发挥政府作用，同时还要充分发挥行业自律和社会共治的作用，实现多管齐下、综合治理，要体现电子商务管理创新，运用互联网思维、互联网管理办法。电子商务行业组织和电子商务经营主体应当加强行业自律，建立健全行业规范和网络规范，引导本行业经营者公平竞争，推动行业诚信建设。国家鼓励、支持和引导电子商务行业组织、电子商务经营主体和消费者共同参与电子商务市场治理。

案例与思考

平台的安全保障义务——空姐通过A出行平台打车遇害案

2018年5月5日晚上，空姐李某某在执行完郑州—连云港—郑州—绵阳—郑州的航班后，在郑州航空港区通过A出行平台叫了一辆车赶往市里，此后便失去联系。

5月8日，警方告知家属李某某的遗体被找到，身中多刀。5月10日，A出行平台向全社会公开征集线索，寻找一位名为刘某华的顺风车司机。

5月12日凌晨4时30分许，经多方努力、全力搜寻，警方在郑州市西三环附近一河渠内打捞出一具尸体。警方对打捞出的尸体DNA样本进行了鉴定，可以确认，此次打捞出的尸体确系杀害空姐李某某的犯罪嫌疑人刘某华。

郑州市航空港经济综合实验区人民法院做出的判决书显示，法院判决被告刘某军、宋某某在继承其子刘某华遗产范围内，赔偿原告李某某、董某（李某某父母）死亡赔偿金、丧葬费、交通费、住宿费、误工费等损失62.668 986万元。

同时，因 A 出行平台的运营公司已与李某某、董某达成补偿协议（依协议，该补偿费具有精神慰藉性质），因此原告要求被告刘某军、宋某某赔偿精神损失费 10 万元的请求，法院不予支持。

（资料来源：https://baike.baidu.com/item/5%C2%B76%E9%83%91%E5%B7%9E%E7%A9%BA%E5%A7%90%E6%89%93%E8%BD%A6%E9%81%87%E5%AE%B3%E6%A1%88/22572396?fr=aladdin）

 法律链接

《电子商务法》第三十八条第二款　对关系消费者生命健康的商品或者服务，电子商务平台经营者对平台内经营者的资质资格未尽到审核义务，或者对消费者未尽到安全保障义务，造成消费者损害的，依法承担相应的责任。

思考：
1. 在本案中，电子商务平台经营者是否应承担责任？
2. 在本案中，电子商务平台应该承担什么法律责任？

 # 本章实践技能操作

1. 通过互联网登录当当网，浏览 B2C 型网站。

操作步骤：

（1）打开浏览器，输入网址：http://www.dangdang.com；

（2）浏览当当网的主页；

（3）查看导航栏，熟悉当当网销售商品的主要类别；

（4）利用商品搜索功能查找本教材相关信息。

2. 通过互联网登录淘宝网，注册成为淘宝会员，初步了解电子商务中的涉法内容。

操作步骤：

（1）打开浏览器，输入网址：http://www.taobao.com；

（2）浏览淘宝网站主页，单击左上角的"免费注册"；

（3）查看"注册协议"的内容；

（4）查看"淘宝平台服务协议""隐私权政策""法律声明"和"支付宝及客户端服务协议"等相关的法律内容。

本章知识自测

名词解释

1．电子商务　　2．网络营销　　3．物流　　4．电子商务法　　5．功能等同原则

单选题

1．消费者与消费者之间的电子商务，即（　　）电子商务。
A．B2C　　　　　B．B2B　　　　　C．G2G　　　　　D．C2C

2．《中华人民共和国电子商务法》采取了狭义的电子商务法的概念，认为电子商务法是指调整通过（　　）所引起的商事关系的法律规范的总称。
A．互联网等信息网络销售商品或者提供服务的经营活动
B．局域网销售商品或者提供服务的经营活动
C．传统方式销售商品或者提供服务的经营活动
D．以上都不对

3．功能等同原则是指（　　）。
A．在本国电子商务活动与国际性电子商务活动的法律待遇上，应一视同仁
B．电子商务对传统口令法和非对称公开密钥法等认证方法，不可厚此薄彼
C．商业交易的公平理念
D．一种将数据电文的效力与纸面形式的功能进行类比的方法

4．电子商务法律关系客体不包括（　　）。
A．实体商品　　　　　　　　　　B．数字化商品
C．网上服务行为　　　　　　　　D．电子商务经营者

5．电子商务治理要充分发挥政府作用，同时还要充分发挥（　　）的作用，实现多管齐下、综合治理。
A．联合国　　　　　　　　　　　B．政府监督
C．外国政府或组织　　　　　　　D．行业自律和社会共治

多选题

1．下列属于电子商务特征的有（　　）。
A．采用信息技术而开展的商务活动
B．电子商务的交易活动是在虚拟的网络市场中完成的
C．现代信息技术和商务活动相结合
D．电子商务只是通过手机终端进行的商务活动

2．下列属于B2B电子商务网站平台的有（　　）。

A．阿里巴巴　　　　B．易商网　　　　C．当当网　　　　D．京东商城
3．下列属于电子商务参与主体的有（　　）。
A．网络平台　　　　　　　　　　　　B．电子商务交易双方
C．CA 认证中心　　　　　　　　　　 D．物流运营商
4．电子商务法具有（　　）等特点。
A．开放性　　　　B．安全性　　　　C．技术性　　　　D．程序性
5．下列属于电子商务法律关系主体的有（　　）。
A．电子商务经营者　　　　　　　　　B．电子商务中的消费者
C．电子商务平台经营者　　　　　　　D．电子商务监管者

简答题

1．简述电子商务的特征。
2．简述电子商务的功能。
3．电子商务法的基本原则有哪些？
4．电子商务法律关系客体有哪些？
5．简述我国电子商务立法的指导思想。

第2章 电子商务经营者

学习目标

通过本章的学习与技能训练,要求学生:
1. 掌握电子商务经营者的概念与分类。
2. 理解电子商务经营者的一般规定,电子商务平台经营者的规定。
3. 了解民事法律关系中的主体,电子商务平台经营者网络服务的法律规制。

案例导读

H 科技有限公司的机动车交通事故责任纠纷案

黄某系 H 科技有限公司(以下简称 H 公司)App 的注册司机,该 App 的营运方为 H 公司。黄某在 H 公司 App 上接单后,驾驶车辆(搭载乘客王某等两人)在行驶途中发生交通事故,造成王某等人受伤,事后,交管部门认定该起事故系因黄某未按操作规范安全驾驶,应由其负事故的全部责任。王某遂将黄某和 H 公司诉至法院,要求黄某赔偿其医疗费、误工费等损失,并由 H 公司承担连带赔偿责任。

法院审理认为,被告 H 公司是该 App 营运方,其未审核作为 H 公司 App 注册司机的被告黄某的相关资质,从而增加了司机从事营运时发生事故的概率,而被告黄某在事故发生时承接订单并承担运输任务系营运行为,故被告 H 公司应对被告黄某的赔偿义务承担补充清偿责任。

(资料来源:https://www.sohu.com/a/404011734_806432)

辩证与思考:该案判决的法律依据是什么?

2.1 电子商务经营者概述

电子商务主体是指电子商务交易参与各方,包括电商平台、商家、消费者等。电子商务经营者是电子商务交易活动中重要的民事法律关系主体。

▶▶ 2.1.1 民事法律关系主体

民事法律关系主体是指参与民事法律关系,享受民事权利和承担民事义务的人。"民"包括自然人、法人和非法人组织。

1. 自然人

自然人从出生时起到死亡时止,具有民事权利能力,依法享有民事权利,承担民事义务。自然人的民事权利能力一律平等。

十八周岁以上的自然人为成年人。不满十八周岁的自然人为未成年人。成年人为完全民事行为能力人,可以独立实施民事法律行为。十六周岁以上的未成年人,以自己的劳动收入为主要生活来源的,视为完全民事行为能力人。

八周岁以上的未成年人为限制民事行为能力人,实施民事法律行为由其法定代理人代理或者经其法定代理人同意、追认;但是,可以独立实施纯获利益的民事法律行为或者与其年龄、智力相适应的民事法律行为。

不满八周岁的未成年人为无民事行为能力人,由其法定代理人代理实施民事法律行为。

 法律链接

> 《中华人民共和国民法典》第二十二条规定:不能完全辨认自己行为的成年人为限制民事行为能力人,实施民事法律行为由其法定代理人代理或者经其法定代理人同意、追认;但是,可以独立实施纯获利益的民事法律行为或者与其智力、精神健康状况相适应的民事法律行为。

2. 法人

法人是具有民事权利能力和民事行为能力,依法独立享有民事权利和承担民事义务的组织。法人可以分为营利法人和非营利法人:

(1)营利法人。以取得利润并分配给股东等出资人为目的成立的法人,为营利法人。营利法人包括有限责任公司、股份有限公司和其他企业法人等。营利法人经依法登记成立。

(2)非营利法人。为公益目的或者其他非营利目的成立,不向出资人、设立人或者会员分配所取得利润的法人,为非营利法人。非营利法人包括事业单位、社会团体、基金会、社会服务机构等。

法人具有以下特征：

（1）法人应当依法成立。

法人应当有自己的名称、组织机构、住所、财产或者经费。法人成立的具体条件和程序，依照法律、行政法规的规定。设立法人，法律、行政法规规定须经有关机关批准的，依照其规定。

（2）法人的民事权利能力和民事行为能力，从法人成立时产生，到法人终止时消灭。

（3）法人以其全部财产独立承担民事责任。

（4）依照法律或者法人章程的规定，代表法人从事民事活动的负责人，为法人的法定代表人。法定代表人以法人名义从事的民事活动，其法律后果由法人承受。

3. 非法人组织

非法人组织是不具有法人资格，但是能够依法以自己的名义从事民事活动的组织。非法人组织包括个人独资企业、合伙企业、不具有法人资格的专业服务机构等。

非法人组织应当依照法律的规定登记。设立非法人组织，法律、行政法规规定须经有关机关批准的，依照其规定。

非法人组织的财产不足以清偿债务的，其出资人或者设立人承担无限责任。法律另有规定的，依照其规定。

非法人组织可以确定一人或者数人代表该组织从事民事活动。

▶▶ 2.1.2 电子商务经营者的概念与分类

1. 电子商务经营者的概念

电子商务经营者是指通过互联网等信息网络从事销售商品或者提供服务的经营活动的自然人、法人和非法人组织，包括电子商务平台经营者、平台内经营者，以及通过自建网站、其他网络服务销售商品或者提供服务的电子商务经营者。

2. 电子商务经营者的分类

《电子商务法》中明确界定了电子商务经营者的类型。

（1）电子商务平台经营者。

电子商务平台经营者简称"电子商务平台"，是指在电子商务中为交易双方或者多方提供网络经营场所、交易撮合、信息发布等服务，供交易双方或者多方独立开展交易活动的法人或者非法人组织。电子商务平台的本质特征在于其搭建交易平台的属性，各类电子商务主体通过平台服务协议和交易规则相互连接实现经营活动。只有法人或者非法人组织才可以注册成为电子商务平台，自然人无法取得该项资质。

> **学而思**：请列举几个典型的电子商务平台经营者。

（2）平台内经营者。

平台内经营者也称"商家"，是指通过电子商务平台销售商品或者提供服务的电子商务经营者。商家通过平台服务协议与电子商务平台之间联系起来。作为商家，平台内经营者既可以是法人或非法人组织,也可以是自然人。

学而思:请列举典型的平台内经营者。

(3)通过自建网站、其他网络服务销售商品或者提供服务的电子商务经营者。

自建网站电子商务经营者,指在自行搭建的网络平台上从事商品销售和提供服务的电子商务经营者。电子商务法之所以规定"通过其他网络服务销售商品或者提供服务的电子商务经营者"这样一种电子商务经营者,主要是考虑到技术的发展可能带来不同的电子商务经营形式,立法需要有一定的前瞻性,同时也是为其他通过特殊信息网络进行电子商务活动的经营者提供一个界定。

学而思:请列举通过自建网站、其他网络服务销售商品或者提供服务的电子商务经营者。

▶▶ 2.1.3 电子商务经营者的特征

1. 电子商务经营者首先是从事市场经营活动的商事主体

电子商务经营者作为市场经营主体,必须满足两个要件:一是强调主体以营利为主要目的;二是这种营利性是持续不断的。在我国《电子商务法》中,未将那些偶尔从事交易活动的主体(即使以营利为目的)纳入电子商务经营者的范畴,如出售自用闲置物品。

2. 电子商务经营者是通过互联网等信息网络从事销售商品或者提供服务的经营活动的商事主体

电子商务经营者在经营过程中,需要借助互联网、移动互联网、电信网、物联网等网络技术,通过 App、微信、微博、论坛、小程序、小视频、直播等网络手段从事销售商品或者提供服务的经营活动并达成交易。这里需要强调的是,交易活动无须全过程都通过网络进行。

3. 电子商务经营者以自然人、法人、非法人组织等形态存在

电子商务经营者是通过互联网向消费者提供其生产、销售的商品或者提供服务的经济实体,它是以营利为目的的。为了保护电子商务交易过程中各主体的合法权益,必然要求电子商务的经营者以自然人、法人、非法人组织等形态存在。

2.2 电子商务经营者的一般规定

电子商务已经渗透到社会生活和消费的各个领域,电子商务经营者侵害消费者合法权益屡见不鲜。为了规范电子商务的有序发展和保护消费者的合法权益,我国《电子商务法》第二章对电子商务经营者的内容做了规定。

2.2.1 电子商务经营者的市场主体登记

作为市场主体的电子商务经营者依法履行市场主体登记义务,是市场主体彰显其商事主体身份、提升信用程度的重要途径,不仅有利于市场监管,也是国家鼓励线上线下经营共同发展的重要体现。我国《电子商务法》采用了原则登记、例外豁免的制度。

我国《电子商务法》第十条规定,电子商务经营者应当依法办理市场主体登记。电子商务经营者申请登记成为企业、个体工商户或农民专业合作社的,应当依照现行市场主体登记管理相关规定向各地市场监督管理部门申请办理市场主体登记。

但是,个人销售自产农副产品、家庭手工业产品,个人利用自己的技能从事依法无须取得许可的便民劳务活动和零星小额交易活动,以及依照法律、行政法规不需要进行登记的除外。除法律另有规定外,上述豁免登记只适用于以自然人名义开展经营活动的情形,企业开展电子商务活动都需要进行市场主体登记。

电子商务经营者申请登记为个体工商户的相关要求

根据《市场监管总局关于做好电子商务经营者登记工作的意见》,电子商务经营者申请登记为个体工商户的,允许其将网络经营场所作为经营场所进行登记。在一个以上电子商务平台从事经营活动的,需要将其从事经营活动的多个网络经营场所向登记机关进行登记。允许将经常居住地登记为住所,个人住所所在地的县、自治县、不设区的市、市辖区市场监管部门为其登记机关。以网络经营场所作为经营场所登记的个体工商户,仅可通过互联网开展经营活动,不得擅自改变其住宅房屋用途用于线下生产经营活动并应做出相关承诺。登记机关要在其营业执照的经营范围项标注"仅限于通过互联网从事经营活动"。

2.2.2 电子商务经营者应当依法履行纳税义务

作为市场主体,纳税是其法定的义务。即便依法无须办理市场主体登记的电子商务经营者,仍然需要履行税务登记和纳税申报的义务。

我国《电子商务法》第十一条规定,电子商务经营者应当依法履行纳税义务,并依法享受税收优惠。不需要办理市场主体登记的电子商务经营者在首次纳税义务发生后,应当依照税收征收管理法律、行政法规的规定申请办理税务登记,并如实申报纳税。

电子商务平台经营者应当依照税收征收管理法律、行政法规的规定,向税务部门报送平台内经营者的身份信息和与纳税有关的信息,并应当提示依法不需要办理市场主体登记的电子商务经营者按照相关规定办理税务登记。

由此可以看出,电子商务平台经营者负有提示和报送信息的义务,而电子商务平台内经营者履行纳税申报和税务登记义务。

2.2.3 依法取得行政许可的义务[①]

行政许可是行政机关根据自然人、法人或者其他组织的申请,经依法审查,准予其从事特定活动的行为。

我国《电子商务法》第十二条规定,电子商务经营者从事经营活动,依法需要取得相关行政许可的,应当依法取得行政许可。根据《中华人民共和国电信条例》《互联网信息服务管理办法》的规定,设立网站的电信信息业务和在线销售商品或提供服务,需要取得行政许可。

1. 设立网站的电信信息业务许可

一是建立经营性网站需要取得电信与信息服务业务经营许可证(ICP 许可证)。二是从事在线数据处理与交易处理业务的经营者,需要取得增值电信业务经营许可证。增值电信业务经营许可证就是在线数据处理与交易处理业务(EDI 许可证)。详细内容见"2.3 电子商务平台经营者的法律规制"部分。

2. 在线销售商品或提供服务的行政许可

一般情形下,电子商务经营者通过互联网从事销售商品或提供服务的经营活动,在行政许可具体事项上实行线下线上一致的原则。也就是说,某种类型的商品或服务经营活动,只要法律法规规定需要取得行政许可的,无论是以线下方式经营还是以线上方式经营,都应当取得许可,如食品经营等。反之,线下经营不需要许可的,线上经营原则上也不需要取得行政许可。在需要取得许可的事项中,经营者在线下经营中已经取得行政许可,又开展线上经营活动的,一般情况下只要依法公示其许可证即可,不必再次申请取得线上经营许可。但是,作为例外情况,在某些领域,线下经营已经取得行政许可的,若从事线上经营活动或者专门从事线上经营活动,还应取得线上经营许可,如从事互联网医疗服务、网络出版服务及网络预约出租车等。

2.2.4 电子商务经营者的法定义务与消费者权益保护

1. 不得从事法律禁止的商品或者服务交易

电子商务经营者销售的商品或者提供的服务应当符合保障人身、财产安全的要求和环境保护的要求,不得销售或者提供法律、行政法规禁止交易的商品或者服务。

2. 电子商务经营者信息公示义务

(1)电子商务经营者公示营业执照信息等义务。

电子商务经营者应当在其首页显著位置,持续公示营业执照信息、与其经营业务有关的行政许可信息、属于依法不需要办理市场主体登记情形等信息,或者上述信息的链接标识。信息发生变更的,电子商务经营者应当及时更新公示信息。

---

① 资料来源:http://www.cicn.com.cn/zggsb/2019-03/26/cms116314article.shtml

电子商务经营者自行终止从事电子商务的,应当提前三十日在首页显著位置持续公示有关信息。

案例链接

湖州个体网上经营者未公示证照信息案

2019年1月2日,浙江省湖州市南浔区市场监管局执法人员发现卢某在其微信朋友圈内从事饼干、蛋糕等糕点食品销售,但未公示其营业执照、食品经营许可证等信息。由此,执法人员立即前往当事人所描述的某地址进行现场检查。经查,当事人在上述地址开设了一家从事糕点类食品制售的店铺,并且能提供合法有效的个体工商户营业执照以及食品经营许可证。自2018年7月起,当事人为了提高知名度,方便开拓市场,吸引消费者,通过微信朋友圈的方式发布了数十条关于店内所制售的饼干、蛋糕、饮料等食品信息,但未在其销售食品的微信朋友圈内公示营业执照、食品经营许可证信息。

鉴于上述行为涉嫌违反《电子商务法》第十五条第一款的相关规定,该局当即依法予以立案查处,责令当事人改正上述违法行为,并对其处以罚款2 000元人民币。当事人在案发后积极配合调查,已及时在微信朋友圈的显著位置公示了营业执照和食品经营许可证信息。

(资料来源:http://www.samr.gov.cn/wljys/wlscjg/201902/t20190218_290069.html)

(2)全面、真实、准确、及时地披露商品、服务信息。

电子商务经营者应当全面、真实、准确、及时地披露商品或者服务信息,保障消费者的知情权和选择权。电子商务经营者不得以虚构交易、编造用户评价等方式进行虚假或者引人误解的商业宣传,欺骗、误导消费者。

3. 信息搜索和发送中的法定义务

电子商务经营者根据消费者的兴趣爱好、消费习惯等特征向其提供商品或者服务的搜索结果时,应当同时向该消费者提供不针对其个人特征的选项,尊重和平等地保护消费者的合法权益。

电子商务经营者向消费者发送广告的,应当遵守《中华人民共和国广告法》的有关规定。

4. 交易过程中电子商务经营者应遵循的法定义务

(1)电子商务经营者不得滥用市场支配地位。

电子商务经营者因其技术优势、用户数量、对相关行业的控制能力,以及其他经营者对该电子商务经营者在交易上的依赖程度等因素而具有市场支配地位的,不得滥用市场支配地位,排除、限制竞争。

(2)禁止搭售商品或者服务。

电子商务经营者搭售商品或者服务,应当以显著方式提请消费者注意,不得将搭售商品或者服务作为默认同意的选项。

(3)电子商务经营者交付商品和服务的在途风险和责任。

电子商务经营者应当按照承诺或者与消费者约定的方式、时限向消费者交付商品或者服务,并承担商品运输中的风险和责任。但是,消费者另行选择快递物流服务提供者的除外。

（4）电子商务经营者收取和退还押金。

电子商务经营者按照约定向消费者收取押金的，应当明示押金退还的方式、程序，不得对押金退还设置不合理条件。消费者申请退还押金，符合押金退还条件的，电子商务经营者应当及时退还。

（5）开具电子发票的义务。

电子商务经营者销售商品或者提供服务应当依法出具纸质发票或者电子发票等购货凭证或者服务单据。电子发票与纸质发票具有同等的法律效力。

5. 信息提供和信息保护义务

（1）电子商务数据信息提供义务与安全保护。

有关主管部门依照法律、行政法规的规定要求电子商务经营者提供有关电子商务数据信息的，电子商务经营者应当提供。有关主管部门应当采取必要措施保护电子商务经营者提供的数据信息的安全，并对其中的个人信息、隐私和商业秘密严格保密，不得泄露、出售或者非法向他人提供。

（2）电子商务经营者的个人信息保护义务。

电子商务经营者收集、使用其用户的个人信息，应当遵守法律、行政法规有关个人信息保护的规定。

（3）用户信息的查询、更正、删除等。

电子商务经营者应当明示用户信息查询、更正、删除及用户注销的方式、程序，不得对用户信息查询、更正、删除及用户注销设置不合理的条件。

电子商务经营者收到用户信息查询或者更正、删除的申请的，应当在核实身份后及时提供查询或者更正、删除用户信息。用户注销的，电子商务经营者应当立即删除该用户的信息。依照法律、行政法规的规定或者双方约定保存的，依照其规定。

2.3 电子商务平台经营者的法律规制

电子商务平台是指在电子商务中为交易双方或者多方提供网络经营场所、交易撮合、信息发布等服务，供交易双方或者多方独立开展交易活动的平台，现实中通常称为"电商平台"，如饿了么、滴滴出行和美团等。电子商务平台经营者应就电子商务平台的建设、运营等承担相应的法定义务。

▶▶ 2.3.1 电子商务平台经营者网络服务的法律规制

电子商务平台在运行过程中依赖于网络服务，网络服务已成为电子商务不可分割的组成部分，也是支撑网上交易运营环境的基础。所有的电子商务网站主要提供电子商务信息的收集、整理、发布、传递与存储等服务内容，为此，网络信息服务是电子商务平台运行法律制度的主要内容。我国关于网络信息服务的法律文件主要是国务院 2000 年颁布的《中华人民共和国电信条例》和《互联网信息服务管理办法》（该《办法》于 2011 年进行修订），该《办法》是目前我国对提供互联网信息服务实行管制制度的主要行政法规。

1. 网络信息服务的含义

互联网信息服务是指通过互联网向上网用户提供信息的服务活动。

互联网信息服务分为经营性和非经营性两类：经营性互联网信息服务，是指通过互联网向上网用户有偿提供信息或网页制作等服务活动；非经营性互联网信息服务，是指通过互联网向上网用户无偿提供具有公开性、共享性信息的服务活动。国家对经营性互联网信息服务实行许可制度，对非经营性互联网信息服务实行备案制度。未取得许可或未履行备案手续的，不得从事互联网信息服务。

2. 网络信息服务的市场准入

为了规范互联网信息服务活动，促进互联网信息服务健康有序发展，我国加强对互联网信息服务的管理方式主要是审批与备案制度。

（1）经营性网络信息服务许可制度。

经营性互联网信息服务的内容主要是网上广告、代制作网页、有偿提供特定信息内容、电子商务及其他网上应用服务。根据《中华人民共和国电信条例》和《互联网信息服务管理办法》，国家对提供经营性互联网信息服务实行许可制度。根据《互联网信息服务管理办法》规定，经营性网站必须办理中华人民共和国增值电信业务经营许可证，否则就属于非法经营。

《互联网信息服务管理办法》规定："从事经营性互联网信息服务，除应当符合《中华人民共和国电信条例》规定的要求外，还应当具备下列条件，有业务发展计划及相关技术方案，有健全的网络与信息安全保障措施，包括网站安全保障措施、信息安全保密管理制度、用户信息安全管理制度。服务项目属于本办法第五条规定范围的，已取得有关主管部门同意的文件。""从事经营性互联网信息服务，应当向省、自治区、直辖市电信管理机构或者国务院信息产业主管部门申请办理互联网信息服务增值电信业务经营许可证。省、自治区、直辖市电信管理机构或者国务院信息产业主管部门应当自收到申请之日起六十日内审查完毕，做出批准或者不予批准的决定。予以批准的，颁发经营许可证；不予批准的，应当书面通知申请人并说明理由。申请人取得经营许可证后，应当持经营许可证向企业登记机关办理登记手续。"

电子商务经营者，主要是指电子商务平台的经营者建立经营性网站并开展经营活动的，都需要取得经营性互联网信息服务许可。

（2）非经营性网络信息服务备案制度。

互联网服务提供商是经国家主管部门批准的正式运营企业，享受国家法律保护。它主要提供互联网接入服务，即通过电话线把计算机或其他终端设备连入互联网。非经营性互联网信息服务提供者在提供互联网信息服务（开通网站）之前，应当向为其接入互联网络服务的互联网服务提供商提交相关备案信息。互联网服务提供商对相关备案信息进行整理，以确认相关备案信息真实、完整、准确，互联网服务提供商授权用户身份登录"工业和信息化部 ICP/IP 地址信息备案管理系统"（简称"备案管理系统"），导入相关备案信息。省级互联网行业主管部门对报备信息进行审核，发放备案编号、备案证书（电子文件），并通知相关互联网服务提供商，互联网服务提供商通知并指导经营性互联网信息服务提供者按要求标明备案编号、放置备案证书。

(3) 特殊行业服务审批制度与专项备案制度。

审批制度。对于从事新闻、出版、教育、医疗保健、药品和医疗器械等特殊行业服务互联网信息服务的，依照法律、行政法规及国家有关规定必须经有关主管部门审核同意的，在申请经营许可或履行备案手续前，应当依法经有关主管部门审核同意。不管是经营性信息服务，还是公益性或非经营性信息服务，如果涉及这些行业，都必须办理审批手续。

专项备案制度。从事互联网信息服务，拟开办电子公告服务的，应当在申请经营性互联网信息服务许可或办理非经营性互联网信息服务备案时，按照国家有关规定提出专项申请或专项备案。电子公告板（BBS）是供公众自由发表言论的地方。所有网站如开辟这项服务，要到有关部门办理专项申请或备案。

3. 网络服务提供商

网络服务提供商是指专门为他人设立、经营网站或为其他网络通信提供服务的网络服务提供者。从网络服务提供商在信息传输中的作用或网络服务提供商对信息内容控制的角度，网络服务提供商大致可以分为两类：一类是网络内容服务提供商，另一类是网络中介服务提供商。网络内容服务提供商充当网络信息交流的当事人（发布者），而网络中介服务提供商充当网络信息交流的媒介或中介。

(1) 网络内容服务提供商。

网络内容服务提供商是指向社会公众或特定用户提供信息内容服务的网络服务公司。网络服务器的经营者直接向消费者（接收者）发布信息，充当主动传输内容的角色。大多数网络服务公司既提供中介服务，同时也提供内容服务。凡是直接发布了某种信息的网站经营者，在信息传播中就是充当发布者的角色。

网络内容服务提供商的义务：根据《互联网信息服务管理办法》规定，必须保证提供服务的合法性。网络内容服务提供商应当按照经营许可或备案的项目提供服务，不得超出经营许可或备案的项目提供服务。非经营性互联网信息服务提供者不得从事有偿服务，互联网信息服务提供者应当在其网站主页的显著位置标明其经营许可证编号或备案编号，从事新闻、出版及电子公告等服务项目的互联网信息服务提供者，应当记录提供的信息内容及其发布时间、互联网地址或域名，互联网接入服务提供者应当记录上网用户的上网时间、用户账号、互联网地址或域名、主叫电话号码等信息。互联网信息服务提供者和互联网接入服务提供者的记录备份应当保存六十日，并在国家有关机关依法查询时，予以提供。

在保证提供服务的合法性的同时，必须保证信息内容合法。互联网信息服务提供者应当向上网用户提供良好的服务，并保证所提供的信息内容合法，互联网信息服务提供者不得制作、复制、发布、传播含有下列内容的信息：①反对宪法所确定的基本原则的；②危害国家安全，泄露国家秘密，颠覆国家政权，破坏国家统一的；③损害国家荣誉和利益的；④煽动民族仇恨、民族歧视，破坏民族团结的；⑤破坏国家宗教政策，宣扬邪教和封建迷信的；⑥散布谣言，扰乱社会秩序，破坏社会稳定的；⑦散布淫秽、色情、赌博、暴力、凶杀、恐怖或教唆犯罪的；⑧侮辱或者诽谤他人，侵害他人合法权益的；⑨含有法律、行政法规禁止的其他内容的。

从事在线数据处理与交易处理业务的经营者，需要取得增值电信业务经营许可证。增值电信业务经营许可证就是在线数据处理与交易处理业务（EDI 许可证）。有第三方入驻的电子商务平台网站，其提供的服务属于在线数据与交易处理业务，需要取得 EDI 许可证。

公安部通报全国公安机关"净网 2019"专项行动工作情况

2019 年 1 月，公安部部署组织全国公安机关开展"净网 2019"专项行动，依法严厉打击侵犯公民个人信息、黑客攻击破坏等网络违法犯罪活动。截至 2019 年 10 月 31 日，共侦破涉网案件 45 743 起，抓获犯罪嫌疑人 65 832 名，专项行动取得了显著成效。其中，侦破侵犯公民个人信息类案件 2 868 起，抓获犯罪嫌疑人 7 647 名；侦破黑客类案件 1 361 起，抓获犯罪嫌疑人 2 133 名；侦破网络诈骗类案件 21 933 起，抓获犯罪嫌疑人 22 743 名；侦破网络赌博类案件 5 797 起，抓获犯罪嫌疑人 9 490 名；侦破网络色情类案件 2 406 起，抓获犯罪嫌疑人 4 512 名。这其中侦破了一系列人民群众关心关切的案件，成为重点、热点、典型案件，如打掉多个利用"暗网"倒卖公民信息的犯罪团伙，捣毁一批为"套路贷"提供技术、数据服务的科技公司，斩断多条非法生产、销售针孔摄像头等偷拍器材的黑色产业链条，清剿了多个制售迷奸药物的犯罪网络。同时，针对互联网企业及联网单位开展安全监督检查 17 万余家次，清理违法有害信息 445 万余条，关闭网络账号 60 万余个，约谈整改相关网站及 App 3.7 万余家次，行政查处 9.1 万家次。

（资料来源：http://www.gov.cn/xinwen/2019-11/15/content_5452415.htm）

（2）网络中介服务提供商。

网络中介服务提供商是指为网络提供信息传输中介服务的主体，是指经营者以外的人通过某个服务器发布信息。网络服务经营者充当被动传输信息的角色，它又可以分为接入服务提供商和主机服务提供商。

网络中介服务提供者的义务主要有两个：监控义务和协助调查义务。其中协助调查是辅助性的，监控义务是主要义务。

▶▶ 2.3.2 我国《电子商务法》中的相关规定

1. 信息管理的管理与报送

（1）平台经营者对平台内经营者的身份和信息管理。

电子商务平台经营者应当要求申请进入平台销售商品或者提供服务的经营者提交其身份、地址、联系方式、行政许可等真实信息，以进行核验、登记，建立登记档案并定期核验更新。

电子商务平台经营者为进入平台销售商品或者提供服务的非经营用户提供服务，应当遵守法律的相关规定。

（2）平台内经营者的身份信息和纳税信息报送。

电子商务平台经营者应当按照规定向市场监督管理部门报送平台内经营者的身份信息，提示未办理市场主体登记的经营者依法办理登记，并配合市场监督管理部门，针对电子商务的特点，为应当办理市场主体登记的经营者办理登记提供便利。

电子商务平台经营者应当依照税收征收管理法律、行政法规的规定，向税务部门报送平台内经营者的身份信息和与纳税有关的信息。

(3）平台经营者对商品或者服务信息的审查、处置和报告。

电子商务平台经营者发现平台内的商品或者服务信息存在违法情形的，应当依法采取必要的处置措施，并向有关主管部门报告。

（4）商品和服务信息、交易信息记录和保存。

电子商务平台经营者应当记录、保存平台上发布的商品和服务信息、交易信息，并确保信息的完整性、保密性、可用性。商品和服务信息、交易信息保存时间自交易完成之日起不少于三年，法律、行政法规另有规定的，依照其规定。

2. 网络安全与交易安全保障

电子商务平台经营者应当采取技术措施和其他必要措施保证其网络安全、稳定运行，防范网络违法犯罪活动，有效应对网络安全事件，保障电子商务交易安全。

电子商务平台经营者应当制定网络安全事件应急预案，发生网络安全事件时，应当立即启动应急预案，采取相应的补救措施，并向有关主管部门报告。

3. 平台经营者的服务协议和交易规则

（1）平台经营者的服务协议和交易规则制定。

电子商务平台经营者应当遵循公开、公平、公正的原则，制定平台服务协议和交易规则，明确进入和退出平台、商品和服务质量保障、消费者权益保护、个人信息保护等方面的权利和义务。

（2）平台经营者的服务协议和交易规则公示。

电子商务平台经营者应当在其首页的显著位置持续地公示平台服务协议和交易规则信息或者上述信息的链接标识，并保证经营者和消费者能够便利、完整地阅览和下载。

（3）平台经营者的服务协议和交易规则修改。

电子商务平台经营者修改平台服务协议和交易规则，应当在其首页的显著位置公开征求意见，采取合理措施确保有关各方能够及时充分地表达意见。修改内容应当至少在实施前七日予以公示。

平台内经营者不接受修改内容，要求退出平台的，电子商务平台经营者不得阻止，并按照修改前的服务协议和交易规则承担相关责任。

（4）不得进行不合理限制、附加不合理条件、收取不合理费用。

电子商务平台经营者不得利用服务协议、交易规则及技术等手段，对平台内经营者在平台内的交易、交易价格，以及与其他经营者的交易等进行不合理的限制或者附加不合理的条件，或者向平台内经营者收取不合理的费用。

（5）违法违规行为处置信息公示义务。

电子商务平台经营者依据平台服务协议和交易规则对平台内经营者违反法律、法规的行为实施警示、暂停或者终止服务等措施的，应当及时公示。

（6）自营业务的区分标记。

电子商务平台经营者在其平台上开展自营业务的，应当以显著方式区分标记自营业务和平台内经营者开展的业务，不得误导消费者。

电子商务平台经营者对其标记为自营的业务依法承担商品销售者或者服务提供者的民事责任。

4. 合规经营与不得从事的交易活动

电子商务平台经营者可以按照平台服务协议和交易规则，为经营者之间的电子商务提供仓储、物流、支付结算、交收等服务。电子商务平台经营者为经营者之间的电子商务提供服务，应当遵守法律、行政法规和国家有关规定，不得采取集中竞价、做市商等集中交易方式进行交易，不得进行标准化合约交易。

（1）信用评价制度与信用评价规则。

电子商务平台经营者应当建立健全信用评价制度，公示信用评价规则，为消费者提供对平台内销售的商品或者提供的服务进行评价的途径。

电子商务平台经营者不得删除消费者对其平台内销售的商品或者提供的服务的评价。

（2）竞价排名业务的广告标注义务。

电子商务平台经营者应当根据商品或者服务的价格、销量、信用等以多种方式向消费者显示商品或者服务的搜索结果，对于竞价排名的商品或者服务，应当显著标明"广告"字样。

5. 知识产权保护

（1）知识产权保护规则。

电子商务平台经营者应当建立知识产权保护规则，与知识产权权利人加强合作，依法保护知识产权。

（2）知识产权权利人的通知与平台经营者的删除等措施。

知识产权权利人认为其知识产权受到侵害的，有权通知电子商务平台经营者采取删除、屏蔽、断开链接、终止交易和服务等必要措施。通知应当包括构成侵权的初步证据。

电子商务平台经营者接到通知后，应当及时采取必要措施，并将该通知转送平台内经营者；未及时采取必要措施的，对损害的扩大部分与平台内经营者承担连带责任。

因通知错误造成平台内经营者损害的，依法承担民事责任。恶意发出错误通知，造成平台内经营者损失的，加倍承担赔偿责任。

（3）知识产权人的通知、平台内经营者采取的措施以及平台内经营者声明的公示。

平台内经营者接到转送的通知后，可以向电子商务平台经营者提交不存在侵权行为的声明。声明应当包括不存在侵权行为的初步证据。

电子商务平台经营者接到声明后，应当将该声明转送发出通知的知识产权权利人，并告知其可以向有关主管部门投诉或者向人民法院起诉。电子商务平台经营者在转送声明到达知识产权权利人后十五日内，未收到权利人已经投诉或者起诉通知的，应当及时终止所采取的措施。

（4）平台经营者知识产权侵权责任。

电子商务平台经营者知道或者应当知道平台内经营者侵犯知识产权的，应当采取删除、屏蔽、断开链接、终止交易和服务等必要措施；未采取必要措施的，与侵权人承担连带责任。

6. 平台经营者的连带责任与相应责任

电子商务平台经营者知道或者应当知道平台内经营者销售的商品或者提供的服务不符合保障人身、财产安全的要求，或者有其他侵害消费者合法权益行为，未采取必要措施的，依法与该平台内经营者承担连带责任。

对关系消费者生命健康的商品或者服务，电子商务平台经营者对平台内经营者的资质资格未尽到审核义务，或者对消费者未尽到安全保障义务，造成消费者损害的，依法承担相应的责任。

案例与思考

全国首例电商平台涉反通知义务网络侵权责任纠纷案

2019年3月15日，入驻A电商平台的W网店被供货商投诉出售假冒商品。A电商平台收到投诉后，通知W网店，要求W网店3个工作日内提供材料申诉。

3月21日，A电商平台认为W网店超时未申诉，对W网店做出立即删除商品、搜索屏蔽店铺等处罚。

3月25日，W网店向A电商平台申诉，并提交进货发票。A电商平台以发票购买方非W网店经营者、开票时间晚于投诉时间为由，认定申诉不成立。

4月30日，供货商再次以售假为由向A电商平台投诉W网店。A电商平台通知W网店限期申诉。

5月5日，W网店申诉并提交W网店购销合同书、发货单、发票。A电商平台以购销合同不完整、发票显示的购买方非W网店经营者、发货单未盖章为由，要求W网店补充提交材料。

5月6日，A电商平台对W网店再次做出处罚。两次处罚后，A电商平台于5月8日对W网店实施在线商品不超过5件的措施，并于7月31日以售假为由，罚没W网店淘宝消保保证金2 500元。

W网店认为，A电商平台的不当处罚导致W网店排名大幅下降，W网店浏览量大幅减少，销售额也因此大幅减少，故向法院提起诉讼，要求供货商撤销对W网店的投诉，A电商平台撤销对W网店的处罚，恢复W网店商品销售链接，并与供货商连带赔偿W网店经济损失120万元等。

一审法院认为，供货商诉讼中作为证据提交的产品实物包装与标识是其鉴定报告中显示的正品包装与标识，并非投诉时所称的不同于正品的包装与标识，且庭审中自认因工作疏忽，其向A电商平台投诉时所提供的投诉资料与客观事实不符，故供货商的投诉存在重大过失，与W网店受处罚而遭受损失具有一定因果关系，依法应承担相应的侵权责任。A电商平台未提供证据证明其已将申诉材料转送给供货商或其已收到供货商向相关主管部门投诉或起诉的通知，在这种情况下，A电商平台并未及时终止处罚措施，对损失的扩大亦负有责任。由此，一审法院判令供货商撤销投诉，A电商平台恢复W网店积分及保证金，共同赔偿W网店经济损失5万元，其中供货商负60%的责任，A电商平台负40%的责任。

W网店及A电商平台均不服，向上海市第一中级人民法院提起上诉。

上海市第一中级人民法院认为，在W网店提供初步证据后，其申诉应为有效，但A电商平台未告知供货商应向有关部门投诉或者向人民法院起诉，且未依法及时终止已采取的必要措施，有违法律的规定，故酌定赔偿的经济损失为20万元，投诉方、A电商平台、W网店分别担50%、30%和20%。

思考：
1. 本案中原被告双方争议的焦点是什么？
2. 本案中法官审判的主要法律依据是什么？

本章实践技能操作

1. 如何申请个人网店营业执照？（以上海市为例。）

（1）申请流程。

持本市身份证的居民向身份证住所所在地市场监管所申请登记，持上海市居住证的外省市居民向居住证载明的居住地的市场监管所申请登记。

（2）材料准备。

一是提供个人身份证或居住证。

二是电商平台提供的平台网络经营场所证明。

三是《个体工商户开业登记申请书》。

（3）多个平台开店。

有多个网店的，还可以将多个平台网址登记在一张个体户执照上，实现"一照多址"。

（4）登记后不可以线下销售。

个人网店店主拿到个体工商户营业执照后，仅能进行线上销售，而不能进行线下销售。如果已经有线下实体店的，并且线下实体店拿到营业执照的，可以在网上开店，不需要重新申请营业执照。但网店必须依法亮照，网店经营项目应与营业执照经营范围一致。

注：个人网店营业执照和传统执照最大的区别，就是在"经营场所"一栏，传统执照上是实体的经营地址，而个人网店营业执照则是"平台+网址"的形式。

2. 通过互联网登录天猫商城，随机查询某网店的天猫网店经营者相关资质信息。

操作步骤：

（1）打开浏览器，输入网址：https://www.tmall.com/；

（2）浏览天猫商城主页，随机查找店铺的商标，并点击进入相应网店；

（3）鼠标移到店铺名称上，会出现商家的相关信息，点击最后一项"企业资质"的金盾标识；

（4）在弹窗"天猫网店经营者营业执照信息"中填写验证码，点击确定后便会显示该网店"天猫网店经营者相关资质信息"。

本章知识自测

名词解释

1. 电子商务经营者　　2. 民事法律关系的主体　　3. 自然人　　4. 法人

5. 电子商务平台经营者　　6. 平台内经营者

单选题

1. 十八周岁以上的自然人为（　　），可以独立实施民事法律行为。
   A．完全民事行为能力人　　　　　　　B．限制民事行为能力人
   C．无民事行为能力人　　　　　　　　D．以上都不对
2. 通过电子商务平台销售商品或者提供服务的电子商务经营是（　　）。
   A．电子商务平台经营者
   B．平台内经营者
   C．通过自建网站、其他网络服务销售商品的电子商务经营者
   D．通过自建网站、其他网络服务提供服务的电子商务经营者
3. 电子商务经营者自行终止从事电子商务的，应当提前（　　）在首页显著位置持续公示有关信息。
   A．三十日　　　　B．十五日　　　　C．十日　　　　D．六十日
4. 电子商务经营者向消费者发送广告的，应当遵守（　　）的有关规定。
   A．《中华人民共和国广告法》　　　　B．《中华人民共和国电子商务法》
   C．《中华人民共和国民法典》　　　　D．《中华人民共和国消费者权益保护法》
5. 电子商务平台经营者对于竞价排名的商品或者服务，应当显著标明（　　）字样。
   A．"广告"　　　B．"竞价排名"　　　C．"请勿上当"　　　D．"仅供参考"

多选题

1. 民事法律关系主体包括（　　）。
   A．自然人　　　　B．法人　　　　C．非法人组织　　　　D．以上都不对
2. 法人的特征包括（　　）。
   A．法人应当依法成立
   B．法人的民事权利能力和民事行为能力，从法人成立时产生，到法人终止时消灭
   C．法人以其全部财产独立承担民事责任
   D．法定代表人以法人名义从事的民事活动，其法律后果由法人承受
3. 电子商务经营者包括（　　）。
   A．电子商务平台经营者
   B．平台内经营者
   C．通过自建网站、其他网络服务销售商品的电子商务经营者
   D．通过自建网站、其他网络服务提供服务的电子商务经营者
4. 下列哪些电子商务经营者可以不办理市场主体登记？（　　）。
   A．个人销售自产农副产品、家庭手工业产品
   B．个人利用自己的技能从事依法无须取得许可的便民劳务活动和零星小额交易活动
   C．依照法律、行政法规不需要进行登记的电子商务经营者
   D．企业开展电子商务活动
5. 下列属于电子商务经营者对消费者权益保护的法定义务的有（　　）。
   A．不得从事法律禁止的商品或者服务交易
   B．电子发票与纸质发票具有同等法律效力

C. 电子商务经营者亮照经营义务
D. 电子商务经营者自行终止业务的信息公示义务

简答题

1. 简述电子商务经营者的特征。
2. 简述我国《电子商务法》中关于平台经营者的服务协议和交易规则的相关规定。
3. 简述我国《电子商务法》中商品和服务信息、交易信息记录和保存的相关规定。

第3章

电子签名法律制度

学习目标

通过对本章的学习与技能训练，要求学生：
1. 掌握电子签名的概念和特征，电子认证的含义，关于电子认证机构的义务与责任的法律规定。
2. 理解电子签名的归属与完整性推定原则，电子签名的法律效力。
3. 了解电子签名与传统签名的异同，电子认证的分类和作用。
4. 熟悉电子证书的法律意义，认证机构的设立和运行。

案例导读

因电子签名被冒用，提起诉讼案增多

近年来，广东省深圳市盐田区人民法院受理的因身份信息被冒用而起诉撤销工商登记案件，呈逐年上升趋势，2016年27宗，2017年52宗，截至2018年6月30日已受理48宗。上述案件中，因电子签名被冒用而起诉的案件占比较大。

盐田法院有关负责人认为，导致身份信息被冒用频发的主要原因在于：

一是个人忽视电子签名的法律效力。根据相关规定，可靠的电子签名与手写签名，或者盖章具有同等的法律效力。一些不法分子通过发布招聘兼职信息的形式，以几十元到数百元不等的报酬，吸引涉世未深的大学生或文化程度不高的社会人士办理数字证书，部分风险意识薄弱的人盲目听从其指引及不实言论，任由个人名下的数字证书脱离控制，从而被不法分子获取并使用。

二是电子认证服务提供者未能严格遵守电子认证业务规则而签发电子签名认证证书。根据相关规定，电子认证服务机构在受理电子签名认证证书申请前有告知义务，某些电子认证服务机构的数字证书电子认证业务规则也载明收到申请后，应对申请者身份进行识别与鉴别，通过有效手段确保证书信息与申请信息相符，并将证书签发给正确的申请者。但在现实操作中，数字证书大多数是在电子认证服务机构授权的印章店办理的，业务人员及印章店管理者未履行清晰、全面的告知义务，未当场交付给电子签名申请人。

（资料来源：http://legal.people.com.cn/n1/2018/0816/c42510-30232669.html）

辨证与思考：什么是电子认证？电子认证的法律意义是什么？

3.1 电子签名与电子签名法

交易安全是电子商务中所要解决的核心问题之一。如何消除电子交易带来的信任危机是电子签名产生的原因。计算机网络、电子支付系统和自动化交易系统的广泛应用，使电子签名问题显得越来越突出。因为在许多应用系统中，电子签名问题不解决，交易安全就无法保障，这些系统实际上也就不具有应用价值。这也是电子签名问题成为电子商务中的重要的技术与法律问题的原因所在。

3.1.1 电子签名的基本含义

签名（Signature）一般是指一个人亲笔在一份文件上写下名字或留下印记、印章或其他特殊符号，以确定签名人的身份，并确定签名人对文件内容予以认可。传统的签名必须依附于某种有形介质，而在电子商务交易中，文件是通过数据电文的发送、交换、传输、储存来形成的，不依赖于有形介质，这就需要通过一种技术手段来识别交易当事人、保证交易安全，以达到与传统的手写签名相同的功能。这种能够达到与手写签名相同功能的技术手段，一般称为电子签名（Electronic Signature）。

1. 电子签名的定义

电子签名，是电子商务的基础性技术，是使用最为广泛的现代认证技术方法，主要是指数据电文中以电子形式所含、所附用于识别签名人身份并表明签名人认可其中内容的数据。

国际社会普遍认为，凡是能在电子通信中，起到证明当事人的身份、证明当事人对文件内容的认可的电子技术手段，都可称为电子签名，电子签名即现代认证技术的一般性概念，它是电子商务安全的重要保障手段。

《中华人民共和国电子签名法》（以下简称《电子签名法》），借鉴了国际组织与发达国家对电子签名立法的研究成果，并结合我国电子商务的实际情况，给出了电子签名的定义。电子签名，指数据电文中以电子形式所含、所附，用于识别签名人身份并表明签名人认可其中内容的数据。这里的数据电文，是指以电子、光学、磁或者类似手段生成、发送、接收或者储存的信息。

通俗地说，电子签名包括用于识别签名人身份并表明签名人认可其中内容的程序、符号、声音等数据，签名人加密后把签名文件发送给交易对方，交易对方收到的签名文件是一堆"乱码"，需解密后验证。

由概念可以看出，电子签名应具备如下特征：

（1）电子签名是以电子形式出现的数据。

（2）电子签名是附着于数据电文的。电子签名可以是数据电文的一个组成部分，也可以是数据电文的附属，与数据电文具有某种逻辑关系、能够使数据电文与电子签名相联系。

（3）电子签名必须能够识别签名人身份并表明签名人认可与电子签名相联系的数据电文的内容。

2. 电子签名的形式

电子签名具有多种形式，如附着于电子文件的手写签名的数字化图像，包括采用生物笔迹辨别法所形成的图像，向收件人发出证实发送人身份的密码、计算机口令，采用特定生物技术识别工具，如指纹或是眼虹膜透视辨别法等。无论采用什么样的技术手段，只要符合电子签名的概念，均可视为电子签名。

3. 电子签名的功能

在电子商务活动中，电子签名主要有三个作用：

（1）证明文件的来源，即识别签名人。

（2）表明签名人对文件内容的确认。

（3）构成签名人对文件内容正确性和完整性负责的根据。电子签名与传统商务活动中的签名、盖章作用相同，具有同样的法律效力。

学而思：列举我国比较权威的电子签名网站。

▶▶ 3.1.2 电子签名的相关概念

由于电子签名的技术性和法律性较强，所以我国《电子签名法》中对相关的专门概念加以了界定，如电子签名人、电子签名依赖方、电子签名认证证书、电子签名制作数据、电子签名验证数据等。

1. 电子签名人（E-Signaturer）

电子签名人指持有电子签名制作数据并以本人身份或者以其所代表的人的名义实施电子签名的人。电子签名人可以通过两种方式签名。第一，用自己的电子签名制作数据实施电子签名。第二，委托他人，使用委托人的电子签名制作数据实施电子签名。毫无疑问，通过第一种方式进行电子签名时，签名人就是制作电子签名的人。通过第二种方式进行电子签名时，签名人是指签名制作数据指代的人，并不是指实施电子签名的人。

2. 电子签名依赖方（E-Signature Dependence）

电子签名依赖方指基于对电子签名认证证书或者电子签名的信赖从事有关活动的人。

当人们阅读数据电文时，要确认数据电文的制作人，人们首先会查验含在数据电文之中或附在数据电文之后的电子签名。根据电子签名技术的不同，这样的查验既可以直接进行，也可能需要通过查验与签名对应的证书进行。查验通过后，确认数据电文内容可信，并根据数据电文的内容进行决策或行动的人，就是电子签名依赖方。

3. 电子签名认证证书（E-Signature Certificate）

电子签名认证证书指可证实电子签名人与电子签名制作数据有联系的数据电文或者其他电子记录。有些电子签名是可以直观验证的，有些电子签名则不能直观验证。不能直观验证电子签名时，技术上必须提供一种方法，能把电子签名与电子签名人联系起来。数字签名便是这样的一种技术。数字签名技术通过一种数学运算，建立起唯一匹配的一对密钥，即公钥和私钥。把公钥与签名人的信息作为验证签名人身份的中介，私钥则是签名制作数据，通过公钥与私钥的特性，建立起电子签名人与电子签名制作数据之间的联系。记载了公钥和签名人（公钥持有人）信息的数据电文，就是电子签名认证证书。

4. 电子签名制作数据（Data）

电子签名制作数据指在电子签名过程中使用的，将电子签名与电子签名人可靠地联系起来的字符、编码等数据。进行电子签名时，往往是通过一种程序和算法对数据原文进行运算，变换成与原文唯一对应并且方便查验的数据电文。这种对原文进行变换的程序和算法就是电子签名制作数据。

5. 电子签名验证数据

电子签名验证数据指用于验证电子签名的数据，包括代码、口令、算法或者公钥等。可以直观获得并能将签名人鉴别出来的数据，就是电子签名验证数据。比如数字签名技术中的公钥，通过公钥就可以找出电子签名人是谁。

▶▶ 3.1.3　电子签名、传统签名与数字签名

1. 签名的法律意义

在传统商务活动中，为了保证交易的安全与真实，书面文件要由当事人或其负责人签字、盖章，以便让交易双方识别，法律上才能承认该书面文件的合法的有效性。在电子商务活动中，合同或文件是以无形的电子文件形式表现和传递的。在电子文件上，传统的手写签名和盖章是无法进行的，这就必须依靠技术手段来替代。能够在电子文件中识别双方交易人的真实身份，保证交易的安全性、真实性及不可抵赖性，电子签名是起到与手写签名或者盖章同等作用的电子技术手段。所以，不论是传统商务还是电子商务，法律对签名都要求必须是一个记号，它要有某些预期的后果，它必须是由当事人来完成的。因此，签名一般是具有法律意义的行为。

2. 电子签名与传统签名的关系

（1）主要功能相同。

无论是传统签名还是电子签名，其主要功能都是一样的：一是表明文件的来源，即识别签名人。二是表明签名人对文件内容的确认。三是能够构成签名人对文件内容正确性和完整性负

责的根据。

（2）电子签名并不是传统签名的电子化。

从手段上来看，电子签名与传统签名之间并无实质联系。之所以称之为"电子签名"，只是由于电子签名使用目的和履行的功能与传统签名相同而已。

3. 电子签名与数字签名（Digital Signature）

数字签名指通过某种密码运算（Password Computing）生成一系列符号（Symbol）及代码（Code），组成电子密码（Electronic Password）进行签名，来代替书写签名或印章的技术方法。对于这种电子式的签名还可进行技术验证，其验证的准确度是一般手工签名和图章的验证无法比拟的。

数字签名具有如下特征：首先，在数字签名过程中，私钥（Private Key）只能为发件方独家拥有，正常情况下，其他人不可能拥有和使用。其次，由于原文资料经过多次加密及解密，以及公钥（Public Key）和私钥的完全对应性特征，经数字签名后的文件资料内容不能被轻易篡改。最后，验证方（Verification Party）在验证文件时是使用发件方提供的公钥进行的，任何人都可以验证。

因此，安全性是数字签名方法的基本特点，从保证交易信息的安全性、完整性以及认证的便捷和可靠性等签名的基本功能来看，数字签名是目前使用最多、技术最为成熟的电子签名技术方式。实际上，不少国家都在法律上承认数字签名，甚至有些国家的电子签名立法指定数字签名为唯一合法的电子签名形式。

"电子签名"并不是完全等同于"数字签名"。实现电子签名的技术手段有很多种，但数字签名是目前电子商务、电子政务中应用最普遍的、技术最成熟的、可操作性最强的一种电子签名方法。数字签名采用了规范化的程序和科学化的方法，用于鉴定签名人的身份以及对一项电子数据内容的认可，并且数字签名还能验证出文件的原文在传输过程中有无变动，确保传输电子文件的完整性、真实性和不可抵赖性。所以，当前电子签名法中提到的签名，一般指的就是"数字签名"。

▶▶ 3.1.4 我国《电子签名法》的基本框架

我国《电子签名法》制定于 2004 年，并经过了 2015 年和 2019 年的两次修正。该法的出台，是为了规范电子签名行为，确立电子签名的法律效力，维护各方合法权益，进一步促进电子商务和电子政务的发展，增强交易的安全性。该法是针对我国电子商务发展中最为重要的一些法律问题，借鉴联合国及有关国家和地区有关电子签名立法的成功经验制定的。

我国《电子签名法》共分五章、三十六条，立法的直接目的是规范电子签名行为，确立电子签名的法律效力，维护各方合法权益；立法的最终目的是促进电子商务和电子政务的发展，增强交易的安全性。《电子签名法》重点解决了五个方面的问题：一是确立了电子签名的法律效力。二是规范了电子签名的行为。三是明确了认证机构的法律地位及认证程序，并给认证机构设置了市场准入条件和行政许可的程序。四是规定了电子签名的安全保障措施。五是明确了认证机构行政许可的实施主体是国务院信息产业主管部门。其总体思路是通过确立电子签名的法律效力，明确电子签名规则，消除电子商务发展的法律障碍，维护电子交易各方的合法权益，保障电子交易安全，为电子商务和电子政务发展创造有利的法律环境。

3.2 电子签名的法律效力

随着电子商务和电子政务的迅猛发展，电子签名的应用范围愈加广泛，但是它毕竟是新兴事物，在传统的法律环境下遇到了一些法律上的问题，特别是其法律效力的问题。

▶▶ 3.2.1 电子签名的法律效力概述

在使用电子签名时，主要遵从当事人意思自治原则，由当事人自主约定是否使用电子签名。只要符合法律规定的条件，电子签名与手写签名、书面文件具有同等的法律效力。

1. 使用电子签名应当遵从意思自治原则

意思自治，是民事法律中的一项基本原则，《中华人民共和国民法典》（以下简称《民法典》）规定"民事主体从事民事活动，应当遵循自愿原则，按照自己的意思设立、变更、终止民事法律关系"。当事人意思自治的核心是尊重当事人自主的意思选择，从法律上承认当事人可以自由决定相互之间的法律关系。即便民事活动通过计算机和互联网等方式进行，也应当遵循意思自治原则，由当事人自主约定是否使用数据电文、电子签名。有关国家的电子签名法一般都承认当事人意思自治。

借鉴国际立法经验与我国电子商务发展的实际情况，我国《电子签名法》第三条第一款明确规定："民事活动中的合同或者其他文件、单证等文书，当事人可以约定使用或者不使用电子签名、数据电文。"

应该注意的是，电子签名的使用并不仅限于民事活动，还会用于电子政务活动和其他社会活动。《电子签名法》已授权国务院或者国务院规定的部门可以依据其制定政务活动和社会活动中使用电子签名的具体办法。因此，在这些活动中使用电子签名，还应遵循国务院或者国务院有关部门的具体规定。

2. 电子签名的法律适用范围

根据我国《电子签名法》第三条第二款的规定"当事人约定使用电子签名、数据电文的文书，不得仅因为其采用电子签名、数据电文的形式而否定其法律效力"，即在当事人约定使用电子签名、数据电文的情况下，不能以该文书中某项信息或签名采用了电子形式，作为否定其法律效力的唯一理由。电子签名虽然以电子形式出现，与手写签名、书面文件不同，但是只要符合法律规定的条件，电子签名与手写签名、书面文件具有同等的法律效力。因此，有关国际组织、国家和地区的电子商务法或电子签名法一般都对电子签名的法律效力问题做出规定，要求不得以其采用电子形式而加以歧视。

电子交易是一种新兴的交易方式，电子签名并未在社会活动中获得广泛应用，广大民众的认知度不高。同时，电子签名的应用需要借助于一定的技术手段，物质条件也会限制一部分民众使用这种方式。由于上述原因，并基于交易安全因素的考虑，我国《电子签名法》第三条第三款规定了适用例外，包括：

（1）涉及婚姻、收养、继承等人身关系的；

（2）涉及停止供水、供热、供气等公用事业服务的；

（3）法律、行政法规规定的不适用电子文书的其他情形。

3.2.2 电子签名的法律效力

根据《电子签名法》的规定，只要电子签名符合相应的认定标准，就可以认定为可靠的电子签名，承认其法律效力。

1. 可靠的电子签名

（1）可靠的电子签名应当具备的法定条件。

第一，电子签名制作数据用于电子签名时属于电子签名人专有。电子签名制作数据是指在电子签名过程中使用的，将电子签名与电子签名人可靠地联系起来的字符、编码等数据。它是电子签名人在签名过程中掌握的核心数据。唯有通过电子签名制作数据的归属判断，才能确定电子签名与电子签名人之间的同一性和准确性。因此，一旦电子签名制作数据被他人占有，则依赖于该电子签名制作数据而生成的电子签名有可能与电子签名人的意愿不符，显然不能被视为可靠的电子签名。

第二，签署时，电子签名制作数据仅由电子签名人控制。这一项规定是对电子签名过程中电子签名制作数据归谁控制的要求。这里所规定的控制是指一种实质上的控制，即基于电子签名人的自由意志而对电子签名制作数据的控制。在电子签名人实施电子签名行为的过程中，无论是电子签名人自己实施签名行为，还是委托他人代为实施签名行为，只要电子签名人拥有实质上的控制权，则其所实施的签名行为，满足本法此项规定的要求。

第三，签署后对电子签名的任何改动能够被发现。采用数字签名技术的签名人签署后，对方当事人可以通过一定的技术手段来验证其所收到的数据电文是否是发件人所发出的，发件人的数字签名有没有被改动过。倘若能够发现发件人的数字签名签署后曾经被他人更改过，则该项签名不能满足本法此项规定的要求，不能成为一项可靠的电子签名。

第四，签署后对数据电文内容和形式的任何改动能够被发现。电子签名的一项重要功能在于表明签名人认可数据电文的内容，而要实现这一功能，必须要求电子签名在技术手段上能够保证经签名人签署后的数据电文不能被他人篡改。否则，电子签名人依据一定的技术手段实施电子签名，签署后的数据电文被他人篡改，却不能够被发现，此时出现的法律纠纷将无法依据《电子签名法》予以解决，电子签名人的合法权益难以得到有效的保护。因此，要符合《电子签名法》规定的可靠的电子签名的要求，必须保证电子签名签署后，对数据电文内容和形式的任何改动都能够被发现。

一项电子签名如果同时符合上述四项条件，可以被视为可靠的电子签名。

（2）可靠的电子签名与手写签名、盖章具有同等的法律效力。

当事人可以约定选择可靠的电子签名应当具备的条件和采用的技术方案。由于电子签名技术手段的多样性，当事人在从事电子商务或者其他活动中所约定采用的电子签名技术如能够满足当事人对于保障交易安全性的需求，同样可以承认其法律效力并予以保护。如计算机口令、虹膜识别技术及数字签名技术等。

 案例链接

上上签电子签约添互联网法院成功判例

某信托公司与个人用户A在2019年间通过上上签电子签约平台签署了一份金融贷款合同，明文规定了贷款金额、期限、利率等事项。双方发生还款纠纷后，该信托公司及时向法院提交了双方签署的贷款合同、平台服务协议以及基于电子存证技术保留的全周期电子数据证据。北京互联网法院对上上签平台出具的电子证据予以采信，充分认可信托公司电子合同的合法性，并以此为依据对此案做出了裁决。在上上签的帮助下，该信托公司的合法权益不仅得到了法律的保护，也大大节省了维权成本。目前，上上签平台提供的在线签约、线上留痕、线上存证的模式已成为电子签约行业标配，上上签也成为司法判例成功率非常高的电子签约服务商。

（资料来源：https://www.sohu.com/a/386524323_100275129）

2. 电子签名人的法律义务

（1）电子签名人应当妥善保管电子签名制作数据。

电子签名制作数据是将电子签名与电子签名人可靠联系起来的重要手段。电子签名人应当妥善保管电子签名制作数据，一旦电子签名制作数据失密，他人有可能利用电子签名人的电子签名制作数据从事违法行为或者牟取非法利益，给电子签名人和电子签名依赖方造成损失。在实践中，电子签名制作数据的载体包括磁盘、光盘等，尽管这些载体在使用过程中需要加入电子签名人的安全指令才能启动，但是这些载体一旦丢失或者被他人窃取，则他人通过破解这些相对简单的安全指令就可以在互联网上以电子签名人的名义从事交易活动。与传统交易不同，网上交易过程中当事人之间往往并不见面，当事人之间主要凭借的是对方当事人的电子签名来验证和核实相互间的身份，电子签名制作数据的丢失会给不法分子提供可乘之机。因此，电子签名人应当妥善保管电子签名制作数据，防止丢失或者为他人所窃取，以免给自己和对方当事人造成不必要的损失。

（2）电子签名制作数据已经失密或者可能已经失密。

电子签名人知悉电子签名制作数据已经失密或者可能已经失密时，应当及时告知有关各方，并终止使用该电子签名制作数据。即便电子签名人尽到妥善保管的义务，电子签名制作数据仍然存在泄密的可能。所谓的"知悉电子签名制作数据已经失密或者可能已经失密"包含两层意思：一是电子签名人已经明确知道电子签名制作数据已失密，例如，电子签名人发现未经自己允许，有人在互联网上以电子签名人的名义从事商业活动。二是电子签名人知悉电子签名制作数据有可能已经失密，例如，电子签名人发现自己存放电子签名制作数据的磁盘丢失，在这种情况下，丢失的磁盘中的安全指令有可能被破译，电子签名制作数据有可能被他人用于非法活动。

在这两种情况下，依据《电子签名法》的规定，电子签名人应当做到：

一是立即停止使用电子签名制作数据。因为在电子签名制作数据已经失密或者可能已经失

密的情况下，电子签名人继续使用其电子签名制作数据有可能使电子签名依赖方更加难以确认电子签名的真伪，给交易安全带来更多的不确定性。

二是及时告知有关各方当事人，避免有关各方当事人因继续信赖电子签名人的签名而造成损失或者损失的进一步扩大。

3. 伪造、冒用、盗用他人的电子签名的法律责任

由于电子商务活动中，交易各方彼此不见面，这为形形色色的违法犯罪行为提供了有利条件。伪造、冒用、盗用他人的电子签名，就是一种扰乱市场秩序，侵犯他人权益的行为。同时，这种行为也严重影响了电子交易的安全，法律对这些行为应当严厉制裁。

伪造他人的电子签名，是指未经电子签名合法持有人的授权而创制电子签名，或者创制一个认证证书，列明实际并不存在的用户签名等。

冒用他人的电子签名，是指非电子签名持有人未经电子签名人的授权以电子签名人的名义实施电子签名的行为。

盗用他人的电子签名，是指秘密窃取并使用他人电子签名的行为。

（1）伪造、冒用、盗用他人电子签名的刑事责任。

伪造、冒用、盗用他人电子签名的犯罪，主要是指构成《刑法》第二百八十条关于妨害国家机关公文、证件、印章的犯罪，伪造公司、企业、事业单位、人民团体印章的犯罪。构成该条的犯罪，必须具备以下条件：一是主观上是故意。二是客观上实施了伪造他人的电子签名的行为。对于构成犯罪的，依照《刑法》第二百八十条的规定，伪造、变造国家机关的公文、证件、印章的，处三年以下有期徒刑、拘役、管制或者剥夺政治权利；情节严重的，处三年以上十年以下有期徒刑。伪造公司、企业、事业单位、人民团体的印章的，处三年以下有期徒刑、拘役、管制或者剥夺政治权利。

（2）伪造、冒用、盗用他人电子签名的民事责任。

民事责任，是指进行了民事违法行为的人在民法上承担的对其不利的法律后果。合法的民事权益受法律保护，如果受到他人的非法侵害，则需要给权利人以充分的法律救济，这就是民事责任制度。伪造、冒用、盗用他人电子签名属于侵权的民事责任，承担方式主要包括：停止侵害、排除妨碍、消除危险、返还财产、恢复原状、赔偿损失、赔礼道歉等。对于承担民事责任的几种方式，可以单独适用，也可以合并适用。

3.3 电子认证及其法律效力

电子认证与电子签名一样都是电子商务中的安全保障机制。为了完成网络交易，交易双方的身份必须通过权威的第三方加以确认，该权威第三方就是电子商务认证机构。电子商务中的身份认证并不是政府部门行使行政管理的手段，而应由企业遵循政府的指导意见或政策性指南，按照市场需求和规范来运作。

3.3.1 电子认证的概念

认证,是指权威的、中立的、没有直接利害关系的第三人或机构,对当事人提出的包括文件、身份、物品及其产地、品质等具有法律意义的事实与资格,经审查属实后,做出的证明。电子认证是认证的现代方式。

1. 电子认证的定义

电子认证(Electronic Authentication)是以电子认证证书(又称数字证书)为核心的加密技术,它以PKI(Public Key Infrastructure,公钥基础设施,即利用公钥理论和技术建立的提供网络信息安全服务的基础设施)技术为基础,对网络上传输的信息进行加密和解密、数字签名和签名验证。电子认证是电子政务和电子商务中的核心环节,可以确保网上传递信息的保密性、完整性和不可否认性,保证网络应用的安全性。

2. 电子认证的特性

电子认证以其所具有的四大特性显示其在信息化应用中基础性、关键性的作用。

第一,电子认证具有真实性。要确保交流双方、交易双方身份的真实,信息内容的真实,以及交流信息、交易时间发生的真实。

第二,电子认证具有完整性。要确保交流双方、交易双方的信息是完整的,没有被篡改和伪造过。

第三,电子认证具有机密性。确保交换数据、电文、信息的隐蔽性。

第四,电子认证具有不可否认性。一旦需要从第三方的角度,按照法律的要求取证,在整个交流交易的过程中,需要不可否认性。

这四大特性构成的电子认证是支撑信息化应用的坚实基础。在信息网络化应用的过程中,我们也确实能感受到,进行网上聊天时可以不关心对方的身份及是否值得信赖,但如果是在网上开展商业活动的时候,就要求对对方的身份以及对方发出的信息的真实性加以确认,在这种情况下,电子认证就变得非常重要了。

3.3.2 电子签名和电子认证的关系

电子签名确保了合同的有效成立,确定了合同的内容,以及当事人的身份和愿意接受合同约束的意思表示,保证了合同因签名而具有的证明当事人交易关系的能力。然而,电子签名只是从内部为当事人提供了数据信息安全性的保障。如果有人盗用电子签名进行交易以达到其诈骗的目的,如果交易一方否认合同义务而不予履行,那么合同另一方当事人仍是处于危险之中的,交易信用安全仍然岌岌可危。因而,从外部对当事人合同关系进行切实有效的保护,以及对电子签名、当事人身份、合同内容等信息的真实性进行证明显得尤为重要。此种外部保护就是由不涉及合同利益的第三方公平地对交易信息的真实性,主要是当事人电子签名的真实性进行证明,它依赖于电子认证以及认证机构。

电子签名和电子认证都着力解决电子商务的安全问题，但二者却存在着明显的区别。电子签名解决的是文件归属与身份辨别的问题，即交易者是谁的问题；电子认证解决的是签名者的可信度问题，即交易对方是否确实就是签署名字所代表的人，而且是由公正的第三方来保证签名者的身份。电子签名属于网络安全的技术保证，即从技术角度进行的身份认证；电子认证则属于网络安全的制度保证，即从制度角度进行的身份认证。因此，电子签名是电子认证产生的前提条件，电子认证则是电子签名的有效保障，两者是既相互一致，又相互区别的关系。

3.3.3 我国电子认证立法

《电子签名法》是我国对电子认证服务业实施管理的基本法律依据，在设立电子认证服务市场准入制度的同时，考虑到我国电子认证业务还处于发展起步阶段的情况，规定了政府部门有必要对电子认证机构实施有效的、适度的监管，并明确授权国务院信息产业主管部门制定电子认证服务业的具体管理办法，对电子认证服务提供者实施监督管理。《电子签名法》颁布后，信息产业部、国家密码管理局根据该法授权，分别制定了《电子认证服务管理办法》和《电子认证服务密码管理办法》，对电子认证服务机构的设立、运营等做出了具体规定。

3.3.4 电子签名认证证书制度

为了保证电子商务交易安全，加强身份认证，由电子认证机构颁发电子签名认证证书无疑是最为有效的办法。电子签名认证证书与电子认证机构是电子认证的两大核心要素。电子签名认证证书是身份（或站点）的数字证明，内含公钥，可以广为散发。该证书是由一个权威的机构发放，并由该机构担保其有效性，该机构就是身份认证机构（Certificate Authority，CA），我国称为电子认证服务机构。

1. 电子签名认证证书的概念

电子签名认证证书就是数字证书，是指可证实电子签名人与电子签名制作数据有联系的数据电文或者其他电子记录，是电子认证的核心。通俗地讲，电子签名认证证书用来表明网络通信各方真实身份，由权威的、中立的第三方电子认证服务机构发行和管理的个人或单位在网络上的身份证。电子签名认证证书必须具有唯一性和可靠性。

根据证书的持有者不同，电子签名认证证书可分为个人身份证书、个人安全电子邮件证书、企业身份证书、企业安全电子邮件证书、信用卡电子签名认证证书和电子合同认证证书等。

根据我国《电子签名法》第二十一条规定"电子认证服务提供者签发的电子签名认证证书应当准确无误，并应当载明下列内容：电子认证服务提供者名称、证书持有人名称、证书序列号、证书有效期、证书持有人的电子签名验证数据、电子认证服务提供者的电子签名、国务院信息产业主管部门规定的其他内容"。

2. 电子签名认证证书的作用

依赖于互联网的电子商务系统必须保证具有十分可靠的安全保密技术，也就是说，必须保证网络安全的四大要素，即信息传输的保密性、数据交换的完整性、发送信息的不可否认性、交易者身份的确定性。

(1) 信息的保密性。

交易中的商务信息均有保密的要求，如信用卡的账号和用户名被人知悉，就可能被盗用，订货和付款的信息被竞争对手获悉，就可能丧失商机。因此在电子商务的信息传播中一般均有加密的要求。

(2) 交易者身份的确定性。

网上交易的双方很可能素昧平生，相隔千里。要使交易成功，首先必须能够确认对方的身份，对商家来说要考虑客户端是不是骗子，而客户也会担心网上的商店是不是一个从事欺诈的"黑店"。因此能方便而可靠地确认对方的身份是交易的前提。对于为顾客或用户开展服务的银行、信用卡公司和销售商店，为了做到安全、保密、可靠地开展服务活动，都要进行身份认证的工作。对有关的销售商店来说，他们对顾客所用的信用卡的号码是不知道的，商店只能把信用卡的确认工作完全交给银行来完成。银行和信用卡公司可以采用各种保密与识别方法，确认顾客的身份是否合法，同时还要防止发生拒付款问题及确认订货和订货收据信息等。

(3) 不可否认性。

由于商情的千变万化，交易一旦达成是不能被否认的。否则必然会损害一方的利益。例如，订购黄金，订货时金价较低，但收到订单后，金价上涨了，如收单方否认收到订单的实际时间，甚至否认收到订单的事实，则订货方就会蒙受损失。因此电子交易通信过程的各个环节都必须是不可否认的。

(4) 不可修改性。

交易的文件是不可被修改的，如上例所举的订购黄金。供货单位在收到订单后，发现金价大幅上涨了，如其能改动文件内容，将订购数1吨改为1克，则可大幅受益，那么订货单位可能就会因此而蒙受损失。因此电子交易文件也必须做到不可修改，以保障交易的严肃性和公正性。

3. 电子签名认证证书的使用流程

以电子商务活动为例，来说明电子签名认证证书的使用流程。

(1) 电子商务的参与各方。

电子商务应用中主要有以下五个交易参与方：买家、服务商、供货商、银行和电子认证中心（CA）。

(2) 交易流程的主要阶段。

交易流程主要有以下三个阶段：

第一阶段，电子签名认证证书的注册申请。交易各方通过认证中心（CA）获取各自的数字。

第二阶段，银行的支付中心对买家的电子签名认证证书进行验证，通过验证后，将买家的所付款冻结在银行中。此时服务商和供应商也相互进行电子签名认证证书的验证，通过验证后，可以履行交易内容进行发货。

第三阶段，银行验证服务商和供货商的电子签名认证证书后，将买家冻结在银行中的货款转到服务商和供货商的户头上，完成了此项电子交易。由于参与交易的各方都持有认证中心（CA）所颁发的电子签名认证证书，所以，能够保证在交易的过程中参与各方的真实身份，防止他人假冒。

4. 电子签名认证证书的应用领域

电子认证服务机构所发放的电子签名认证证书可以应用于公众网络上的行政作业活动和商务活动，包括支付型和非支付型电子商务活动，其应用范围涉及需要身份认证及数据安全的各个行业，包括传统的商业、制造业、流通业的网上交易，以及公共事业、金融服务业、工商税务海关、政府行政办公、教育科研单位、保险、医疗等网上作业系统。它主要应用于电子政务、网上购物、企业与企业的电子贸易、安全电子邮件、网上证券交易、网上银行等方面。

（1）网上报税。

利用基于电子签名认证证书的用户身份认证技术对网上报税系统中的申报数据进行数字签名，确保申报数据的完整性，确认系统用户的真实身份和申报数据的真实来源，防止出现抵赖行为和他人伪造、篡改数据；利用基于电子签名认证证书的安全通信协议技术，对网络上传输的机密信息进行加密，可以防止商业机密或其他敏感信息泄露。

（2）网上办公。

网上办公系统综合国内政府、企事业单位的办公特点，提供了一个虚拟的办公环境，并在该系统中嵌入数字认证技术，展开网上政文的上传下达，通过网络联结各个岗位的工作人员，通过电子签名认证证书进行数字加密和数字签名，实行跨部门运作，实现安全便捷的网上办公。

（3）网上招标。

以往的招投标受时间、地域、人文的影响，存在着许多的弊病，如外地投标者的不便、招投标各方的资质，以及招标单位和投标单位之间存在的猫儿腻。而实行网上的公开招投标，经贸委利用数字身份证书对企业进行身份确认，招投标企业只有在通过经贸委的身份和资质审核后，才可在网上展开招投标活动，从而确保了招投标企业的安全性和合法性，企业双方通过安全网络通道了解和确认对方的信息，选择符合自己条件的合作伙伴，确保网上的招投标在一种安全、透明、信任、合法、高效的环境下进行。通过该网上招投标系统，企业能够制定正确的投资取向，根据自身的实际情况，选择合适的合作者。

（4）网上交易。

利用电子签名认证证书的认证技术，对交易双方进行身份确认以及资质的审核，确保交易者信息的唯一性和不可抵赖性，保护了交易各方的利益，实现安全交易。

（5）安全电子邮件。

邮件的发送方利用接收方的公开密钥对邮件进行加密，邮件接收方用自己的私有密钥解密，确保了邮件在传输过程中信息的安全性、完整性和唯一性。

另外，不同的电子认证机构所发放的电子签名认证证书有其特定的使用范围。如上海市电子商务安全证书管理中心有限公司（SHECA）现已完成证书系统的建设，面向用户发放电子签名认证证书。其中 SET 证书已应用在东方航空公司网上售票系统，整个交易流程符合 SET 协议，与国际接轨。通用证书（Universal Certificate）已在网上购物、企业与企业的电子贸易、安全电子邮件、网上证券交易、网上银行等领域得到了广泛的应用。为了配合社会保障工作，方便百姓，SHECA 将根据用户的需要，把个人电子签名认证证书存放在社会保障卡内，为个人网上安全作业提供便利。SHECA 还与上海市企业代码证中心合作，将企业代码证和企业电子签名认证证书一体化，为企业网上交易、网上报税、网上报关、网上作业奠定基础，免去企业面对众多的服务窗口之苦。

3.3.5 电子认证机构

电子认证服务机构主要是为了保证用户之间在网上传递信息的安全性、真实性、可靠性、完整性和不可抵赖性，而对用户的身份真实性进行验证，负责向电子商务的各个主体颁发并管理符合国内、国际安全电子交易协议标准的电子商务安全证书的权威第三方。

1. 电子认证服务机构的定义

我国《电子签名法》第十六条则规定：电子签名需要第三方认证的，由依法设立的电子认证服务提供者提供认证服务。这里的电子认证服务提供者，即电子认证服务机构，指为电子签名人和电子签名依赖方提供电子认证服务的第三方机构。

从定义中可以看出，电子认证服务机构具有以下特性：

（1）权威性。

一个认证机构必须具有权威性，否则其验证的电子签名或载有电子签名的文件将毫无公信力可言。为此，该机构必须具有法律授权，被依法批准设立，并且在实际工作中依赖于认证机构本身的服务水平，成为值得客户信赖的认证机构。

（2）可信性。

由于使用了专业的技术，有专业的人员，专门的设备、设施、场所资金的要求、密码技术方面的规范，以及法律和法规要求的其他条件，保证了认证机构的安全性和可信度。

认证机构掌握了众多授权的个人或实体的隐私或机密资料，从职业守则而言，负有保密的职责，因此认证机构的工作人员应当具有良好的职业道德，忠于职守，保证信息不被泄露给任何非授权的个人或实体。同时，认证机构应当配备完善的安全设备，有效地防范黑客的非法入侵等。

（3）公正性。

认证机构的职责在于为客户提供值得信赖的真实信息，故其所提供的各类信息必须真实、准确、完整、可靠，且应遵守法律及行业规则，严禁为客户提供虚假信息。为此，其必须独立于交流双方、交易双方，绝不介入双方的利益，从而确保其认证的公正性。

学而思：列举我国较为权威的电子认证机构。

2. 电子认证服务机构的职能

电子认证服务机构的职能包括以下内容：

（1）颁发证书。

电子认证服务机构接收、验证用户（包括下级认证中心和最终用户）的电子认证证书的申请，将申请的内容进行备案，并根据申请的内容确定是否受理该证书的申请。如果接受该证书的申请，则进一步确定给用户颁发何种类型的证书。新证书用电子认证服务机构的私钥签名以后，发送到目录服务器供用户下载和查询。为了保证消息的完整性，返回给用户的所有应答信息都要使用认证中心的签名。

(2) 更新证书。

电子认证服务机构可以定期更新所有用户的证书,或者根据用户的请求来更新用户的证书。

(3) 查询证书。

证书的查询可以分为两类,其一是证书申请的查询,电子认证服务机构根据用户的查询请求返回当前用户证书申请的处理过程;其二是用户证书的查询,这类查询由目录服务器来完成,目录服务器根据用户的请求返回适当的证书。

(4) 证书的作废。

当用户的私钥由于泄密等原因造成用户证书需要申请作废时,用户需要向电子认证服务机构提出证书作废的请求,电子认证服务机构根据用户的请求确定是否将该证书作废。另外一种证书作废的情况是证书已经过了有效期,电子认证服务机构自动将该证书作废。电子认证服务机构通过维护证书作废列表(Certificate Revocation List,CRL)来完成上述功能。

(5) 证书的归档。

证书具有一定的有效期,证书过了有效期之后就将作废,但是不能将作废的证书简单地丢弃,因为有时可能需要验证以前的某个交易过程中产生的数字签名,这时我们就需要查询作废的证书。基于此类考虑,电子认证服务机构还应当具备管理作废证书和作废私钥的功能。

3. 电子认证机构的设立

为了保证电子认证的严肃性和公正性,我国《电子签名法》第十六条规定:"电子签名需要第三方认证的,由依法设立的电子认证服务提供者提供认证服务。"

(1) 电子认证服务机构申请设立的条件。

根据《电子签名法》和《电子认证服务管理办法》的相关要求,设立电子认证服务机构,提供电子认证服务,应当具备下列条件:

具有独立的企业法人资格;具有与提供电子认证服务相适应的人员;从事电子认证服务的专业技术人员、运营管理人员、安全管理人员和客户服务人员不少于三十名,并且应当符合相应岗位技能要求;注册资本不低于人民币三千万元;具有固定的经营场所和满足电子认证服务要求的物理环境;具有符合国家有关安全标准的技术和设备;具有国家密码管理机构同意使用密码的证明文件;法律、行政法规规定的其他条件。

(2) 电子认证服务许可的申请与颁发。

取得电子认证服务许可证书即取得电子认证服务机构资格。根据《电子签名法》第十八条规定:"从事电子认证服务,应当向国务院信息产业主管部门提出申请,并提交符合本法第十七条规定条件的相关材料。国务院信息产业主管部门接到申请后经依法审查,征求国务院商务主管部门等有关部门的意见后,自接到申请之日起四十五日内做出许可或者不予许可的决定。予以许可的,颁发电子认证许可证书;不予许可的,应当书面通知申请人并告知理由。取得认证资格的电子认证服务提供者,应当按照国务院信息产业主管部门的规定在互联网上公布其名称、许可证号等信息。"

《电子认证服务许可证》的有效期为五年。

取得电子认证服务许可的电子认证服务机构,应当持《电子认证服务许可证》到工商行政管理机关办理相关手续,进行企业登记,依法办理确定主体资格的事项,才可能开始电子认证服务活动。

取得认证资格的电子认证服务机构，在提供电子认证服务之前，应当通过互联网公布下列信息：机构名称和法定代表人；机构住所和联系办法；《电子认证服务许可证》编号；发证机关和发证日期；《电子认证服务许可证》有效期的起止时间。

4. 电子认证服务的内容

（1）电子认证服务机构的业务范围。

根据我国《电子认证服务管理办法》规定，电子认证服务机构的业务范围包括：制作、签发、管理电子签名认证证书；确认签发的电子签名认证证书的真实性；提供电子签名认证证书目录信息查询服务；提供电子签名认证证书状态信息查询服务。

（2）电子认证业务规则的制定及备案制度。

电子认证服务是专业性很强的活动，由电子认证服务提供者制定有关业务规则是合理的，也是符合实际的。当然，电子认证服务者不得制定损害电子签名人和电子签名依赖方利益的、不公平的"霸王条款"。为了防止这种情况的出现，《电子认证服务管理办法》规定了两项要求：一是电子认证服务者制定的电子认证业务规则要符合国家有关规定，并在提供电子认证服务前予以公布；二是电子认证业务规则要向国务院信息产业主管部门备案，以接受监督。

第一，电子认证业务规则的主要内容。

责任范围。电子认证服务提供者在提供认证服务过程中，由于未履行其应尽义务，尤其是保证其签发证书的真实、可靠性的义务，既可能产生对电子签名人的责任，也可能产生对电子签名依赖方的责任。电子认证服务提供者与电子签名人，即电子签名认证证书持有者，是民事合同的关系，电子认证服务提供者依照合同约定承担责任。电子认证服务提供者对电子签名依赖方的责任是基于法律规定而产生的，即两者是法律上的信赖关系，电子认证服务提供者对电子签名依赖方的法定义务是其承担责任的基础。同时也应当看到，电子认证服务是一个高风险的行业，既有内部风险又有外部风险，并且一旦发生风险往往会造成非常严重的后果。电子认证服务提供者在从事电子认证服务活动时，当然应尽合理的注意义务，但在无过错的情况下，不应承担责任，而无过错的举证责任要由认证机构承担。这是因为电子认证服务提供者处于中立的第三方，其行为和信誉直接关系到电子签名人与电子签名依赖方的利益，且相对于电子签名人及电子签名依赖方又处于强势地位，一些国家均规定了较为严格的责任制度，并且设立了举证责任倒置的制度，即电子认证服务提供者如能证明其对于责任事项无任何过错方可免责。

作业操作规范。电子认证作业操作规范包括的内容非常广泛。如电子签名认证证书申请过程中，对申请实体的身份进行审查的作业操作规范包括要求申请实体提供相应的有效身份证件，并明示审查流程等内容。在电子签名认证证书更新的操作规范中，则包括了证书更新的情形、请求证书更新的实体、更新请求的处理、颁发新证书时对订户的通告、构成接受更新证书的行为、电子认证服务机构对更新证书的发布和对其他实体的通告等内容。

信息安全保障措施。电子认证服务提供者是为互联网用户提供身份认证服务的。由于其负责接受证书申请、审核申请人身份、签发证书及管理证书等服务，与其他互联网服务提供商一样，电子认证服务提供者所提供的服务也面临着安全威胁，存在被攻击的可能，如非法入侵、植入病毒、窃取密钥等外部攻击。另外，认证系统内部也存在威胁，如内部工作人员的管理、机房的安全管理、软件的管理等。这些都需要制定具体的信息安全保障措施，防范风险。

第二，备案制度。

根据我国《电子签名法》第十九条规定，电子认证服务提供者应当制定、公布符合国家有关规定的电子认证业务规则，并向国务院信息产业主管部门备案。同时，我国《电子认证服务管理办法》也规定："电子认证服务机构应当按照工业和信息化部公布的《电子认证业务规则规范》等要求，制定本机构的电子认证业务规则和相应的证书策略，在提供电子认证服务前予以公布，并向工业和信息化部备案。电子认证业务规则和证书策略发生变更的，电子认证服务机构应当予以公布，并自公布之日起三十日内向工业和信息化部备案。"

（3）电子认证过程中有关各方的义务性规定。

① 电子认证服务机构在受理电子签名认证证书申请前的告知义务。

根据我国《电子认证服务管理办法》规定，电子认证服务机构在受理电子签名认证证书申请前，应当向申请人告知下列事项：电子签名认证证书和电子签名的使用条件；服务收费的项目和标准；保存和使用证书持有人信息的权限和责任；电子认证服务机构的责任范围；证书持有人的责任范围；其他需要事先告知的事项。

② 电子签名认证证书申请过程中申请人的法定义务。

根据我国《电子签名法》第二十条第一款规定，电子签名人向电子认证服务提供者申请电子签名认证证书，应当提供真实、完整和准确的信息。

在电子认证关系中，电子签名人是电子认证服务提供者的客户，是接受电子认证服务的一方。电子签名人除了应履行一般的支付费用义务，还应当履行一些与电子认证服务关系的特性相应的义务。电子签名人申请电子签名认证证书时，要负担起保证所提供的信息的真实性、准确性和完整性的义务。诚实信用义务最直接的表现是真实陈述的义务，即真实陈述电子认证服务提供者颁发证书时要求其提供的事项。这是电子签名人在申请证书时所应当履行的基本义务，因为其身份、地址、营业范围、证书信赖等级的真实陈述，是证书可信赖性产生的前提，否则将构成对证书体系信赖性的损害，应承担相应的法律责任。

③ 电子签名认证证书申请过程中电子认证服务提供者的有关义务。

根据我国《电子签名法》第二十条第二款规定，电子认证服务提供者收到电子签名认证证书申请后，应当对申请人的身份进行查验，并对有关材料进行审查。

该条款主要规定了电子认证服务提供者的谨慎审核义务，要求电子认证服务提供者在收到电子签名认证证书申请后，对申请者所提交的有关材料的真实性，应当谨慎地加以审核，因为证书的发布、信赖方的信赖都依赖于对这些材料真实性的审查。另外，还要严格查验申请人的身份。这些都是为了保证其所发放的证书具有可靠的权威性和可信性。对个人电子签名认证证书申请者，电子认证服务提供者一般要求其提供个人的姓名、个人身份证的原件及复印件、身份证号、联系电话、住址、通信地址、邮政编码、电子邮箱等个人资料；对单位电子签名认证证书申请者，除对具体的经办人要求提供上述个人资料外，还要求提供申请单位的资料，如单位名称、单位所属行业类别、单位地址、单位注册号码、单位组织机构代码、单位电子邮箱、电话、传真、单位有效证件的原件与复印件等资料。

④ 电子认证服务提供者有关保证义务的规定。

电子认证服务提供者最重要的任务就是制作、发放和管理电子签名认证证书，所以其首要义务就是保证认证证书的真实性、完整性和准确性，即所发放认证证书的公共密钥同某个确定身份的人是一一对应的，以保证发放的证书具有可靠的权威性和可信性。电子认证服务提供者要保证发布的认证信息及时可靠，这其中还包括要让有关当事人能够随时证实证书申请人所拥有的身份证、许可证或者营业执照等关系该人行为能力的文书或者证件的效力。为此，我国《电子签名法》第二十二条规定："电子认证服务提供者应当保证电子签名认证证书内容在有效期内完整、准确，并保证电子签名依赖方能够证实或者了解电子签名认证证书所载内容及其他有关事项。"

⑤ 电子认证服务提供者妥善保存与认证相关的信息及保存期限的要求。

电子签名人向电子认证服务提供者申请电子签名认证证书，应当提供真实、完整和准确的信息。这些信息涉及的面比较广，既可能包含申请人的个人隐私，也可能涉及申请人的商业秘密，如果这些信息被泄露，可能会损害电子签名人的利益，因此，我国《电子签名法》要求电子认证服务提供者妥善保存与认证相关的信息的义务，并规定信息保存期限至少为电子签名认证证书失效后五年。

如果电子认证服务提供者违反上述规定，由国务院信息产业主管部门责令限期改正；逾期未改正的，吊销电子认证许可证书，其直接负责的主管人员和其他直接责任人员十年内不得从事电子认证服务。

（4）对电子认证服务提供者签发的电子签名认证证书的质量要求。

电子签名认证证书是电子认证服务提供者签发的用以证明证书持有人的电子签名、身份、资格及其他有关信息的电子文件，它是电子交易当事人在互联网上从事电子商务活动的身份证和通行证。在电子商务交易中互不认识的双方当事人用其证书证明各自签名的真实性，可以在双方之间建立相互信任的基础。因此，电子签名认证证书不仅具有证明电子签名的真实性与完整性的作用，还可以为交易当事人提供身份及从事交易的资格、权限等方面的证明。基于电子签名认证证书的重要作用，电子认证服务提供者签发的电子签名认证证书应当准确无误，否则就可能产生损害电子认证、电子交易的后果，影响电子签名认证证书的权威性和可信性。

（5）电子签名认证证书的内容。

根据我国《电子认证服务管理办法》的相关要求，电子认证服务机构所提供的电子签名认证证书的内容应包括：签发电子签名认证证书的电子认证服务机构名称；证书持有人名称；证书序列号；证书有效期；证书持有人的电子签名验证数据；电子认证服务机构的电子签名；工业和信息化部规定的其他内容。

此外，电子认证服务提供者还可以根据实际需要载明其他内容，如载明证书的种类与等级等信息。

5. 电子认证服务提供者的业务承接

电子认证服务提供者拟暂停或者终止电子认证服务的，将会影响到相关方的利益，因此我国《电子签名法》第二十三条要求应当在暂停或者终止服务九十日前，就业务承接及其他有关事项通知有关各方。此外，电子认证服务提供者拟暂停或者终止电子认证服务的，还应当履行以下义务：

（1）报告。

电子认证服务提供者应当在暂停或者终止服务六十日前向国务院信息产业主管部门报告，使其了解情况。

（2）协商承接。

电子认证服务提供者除在法定期限内向国务院信息产业主管部门报告外，还要与其他电子根据我国《电子签名法》第十九条规定，电子认证服务提供者应当制定、公布符合国家有关规定的电子认证业务规则，并向国务院信息产业主管部门备案。同时，我国《电子认证服务管理办法》也规定："电子认证服务机构应当按照工业和信息化部公布的《电子认证业务规则规范》等要求，制定本机构的电子认证业务规则和相应的证书策略，在提供电子认证服务前予以公布，并向工业和信息化部备案。电子认证业务规则和证书策略发生变更的，电子认证服务机构应当予以公布，并自公布之日起三十日内向工业和信息化部备案。"

（3）电子认证过程中有关各方的义务性规定。

① 电子认证服务机构在受理电子签名认证证书申请前的告知义务。

根据我国《电子认证服务管理办法》规定，电子认证服务机构在受理电子签名认证证书申请前，应当向申请人告知下列事项：电子签名认证证书和电子签名的使用条件；服务收费的项目和标准；保存和使用证书持有人信息的权限和责任；电子认证服务机构的责任范围；证书持有人的责任范围；其他需要事先告知的事项。

② 电子签名认证证书申请过程中申请人的法定义务。

根据我国《电子签名法》第二十条第一款规定，电子签名人向电子认证服务提供者申请电子签名认证证书，应当提供真实、完整和准确的信息。

在电子认证关系中，电子签名人是电子认证服务提供者的客户，是接受电子认证服务的一方。电子签名人除了应履行一般的支付费用义务，还应当履行一些与电子认证服务关系的特性相应的义务。电子签名人申请电子签名认证证书时，要负担起保证所提供的信息的真实性、准确性和完整性的义务。诚实信用义务最直接的表现是真实陈述的义务，即真实陈述电子认证服务提供者颁发证书时要求其提供的事项。这是电子签名人在申请证书时所应当履行的基本义务，因为其身份、地址、营业范围、证书信赖等级的真实陈述，是证书可信赖性产生的前提，否则将构成对证书体系信赖性的损害，应承担相应的法律责任。

③ 电子签名认证证书申请过程中电子认证服务提供者的有关义务。

根据我国《电子签名法》第二十条第二款规定，电子认证服务提供者收到电子签名认证证书申请后，应当对申请人的身份进行查验，并对有关材料进行审查。

该条款主要规定了电子认证服务提供者的谨慎审核义务，要求电子认证服务提供者在收到电子签名认证证书申请后，对申请者所提交的有关材料的真实性，应当谨慎地加以审核，因为证书的发布、信赖方的信赖都依赖于对这些材料真实性的审查。另外，还要严格查验申请人的身份。这些都是为了保证其所发放的证书具有可靠的权威性和可信性。对个人电子签名认证证书申请者，电子认证服务提供者一般要求其提供个人的姓名、个人身份证的原件及复印件、身份证号、联系电话、住址、通信地址、邮政编码、电子邮箱等个人资料；对单位电子签名认证证书申请者，除对具体的经办人要求提供上述个人资料外，还要求提供申请单位的资料，如单位名称、单位所属行业类别、单位地址、单位注册号码、单位组织机构代码、单位电子邮箱、电话、传真、单位有效证件的原件与复印件等资料。

④ 电子认证服务提供者有关保证义务的规定。

电子认证服务提供者最重要的任务就是制作、发放和管理电子签名认证证书，所以其首要义务就是保证认证证书的真实性、完整性和准确性，即所发放认证证书的公共密钥同某个确定身份的人是一一对应的，以保证发放的证书具有可靠的权威性和可信性。电子认证服务提供者要保证发布的认证信息及时可靠，这其中还包括要让有关当事人能够随时证实证书申请人所拥有的身份证、许可证或者营业执照等关系该人行为能力的文书或者证件的效力。为此，我国《电子签名法》第二十二条规定："电子认证服务提供者应当保证电子签名认证证书内容在有效期内完整、准确，并保证电子签名依赖方能够证实或者了解电子签名认证证书所载内容及其他有关事项。"

⑤ 电子认证服务提供者妥善保存与认证相关的信息及保存期限的要求。

电子签名人向电子认证服务提供者申请电子签名认证证书，应当提供真实、完整和准确的信息。这些信息涉及的面比较广，既可能包含申请人的个人隐私，也可能涉及申请人的商业秘密，如果这些信息被泄露，可能会损害电子签名人的利益，因此，我国《电子签名法》要求电子认证服务提供者妥善保存与认证相关的信息的义务，并规定信息保存期限至少为电子签名认证证书失效后五年。

如果电子认证服务提供者违反上述规定，由国务院信息产业主管部门责令限期改正；逾期未改正的，吊销电子认证许可证书，其直接负责的主管人员和其他直接责任人员十年内不得从事电子认证服务。

（4）对电子认证服务提供者签发的电子签名认证证书的质量要求。

电子签名认证证书是电子认证服务提供者签发的用以证明证书持有人的电子签名、身份、资格及其他有关信息的电子文件，它是电子交易当事人在互联网上从事电子商务活动的身份证和通行证。在电子商务交易中互不认识的双方当事人用其证书证明各自签名的真实性，可以在双方之间建立相互信任的基础。因此，电子签名认证证书不仅具有证明电子签名的真实性与完整性的作用，还可以为交易当事人提供身份及从事交易的资格、权限等方面的证明。基于电子签名认证证书的重要作用，电子认证服务提供者签发的电子签名认证证书应当准确无误，否则就可能产生损害电子认证、电子交易的后果，影响电子签名认证证书的权威性和可信性。

（5）电子签名认证证书的内容。

根据我国《电子认证服务管理办法》的相关要求，电子认证服务机构所提供的电子签名认证证书的内容应包括：签发电子签名认证证书的电子认证服务机构名称；证书持有人名称；证书序列号；证书有效期；证书持有人的电子签名验证数据；电子认证服务机构的电子签名；工业和信息化部规定的其他内容。

此外，电子认证服务提供者还可以根据实际需要载明其他内容，如载明证书的种类与等级等信息。

5. 电子认证服务提供者的业务承接

电子认证服务提供者拟暂停或者终止电子认证服务的，将会影响到相关方的利益，因此我国《电子签名法》第二十三条要求应当在暂停或者终止服务九十日前，就业务承接及其他有关事项通知有关各方。此外，电子认证服务提供者拟暂停或者终止电子认证服务的，还应当履行以下义务：

（1）报告。

电子认证服务提供者应当在暂停或者终止服务六十日前向国务院信息产业主管部门报告，使其了解情况。

（2）协商承接。

电子认证服务提供者除在法定期限内向国务院信息产业主管部门报告外，还要与其他电子认证服务提供者就业务承接进行协商，协商达成一致意见的，对业务承接事项做出妥善安排。

(3) 指定承接。

电子认证服务提供者未能就业务承接事项与其他电子认证服务提供者达成协议的，应当申请国务院信息产业主管部门安排其他电子认证服务提供者承接其业务。

对于电子认证服务提供者被依法吊销电子认证许可证书的，其业务承接事项的处理按照国务院信息产业主管部门的规定执行。

3.3.6 电子认证服务过程中的法律责任

在电子认证过程中，不同的法律关系主体在享有权利的同时，也将对自己的行为承担相应的法律责任。这里的电子认证法律关系主体指电子认证法律关系的参加者，包括代表国家行使监管权力的行政主管部门、电子认证证书持有人、电子签名依赖方和电子认证服务机构。

1. 电子认证机构的法律责任

(1) 过错赔偿责任。

电子签名人知悉电子签名制作数据已经失密或者可能已经失密未及时告知有关各方，并终止使用电子签名制作数据，未向电子认证服务提供者提供真实、完整和准确的信息，或者有其他过错，给电子签名依赖方、电子认证服务提供者造成损失的，承担赔偿责任。电子签名人或者电子签名依赖方因依据电子认证服务提供者提供的电子签名认证服务从事民事活动遭受损失，电子认证服务提供者不能证明自己无过错的，承担赔偿责任。也就是说，如果电子认证服务提供者能够证明自己没有过错，则不承担赔偿责任。电子认证服务提供者承担举证责任。

(2) 违法提供电子认证业务的法律责任。

未经许可提供电子认证服务应承担的法律责任：未经许可提供电子认证服务的，由国务院信息产业主管部门责令停止违法行为；有违法所得的，没收违法所得；违法所得三十万元以上的，处违法所得一倍以上三倍以下的罚款；没有违法所得或者违法所得不足三十万元的，处十万元以上三十万元以下的罚款。

暂停或者终止电子认证服务未按规定报告的法律责任：电子认证服务提供者暂停或者终止电子认证服务，未在暂停或者终止服务六十日前向国务院信息产业主管部门报告的，由国务院信息产业主管部门对其直接负责的主管人员处一万元以上五万元以下的罚款。

(3) 对电子认证服务提供者违法行为的处罚。

电子认证服务提供者不遵守认证业务规则、未妥善保存与认证相关的信息，或者有其他违法行为的，由国务院信息产业主管部门责令限期改正；逾期未改正的，吊销电子认证许可证书，其直接负责的主管人员和其他直接责任人员十年内不得从事电子认证服务。吊销电子认证许可证书的，应当予以公告并通知工商行政管理部门。

2. 电子认证服务提供者在境外签发的电子签名认证证书的法律效力

我国《电子签名法》第二十六条明确规定："经国务院信息产业主管部门根据有关协议或者对等原则核准后，中华人民共和国境外的电子认证服务提供者在境外签发的电子签名认证证书与依照本法设立的电子认证服务提供者签发的电子签名认证证书具有同等的法律效力。"

3. 伪造、冒用、盗用他人的电子签名的法律责任

伪造、冒用、盗用他人的电子签名，构成犯罪的，依法追究刑事责任；给他人造成损失的，依法承担民事责任。

4. 监督管理部门工作人员的法律责任

依照《电子签名法》负责电子认证服务业监督管理工作的部门的工作人员，不依法履行行政许可、监督管理职责的，依法给予行政处分；构成犯罪的，依法追究刑事责任。

案例与思考

电子签名第一案

2004年1月杨先生结识了韩小姐。2004年8月27日，韩小姐给杨先生发短信，借钱应急，短信内容为："我需要5 000元，刚回北京做了眼睛手术，不能出门，你汇到我卡里。"杨先生随后将钱汇给了韩小姐。一周后，韩小姐再次以短信方式向杨先生借款6 000元。由于均是短信来往，两次汇款杨先生都没有索要借据，只保留该短信内容及汇款单据。此后，因韩小姐一直没提过还款的事，并又多次向杨先生借款。为此，杨先生产生了警惕，多次向其催要未果。于是，杨先生向北京市海淀区人民法院提起诉讼，要求韩小姐归还自己11 000元钱，并提交了银行汇款单及存单两张。但韩小姐却称这是杨先生归还的以前欠她的欠款。在庭审中，杨先生还提交了自己使用的号码为"1391166××××"的飞利浦移动电话一部，其中记载了部分短信息内容。如：2004年8月27日15时5分，"那就借点资金援助吧"，2004年8月27日15时13分，"我需要五千，这个数不大也不小，另外我昨天刚回北京做了个眼睛手术，现在根本出不了门口，见人都没法见，你要是资助，就得汇到我卡里"等韩小姐发来的18条短信内容。后经法官核实，杨先生提供的发送短信的手机号码，拨打后接听者是韩小姐本人，其本人也承认，自己从去年七八月份开始使用这个手机号码。

法院审理认为，依据2005年4月1日起施行的《中华人民共和国电子签名法》的规定，经法院对杨先生提供的移动电话短信息生成、储存、传递数据电文方法的可靠性、保持内容完整性方法的可靠性、用以鉴别发件人方法的可靠性进行审查，确认了该移动电话短信息内容的真实性。根据证据规则的相关规定，录音录像及数据电文可以作为证据使用，杨先生提供的通过韩小姐使用的号码发送移动电话短信息内容中载明的款项往来金额、时间与中国工商银行个人业务凭证中体现的杨先生给韩小姐汇款的金额、时间相符，且移动电话短信息内容中亦载明了韩小姐偿还借款的意思表示，两份证据之间相互印证，可以认定韩小姐向杨先生借款的事实。据此对杨先生要求韩小姐偿还借款的诉讼请求予以支持。

本案是我国《电子签名法》实施后，法院依据《电子签名法》判决的第一案，意味着我国的电子签名法真正开始走入司法程序，通过《电子签名法》的实施，基本上所有与信息化有关的活动在法律的层面都有了自己相应的判断标准。

（资料来源：http://china.findlaw.cn/jingjifa/dianzishangwufa/dzqm/qmxl/498.html）

思考：
1. 在本案中，短信是否可以作为证据使用？
2. 在未来，微信等新型社交软件内容是否可以作为证据使用？

本章实践技能操作

1．通过互联网注册网易电子邮箱，并发送一篇 Word 文档，查看收到的 Word 文档是否有变化，以了解数据电文在传输过程中的完整性与保密性。

操作步骤：

（1）打开 IE 浏览器，输入网址：http://www.126.com；

（2）点击左侧"注册"；

（3）创建一个新的 126 邮箱地址，输入要注册的电子地址，点击"下一步"；

（4）设置密码，并填写相关的信息，点击"我接受下面的条款，并创建账号"；

（5）点击进入邮箱，输入收件人地址和主题、内容，点击"添加附件"，找到所要发送的 Word 文档，点击"打开"，点击"发送"。

2．通过修改电子文件的生成时间（以 Word 文档为例），以了解数据电文的易篡改性和易破坏性。

操作步骤：

（1）找到一篇以前生成的 Word 文档，选中后点击鼠标右键/属性，查看该文档生成的时间；

（2）打开该文档，将所有内容复制；

（3）打开文件菜单，点击"新建"，将复制的内容粘贴到新建文档中；

（4）点击"保存"，选择文件存放地点，填入文件名，点击"保存"；

（5）选中新生成文档，选中后点击鼠标右键/属性，查看该文档生成的时间。

3．浏览上海市数字证书认证中心网站，了解认证中心的工作内容。

操作步骤：

（1）打开浏览器，输入网址：http://www.sheca.com/default.aspx；

（2）分别点击"证书申请""证书更新""证书查询及下载""下载中心""大客户服务直通车""在线支付"等栏目，了解相关的服务内容；

（3）点击导航栏"产品""方案"，了解上海市数字证书认证中心的精品产品与精选方案；

（4）点击导航栏"支持"，了解上海市数字证书认证中心的大客户服务。

本章知识自测

名词解释

1．电子签名   2．数字签名   3．电子签名认证证书   4．《电子签名法》
5．电子认证   6．电子认证机构

单选题

1. 电子签名，指（　　）中以电子形式所含、所附，用于识别签名人身份并表明签名人认可其中内容的数据。
   A．书面文件　　　B．数据电文　　　C．比特　　　D．以上都不对

2. （　　）指基于对电子签名认证证书或者电子签名的信赖从事有关活动的人。
   A．电子签名人　　　　　　　　　B．电子签名依赖方
   C．电子签名认证证书人　　　　　D．电子签名制作数据人

3. 电子认证的核心是（　　）。
   A．公钥　　　B．电子认证证书　　　C．私钥　　　D．个人身份证书

4. 身份认证机构，我国称为电子认证服务机构，其简称为（　　）。
   A．CIA　　　B．CA　　　C．CBA　　　D．FIA

5. 电子签名认证证书必须具有（　　）。
   A．安全性　　　B．临时性　　　C．唯一性和可靠性　　　D．多重性

多选题

1. 电子签名应具备如下特征（　　）。
   A．电子签名是以电子形式出现的数据
   B．电子签名附着于数据电文
   C．电子签名必须能够识别签名人身份并表明签名人认可与电子签名相联系的数据电文的内容
   D．以上都不对

2. 在电子商务活动中，电子签名主要有以下作用（　　）。
   A．证明文件的来源，即识别签名人
   B．表明签名人对文件内容的确认
   C．是构成签名人对文件内容正确性和完整性负责的根据
   D．电子签名是以电子形式出现的数据

3. 现行《电子签名法》的电子签名的法律效力范围包括（　　）。
   A．涉及婚姻、收养、继承等人身关系的文书
   B．涉及土地、房屋等不动产权益转让的文书
   C．涉及停止供水、供热、供气、供电等公用事业服务的文书
   D．法律、行政法规规定的不适用电子文书的其他情形

4. 可靠的电子签名应当具备的法定条件包括（　　）。
   A．电子签名制作数据用于电子签名时，属于电子签名人专有
   B．签署时，电子签名制作数据仅由电子签名人控制
   C．签署后，对电子签名的任何改动能够被发现
   D．签署后，对数据电文内容和形式的任何改动能够被发现

5. 电子认证的特性包括（　　）。
   A．真实性　　　B．完整性　　　C．机密性　　　D．不可否认性

简答题

1. 简述电子签名的法律效力范围。
2. 简述电子签名人的法律义务。
3. 简述电子签名和电子认证之间的区别。
4. 简述电子签名认证证书的作用。
5. 简述电子认证服务机构的职能。

第 4 章

电子合同法律制度

学习目标

通过本章的学习与技能训练,要求学生:
1. 掌握电子交易中的要约和承诺,电子商务合同的形式、履行与违约责任。
2. 理解电子商务合同的概念和特征。
3. 了解电子商务合同的分类。

案例导读

网络刷单有去无回,黑灰产交易不获保护

基本案情:

2019 年 4 月,A 公司为增加其网络店铺的交易量,委托案外人陈某组织"刷手"在其网络店铺刷单,A 公司需按照交易订单金额退还货款,并支付刷单报酬,标准约为每刷单 10 000 元支付 50 元。通过陈某的牵线,"刷手"组织者李某向 A 公司介绍了"刷手"何某。何某遂在某平台创建了案涉交易订单,双方均确认案涉商品未实际发货。何某称,在某平台提出"仅退款"申请后,A 公司未向其退还因刷单垫付的 20 000 元及支付刷单费。A 公司称其已将案涉款项支付给案外人陈某,拒绝向何某退款。

何某诉请: A 公司退还货款 20 000 元。

裁判结果:

何某与 A 公司订立网络购物合同,意在以虚假网络购物意思掩盖"刷销量、赚报酬"的真实意思,属于民法总则规定的通谋虚伪行为。对于双方以虚假的意思表示实施的民事法律行为,即网络购物合同的效力,因双方缺乏真实的意思表示而无效。本案中,双方通谋共同实施了"刷销量"行为,致使案涉合同因违反法律规定被认定无效,客观上已产生了虚假订单,造成了网络营商环境的损害,且何某系自行决定投入款项的数额,故对于何某基于赚取刷单报酬目的投入的款项,依法不予保护。A 公司所述向案外人陈某支付款项的行为,与本案何某付款的行为并无二致,二者支出的款项均属于进行非法"刷销量"活动的财物,依照民法通则(在案件审理时适用）的规定，本院将另行制作决定书予以处理。

法院判决：驳回原告何某的全部诉讼请求。

（资料来源：https://www.gzinternetcourt.gov.cn/article-detail-736.html）

辩证与思考：请指出本案适用的法律，并对本案进行简要分析。

4.1 电子商务合同概述

电子商务法律属于民商法的内容。电子商务当事人订立和履行合同，适用《电子商务法》和《中华人民共和国民法典》《中华人民共和国电子签名法》等法律的规定。

4.1.1 电子商务合同的概念与特征

《中华人民共和国民法典》规定："合同是民事主体之间设立、变更、终止民事法律关系的协议。"可见，在我国，合同通常被认为反映了双方或多方当事人意思表示一致的法律行为。

1. 电子商务合同的概念

随着电子商务的迅速发展，电子商务合同也随之出现。电子商务合同，又称电子合同，根据联合国贸法会《电子商务示范法》以及世界各国颁布的电子交易法，同时结合《中华人民共和国民法典》的有关规定，电子商务合同可以界定为：双方或多方当事人之间通过电子信息网络，以电子的形式达成的设立、变更、终止财产性民事法律关系的协议。通过上述定义可以看出电子商务合同是以电子的方式订立的合同，其主要指在网络条件下，当事人为了实现一定的目的，通过数据电文、电子邮件等形式签订的明确双方权利义务关系的一种电子协议。

电子商务合同的标的可以为交付商品，也可以为提供服务。电子商务合同当事人对交付商品或者提供服务的方式、时间另有约定的，按照其约定。[①]

2. 电子商务合同与传统合同的关系

电子商务合同与传统合同都对订立合同的各方当事人之间的权利义务做出了明确详尽的规定，因此，电子商务合同与传统合同在作用和意义上并未发生实质性的变化，但其区别也是非常明显的，主要表现在：

（1）合同订立的各环节不同。电子商务合同要约与承诺的发出和收到的时间较传统合同复杂，合同成立和生效的构成条件也有所不同。

（2）合同订立的空间不同。传统合同是交易双方通过面对面的协商、沟通，在现实世界中

---

① 资料来源：https://baike.baidu.com/item/%E7%94%B5%E5%AD%90%E5%90%88%E5%90%8C/7364425?fromtitle=%E7%94%B5%E5%AD%90%E5%95%86%E5%8A%A1%E5%90%88%E5%90%8C&fromid=11327271&fr=aladdin

订立的，而电子商务合同则是交易双方通过身份认证在网络的虚拟空间中订立的。

（3）合同生效的确认方式不同。传统合同一经双方当事人签字或盖章就立即生效，而电子商务合同只能采用电子签名方式使合同生效。

（4）合同的表现形式不同。传统合同的表现形式是以纸为介质的书面合同，有原件与复印件之分，但电子商务合同的表现形式是数据电文，不存在原件与复印件的区分。

（5）合同的履行和支付不同。电子商务合同在履行和支付上较传统合同更为复杂。

（6）合同当事人的权利和义务不同。电子商务合同当事人除了享有和承担传统合同当事人之间实体和形式上的权利义务，还享有和承担电子商务合同本身所决定的，特殊的形式上的权利义务，如数字签名、信息披露、隐私权保护等。

3. 电子商务合同的特征

电子商务合同虽然与传统合同相比没有本质的区别，仍然是民事合同的一种，但其载体和订立过程却发生了重大变化。电子商务合同的主要特征表现在以下几个方面：

（1）电子商务合同的主体具有电子化和虚拟性的特点。

合同主体的电子化是指合同订立的当事人以"数字人"的面目出现，合同主体的虚拟化是指合同主体的当事人在洽谈、签订合同的过程中，可以通过网络空间进行，而无须见面。

（2）电子商务合同的订立以网络为基础。

在传统的合同订立过程中，要约和承诺通常是合同当事人面对面进行的，虽然有时也通过信件、电报、电话、电传和传真等方式发出要约或做出承诺，但是，这些要约和承诺不是通过网络进行的，而电子商务合同的要约和承诺均是合同双方当事人通过电子数据的传递来完成的，当事人多数情况下是不见面的，一方电子数据的发出即为要约，另一方电子数据的回送即为承诺。这是电子商务合同区别于普通合同的最主要特征。

（3）电子商务合同完成的自动性。

我国《电子商务法》第四十八条规定："电子商务当事人使用自动信息系统订立或者履行合同的行为对使用该系统的当事人具有法律效力。"因为电子商务合同的签订过程可以自动完成，当事人常采用自动化交易系统来自动发送、接收和处理交易订单。这些电子交易系统，具有按照预定程序审单判断的功能，不仅可以执行数据电文发送、接收、确认等任务，完成合同订立的全过程，而且在许多情况下可自动履行合同。

（4）电子商务合同具有易保存性和复制性。由于数据电文可以十分方便地存取在计算机的U盘、硬盘等介质中，因此，电子商务合同的保存和复制十分方便，并且复制件可以与原件完全一致，具有同样的法律效力。

（5）电子商务合同生效的特殊性。

由于电子商务合同的载体是电信号或磁介质，其表现形式是数据电文，合同内容记录在计算机硬盘或 U 盘等磁性介质上。因此，合同的生效只能采用电子签名方式。《中华人民共和国电子签名法》确立了电子签名在电子商务合同中的法律效力。

▶▶ 4.1.2 电子商务合同的分类

合同的分类就是将种类繁多的合同按照特定的标准进行抽象性区分。如《中华人民共和国民法典》依据合同所反映的交易关系的性质,把合同分为买卖、赠与、租赁、承揽等不同的类型;以双方权利义务的分担方式,合同可以分为双务合同与单务合同;以当事人是否可以从合同中获取某种利益,分为有偿合同与无偿合同;以合同的成立是否须交付标的物,分为诺成合同与实践合同;以合同的成立是否以一定的形式为要件,分为要式合同与不要式合同等。电子商务合同作为合同的一种,也可以按照传统合同的分类方式进行划分,但基于其特殊性,还可以将其分为以下几种类型:

1. 根据电子商务合同客体的属性不同来划分

根据电子商务合同客体的属性不同来划分,电子商务合同可分为网络服务合同、软件授权合同、需要物流配送的合同等。

2. 根据电子商务合同订立的具体方式不同来划分

根据电子商务合同订立的具体方式不同来划分,电子商务合同可分为利用电子数据交换订立的合同、利用电子邮件订立的合同、电子格式合同。

3. 根据电子商务合同当事人之间关系的类型不同来划分

根据电子商务合同当事人之间关系的类型不同来划分,电子商务合同可分为B-C合同,即企业与个人在电子商务活动中所形成的合同;B-B合同,即企业之间从事电子商务活动所形成的合同;B-G合同,即企业与政府进行电子商务活动所形成的合同。

4. 根据电子商务合同签订者的性质不同来划分

根据电子商务合同签订者的性质不同来划分,电子商务合同可分为电子代理人订立的合同和电子商务合同当事人亲自订立的合同。

4.1.3 电子商务合同对传统合同法的冲击和挑战

电子商务合同在通过电子技术手段订立的过程中,由于其与传统合同签订方式不同,由此引发了许多法律问题,传统合同面临着严峻的挑战和考验。

1. 合同的书面形式和签名问题

传统的书面形式所传递的信息或提出数据的要求常常是在书面形式要求之上再加上不同于"书面形式"的其他方式,如签字和原件。在线交易环境中,所有的商业活动都在虚拟的网络环境中进行,计算机网络中所传输的信息将取代传统的书面形式和签名。电子商务合同是将信息或数据记录在计算机中,或记录在磁盘和U盘等中介载体中,而不是以原始纸张作为记录的凭证。然而,电子商务合同与传统书面合同表现形式的不同,以及签名方式的不同必将要求传统法律对书面形式和签名的概念等重新加以界定。

《中华人民共和国民法典》将数据电文归为书面形式,即"以电子数据交换、电子邮件等方式能够有形地表现所载内容,并可以随时调取查用的数据电文,视为书面形式"。

2. 电子商务合同的效力问题

《中华人民共和国民法典》规定："依法成立的合同，自成立时生效，但是法律另有规定或者当事人另有约定的除外。"这就要求合同生效必须具备三个要件：当事人具有相应的民事行为能力；当事人的意思表示真实；不违反法律和社会公共利益。但是，电子商务合同是在虚拟的网络环境中订立的，当事人的身份很难认定。此外，当事人订立合同一般是通过自动处理系统进行的，如果发生错误，与当事人的真实意思表示相违背，此种情况下，该合同的法律效力应该如何认定？为了解决该问题，我国《电子商务法》明确规定："电子商务当事人使用自动信息系统订立或者履行合同的行为对使用该系统的当事人具有法律效力。在电子商务中推定当事人具有相应的民事行为能力。但是，有相反证据足以推翻的情况除外。"

3. 电子商务合同的成立问题

合同成立一般要经过要约和承诺两个过程。在电子交易过程中，交易的各方当事人通过电子网络传达要约和承诺的意思表示。但由于网络信息传输的迅速性，使电子要约的撤回、撤销以及电子承诺的撤销几乎成为不可能。这就使现行的合同法律规范对该问题难以调整，这就需要对电子商务合同意思表示的法律效力重新加以界定。

对于上述这些问题，传统的法律规范面临新的挑战，为了适应新的环境，世界各国纷纷立法或调整现有的法律规范。如欧盟《关于内部市场中与电子商务有关的若干法律问题的指令》指出："各成员国须调整其国内立法以使电子商务合同合法化。各成员国应特别保证其关于合同缔结的法律制度，不得妨碍电子商务合同在实际中的应用，也不得因合同是通过电子方式缔结的这一事实而剥夺其生效权利和法律效力。"同时，联合国《电子商务示范法》，也为实现国际贸易的"无纸操作"提供了法律保障。

目前，《中华人民共和国民法典》也确定了数据电文的法律地位，进而在法律上确认了电子商务合同的合法性。我国《电子商务法》规定："电子商务经营者发布的商品或者服务信息符合要约条件的，用户选择该商品或者服务并提交订单成功，合同成立。当事人另有约定的，从其约定。电子商务经营者不得以格式条款等方式约定消费者支付价款后，合同不成立；格式条款等含有该内容的，其内容无效。"

4.2 电子商务合同的订立

合同的成立一般要经过一系列磋商的过程，这一磋商过程主要包括要约和承诺两个阶段。《中华人民共和国民法典》规定："当事人订立合同，可以采取要约、承诺方式或者其他方式。"电子商务合同虽然采取了数据电文的表达方式，而且其订立过程也是以电子方式进行的，即通过互联网通信缔结合同，但电子商务合同的订立过程仍然遵循合同订立的基本过程，即要约、承诺过程。

4.2.1 电子商务合同的主体

电子商务合同的主体,即电子商务合同的当事人。《中华人民共和国民法典》及相关法律对自然人、法人和非法人组织的权利能力和行为能力问题,以及代理人的权利义务做了明确的规定,这些规定为传统合同在订立过程中确认当事人的身份及行为能力提供了明确的依据。

 法律链接

《中华人民共和国民法典》第十三条 自然人从出生时起到死亡时止,具有民事权利能力,依法享有民事权利,承担民事义务。

第五十七条 法人是具有民事权利能力和民事行为能力,依法独立享有民事权利和承担民事义务的组织。

第一百零二条 非法人组织是不具有法人资格,但是能够依法以自己的名义从事民事活动的组织。

一般来说,电子商务合同的主体和传统合同的主体没有本质的区别。不过由于在电子商务交易模式下,合同当事人都是体现为一种身份识别代码,即用户名。该身份识别代码是将主体的信息以一组数据来体现,十分抽象和虚拟,不能具体反映出当事人的真实情况。因此,交易对象无法从该数据中相互判断对方是否具有行为能力,也无法确定发送和接收信息的一方是否为当事人自己或有无代理权。一般来说,法律要求参加民商事活动的主体应当具备相应的行为能力,否则,当事人的行为不能产生法律上的效力。因为,电子商务合同的当事人通常不见面,"基于网络上根本无法看到或辨识交易相对人,双方当事人是利用按键或鼠标来为意思表示,即便网络商店要求交易相对人输入身份证号码、出生日期或信用卡卡号以证实其为成年人,但仍有伪造或提供不实资料的可能性,故网络商家基本上无从得知另一方当事人究竟是否为成年人,且由于现在网络使用者年龄呈日趋下降的趋势,可以预见未来未成年人进行网络交易而发生争议的机会将会大幅度增加。"由此可知,网络交易中当事人的行为能力问题是现实存在的。

在电子交易中确定当事人是否具备传统合同当事人应当具备的行为能力,在某些情况下是没有实际意义的。因为即使电子商务合同交易的一方当事人是不具备行为能力的,但只要交易成功且并未发生纠纷,合同得以顺利履行,就无须过多地去限制当事人的行为能力,否则给网络交易造成很大的障碍,不利于电子商务的发展。对于通过电子商务合同形式订立的合同在履行过程中发生纠纷或造成损失,涉及当事人行为能力的确定时,仍应当依照传统合同法和民法的规定去认定,因为电子商务合同所适用的法律并不是一种全新的法律制度,它只是传统法律制度在新环境下的一种融合。只要是交易对象尽到了合理的注意义务,即便是当事人真的不具备合同的缔约能力,也应当认定合同有效。对于无行为能力人和限制行为能力人订立的电子商务合同应该区别对待,依据"意思能力"和年龄相结合,判断当事人是否尽到了合理的注意义务,从而确定当事人的行为能力。当然,要最大限度地减少电子交易中由于合同当事人的缔约能力问题导致的合同效力纠纷,最终还是要依靠技术的进步和法律制度的不断完善,例如,通过电子认证的方式,由认证机构提供的服务来帮助确认当事人的身份及其缔约能力等。

所以,我国《电子商务法》第四十八条规定:"在电子商务中推定当事人具有相应的民事行为能力。但是，有相反证据足以推翻的除外。"

4.2.2 电子商务合同中的要约

1. 要约的概念及其生效要件

《中华人民共和国民法典》规定"要约是希望与他人订立合同的意思表示，该意思表示应当符合下列条件：内容具体确定；表明经受要约人承诺，要约人即受该意思表示约束"。其中，发出要约的一方当事人为要约人，要约所指向的一方当事人为受要约人。

（1）要约的内容具体确定。

"具体"指要约的内容必须具有使电子商务合同成立的主要条款和内容。所谓"确定"，指要约的内容必须明确。这是因为要约的法律效力在于一经受要约人承诺，合同即告成立，要约人即受该意思表示约束。

（2）表明经受要约人承诺，要约人即受该意思表示约束，要约必须送达受要约人。

这就要求电子商务合同中的要约是特定合同当事人的意思表示。要约必须向要约人希望与之缔结合同的相对人发出。要约必须具有缔约目的并表明经承诺即受此意思表示的拘束。要约的内容必须具备足以使合同成立的主要条件，这要求要约的内容必须是确定的、完整的。

 学而思：什么是要约邀请？

2. 要约的生效时间及法律效力

《中华人民共和国民法典》第一百三十七条规定："以对话方式做出的意思表示，相对人知道其内容时生效。以非对话方式做出的意思表示，到达相对人时生效。以非对话方式做出的采用数据电文形式的意思表示，相对人指定特定系统接收数据电文的，该数据电文进入该特定系统时生效；未指定特定系统的，相对人知道或者应当知道该数据电文进入其系统时生效。当事人对采用数据电文形式的意思表示的生效时间另有约定的，按照其约定。"这里的"到达"是指要约送达到受要约人能够实际控制的地方，即不管是口头的、书面的或者是其他形式的要约，都必须到达受要约人能够控制的地方才能产生法律效力。在电子商务合同中，要约是以非对话方式做出的，并采用数据电文形式发出的，其生效的时间，法律做出了特别的规定，相对人指定特定系统接收数据电文的，该数据电文进入该特定系统时生效；未指定特定系统的，相对人知道或者应当知道该数据电文进入其系统时生效。

在要约的生效时间问题上，世界上主要有"发信主义"和"到达主义"两大派别的观点。《中华人民共和国民法典》也同样采取了"到达主义"原则。

在电子商务环境下，当事人一般以数据电文发出要约。要约一经生效，要约人即受到要约的拘束。要约人在要约有效期间内不得随意撤销要约或对要约内容加以限制、变更和扩张，避免影响交易安全。

3. 要约的撤回和撤销

（1）要约的撤回。

《中华人民共和国民法典》规定，要约可以撤回。

要约的撤回指要约人的要约发出后，到达受要约人之前，取消其要约从而阻止要约生效的意思表示。《中华人民共和国民法典》第一百四十一条规定："行为人可以撤回意思表示。撤回意思表示的通知应当在意思表示到达相对人前或者与意思表示同时到达相对人。"

但是，采用数据电文订立合同，由于信息传输的高速性，要约人一旦发出要约，受要约人即刻就可收到，要约发出后又要撤回，实际上是不可能的。这无疑对传统的要约理论造成了很大的冲击。因此，在电子商务环境下，要约能否撤回的问题上，存在两种截然不同的观点：一种观点认为，电子要约的撤回尽管十分困难，但并非完全不可能。在服务器发生故障或线路过分拥挤的情况下，都可能耽搁要约的收到时间，使一份要约撤回通知先于或同时到达受要约人。因此，应允许当事人撤回要约，《中华人民共和国民法典》对要约撤回的规定是适用于电子商务合同的。另一种观点认为，撤回要约在电子商务环境中是不可能的，在电子商务合同中谈论要约的撤回是没有实际意义的，《中华人民共和国民法典》对要约撤回的规定不适用于电子商务合同。

（2）要约的撤销。

要约的撤销，是指要约人在要约到达受要约人并生效以后，将该要约取消，从而使要约的效力归于消灭的意思表示。《中华人民共和国民法典》规定"要约可以撤销，但是有下列情形之一的除外：（一）要约人以确定承诺期限或者其他形式明示要约不可撤销；（二）受要约人有理由认为要约是不可撤销的，并已经为履行合同做了合理的准备工作"。

在电子商务交易中，要约能否撤销取决于交易的具体方式。受要约人收到要约后在做出承诺之前，一般有一个承诺期限，在承诺期满前，要约人可以撤销要约。因此，如果是通过电子邮件方式订立合同，在一般情形下，要约是可以撤销的。因为要约人通过以电子邮件方式发出要约后，受要约人并不一定立即承诺，因而在发出要约与最终做出承诺之间可能会有一段间隔，在此期间内，要约人可以撤销要约。但如果当事人采用电子自动交易系统从事电子交易，承诺的做出是即刻的，要约人则没有机会撤销要约。

 学而思：要约撤销的方式。

4. 要约的失效

要约失效，即要约丧失法律效力。要约失效后，要约人不再受其约束和限制，受要约人也终止了承诺的权利。要约失效后，合同即失去了成立的基础，受要约人即使承诺，合同也不能成立。《中华人民共和国民法典》规定，有下列四种情形之一的，要约失效：

（1）要约被拒绝。

拒绝要约包括明确表示拒绝，或对要约进行了修改、限制或扩张。要约人一旦收到受要约人不接受或不完全接受要约的通知，要约即因被拒绝而终止效力。受要约人拒绝要约后，即使在承诺期限内又表示同意的，其意思表示也为新的要约。

（2）要约人依法撤销要约。

根据《中华人民共和国民法典》的规定，撤销要约的通知应当在受要约人发出承诺之前到达受要约人。因此，只要撤销行为符合法律规定，并且不属于合同法第十九条不允许撤销的情形，已生效的要约即失去法律效力。

（3）承诺期限届满，受要约人未做出承诺。

要约的有效期限也就是受要约人可以承诺的有效期限。在该期限届满时，受要约人未承诺的，要约就失去效力。在该期限届满后，受要约人又表示接受要约的，该意思表示不为承诺，只能看作一种新要约。

（4）受要约人对要约的内容做出实质性变更。

《中华人民共和国民法典》规定："承诺的内容应当与要约的内容一致。受要约人对要约的内容做出实质性变更的，为新要约。有关合同标的、数量、质量、价款或者报酬、履行期限、履行地点和方式、违约责任和解决争议方法等的变更，是对要约内容的实质性变更。"

▶▶ 4.2.3 电子商务合同中的承诺

1. 承诺的概念

承诺是受要约人同意要约的意思表示。承诺应当在要约确定的期限内到达要约人。要约以非对话方式做出的，承诺应当在合理期限内到达。承诺生效时合同成立，但是法律另有规定或者当事人另有约定的除外。也就是说承诺生效，电子商务合同即告成立。

要约指定了承诺期限的，所指定的期限即为有效期限；要约未指定期限的，通常认为合理的期限即为有效期限。合理期限是指依通常情形可期待承诺到达的期间，一般包括受要约人做出承诺的期间、要约到达受要约人的期间、承诺通知到达要约人的期间。也就是说，如果要约确定了承诺期限，则承诺应当在要约确定的期限内到达要约人。如果要约没有确定承诺期限，以对话方式做出的，应当即时做出承诺，但当事人另有约定除外；以非对话方式做出的，承诺应当在合理期限内到达。承诺要取得合同成立的法律效果，必须在内容上与要约一致。

此外，在电子商务环境下，承诺由受要约人的电子代理人做出的，应视为受要约人的行为。同样，承诺也可向要约人的电子代理人做出。

2. 承诺迟延

所谓承诺迟延指受要约人未在承诺期限内做出承诺。承诺迟延一般不发生承诺生效的法律后果。承诺的期限通常是由要约规定的，如果要约中未规定承诺时间，则受要约人应在合理期限内做出承诺。超过承诺期限做出承诺，该承诺不产生效力。根据《中华人民共和国民法典》规定："受要约人在承诺期限内发出承诺，按照通常情形能够及时到达要约人，但是因其他原因致使承诺到达要约人时超过承诺期限的，除要约人及时通知受要约人因承诺超过期限不接受该承诺外，该承诺有效。"

3. 承诺撤回与撤销

承诺撤回，指受要约人在发出承诺通知以后，在承诺正式生效之前撤回其承诺。根据《中华人民共和国民法典》规定："承诺可以撤回。"电子承诺撤回存在着与电子要约撤回同样的问题。虽然法律并不禁止电子承诺的撤回，但通过网络通信订立合同，电子承诺的做出是在瞬间完成的，在实际上承诺的撤回几乎是不可能的。但也有观点认为，不管电子信息传输速度有多快，总是有时间间隔的，而且也存在着网络故障、信箱拥挤、停电断电、计算机感染病毒等突发事件，使得承诺不可能及时到达。因此，存在电子承诺撤回的可能性和必要性。撤回承诺作为承诺人的一项权利是保障其与要约人同等受法律保护的一项权利，不应随意加以剥夺。

由于当事人一旦做出承诺，合同即告成立，所以当事人不可能撤销承诺，撤销承诺的行为通常造成违约。但是，进行在线交易时存在这样一种情况：可能会因单击时间短暂而未对合同条款进行仔细的思考，也可能网络交易者在单击时，因为各种原因而发生错误。因此，单击成交时，承诺人的意思表示可能并不完全真实。据此，有学者建议在单击成交后，应给客户一段考虑是否最终决定成交的期限。如果在该期限内，客户不愿意成交，可以撤销承诺。如果愿意成交，则不必再做出任何表示。这一观点有其合理性，因为在单击成交以后，合同即告成立，客户即使可以以重大误解为由申请撤销合同，也只能向法院提起诉讼，不仅手续烦琐，而且费用较高。如果允许客户可以撤销承诺，的确有利于尊重其真实意思，保护客户的利益，但却给网络经营者带来极大的风险。因为网络经营者在单击成交以后，将要从事一些履约的准备，如准备货物等。如果允许客户可以在一段相当长的时间内撤销其承诺，网络经营者则承担的风险过大，网上的交易便很难进行。所以，可考虑在单击成交后，允许客户在短暂的期限内（如一天内）有权决定是否撤销承诺，在该期限内，客户可以不必付款，而经营者也不必负有准备履约的义务。这样使客户享有的撤销承诺的权利也不会损害网上经营者的利益。对此，目前国内尚无法律规定。

4. 确认收讫与承诺

因为互联网具有开放性和复杂性的特点，发送方的要约或承诺发出之后，和传统方法相比，被其他人截获的可能性要大，没有人能够保证所发出的要约或承诺绝对能够完整地按时到达收件方。因此，为了给电子交易增加一层保险，就产生了要约和承诺的送达确认，即确认收讫。确认收讫是指在接收人收到发送的信息时，由其本人或指定的代理人，或通过自动交易系统向发送人发出表明其已收到的通知。确认收讫是通过发回的信息来证实信息是否到达以及传递中有无错误和缺漏的发生，当事人可以利用确认收讫制度解决发信后的不确定问题。因此，就发送人而言，确认收讫有利于减少发送人的风险，增加交易机会，这在商业上和法律上都具有非常重大的价值。

联合国《电子商务示范法》中规定了确认收讫规则。《中华人民共和国民法典》也有类似的规定："当事人采用信件、数据电文等形式订立合同，要求签订确认书的，签订确认书时合同成立。当事人一方通过互联网等信息网络发布的商品或者服务信息符合要约条件的，对方选择该商品或者服务并提交订单成功时，合同成立，但是当事人另有约定的除外。"我国《电子签名法》对数据电文的确认收讫问题也做出了相应的规定，《电子签名法》第十条规定："法律、行政法规规定或者当事人约定数据电文需要确认收讫的，应当确认收讫。发件人收到收件人的收讫确认时，数据电文视为已经收到。"

确认收讫不是合同订立的必经程序。在合同订立过程中是否需要设立确认收讫这一环节，应由当事人自己决定，确认收讫一方面能减少风险，但同时也增加了商业成本，法律应赋予当事人自由选择的权利。

▶▶ 4.2.4 电子商务合同的成立

1. 电子商务合同成立的基本要求

电子商务经营者发布的商品或者服务信息符合要约条件的，用户选择该商品或者服务并提交订单成功，合同成立。当事人另有约定的，从其约定。

电子商务经营者不得以格式条款等方式约定消费者支付价款后合同不成立，格式条款等含有该内容的，其内容无效。

2. 电子商务合同成立的时间

合同成立的时间是由承诺实际生效的时间所决定的。承诺的生效时间就是合同的生效时间。《中华人民共和国民法典》规定："承诺生效时合同成立，但是法律另有规定或者当事人另有约定的除外。""以通知方式做出的承诺，生效的时间适用本法第一百三十七条的规定。承诺不需要通知的，根据交易习惯或者要约的要求做出承诺的行为时合同生效。"我国《电子商务法》第四十九条则进一步明确了电子商务合同的生效时间，即电子商务经营者发布的商品或者服务信息符合要约条件的，用户选择该商品或者服务并提交订单成功，合同成立。当事人另有约定的，从其约定。

3. 电子商务合同成立的地点

根据《中华人民共和国民法典》规定："承诺生效的地点为合同成立的地点。采用数据电文形式订立合同的，收件人的主营业地为合同成立的地点；没有主营业地的，其住所地为合同成立的地点。当事人另有约定的，按照其约定。"主营业地一般为其在工商行政管理机关的登记注册地。由于合同的成立地点有可能成为确定法院管辖权及选择法律的适用等问题的重要因素，因此明确电子商务合同成立的地点十分重要。

 学而思：如何理解电子商务中的格式合同？

4.3 电子商务合同的形式和条款

合同的形式，又称合同的方式，指表现当事人之间订立的合同的方式，亦即当事人采用何种形式来表现所订立合同的内容。

▶▶ 4.3.1 合同的书面形式

《中华人民共和国民法典》规定："当事人订立合同，可以采用书面形式、口头形式或者其他形式。"我国对合同的形式一般不做强制性规定，只是对某些重要的、关系复杂的合同强调采取书面形式。

1. 传统合同的形式

书面形式指以文字表现当事人所订合同的形式。《中华人民共和国民法典》规定："书面形式是合同书、信件、电报、电传、传真等可以有形地表现所载内容的形式。以电子数据交换、电子邮件等方式能够有形地表现所载内容，并可以随时调取查用的数据电文，视为书面形式。"书面合同由文字凭据组成，但并非一切文字凭据都是书面合同的组成部分，其中必须包含当事人或其代理人的签字或盖章。书面形式最大的优点是合同有据可查，发生纠纷时容易举证，便于分清责任承担。因此，对于关系复杂的合同、重要的合同，最好采取书面形式。

其他形式。所谓其他形式，是指采用除书面形式、口头形式以外的方式订立合同的形式。其他形式一般包括推定形式和默示形式。所谓推定形式，指当事人并不直接用书面或口头方式进行意思表示，而是通过实施某种行为来做意思表示。例如，饭店客房租赁合同期满时，承租人和出租人都没有提出合同终止的问题，而承租人继续使用租赁物并支付租金，出租方也继续接受租金，此种行为即可以推定出租人已经同意延长该客房租赁合同的租赁期。所谓默示形式，指当事人采用沉默的方式进行意思表示。

2. 电子商务合同的书面形式问题

《中华人民共和国民法典》规定："以电子数据交换、电子邮件等方式能够有形地表现所载内容，并可以随时调取查用的数据电文，视为书面形式。"也就是说，《中华人民共和国民法典》也将电子商务合同纳入其中，即任何人不得以某项合同是以数据电文方式订立而否定其法律效力。也就是说，不管合同采用什么载体，只要可以有形地表现所载内容，即视为符合法律对"书面"的要求，这些规定符合联合国贸法会《电子商务示范法》建议采用的"功能等同法"的要求。

▶▶ 4.3.2 电子商务合同的条款

《中华人民共和国民法典》规定，合同的内容由当事人约定，一般包括以下条款：

1. 当事人的名称或者姓名和住所

合同是双方或多方当事人之间的协议，当事人是谁、住在何处，或营业场所在何处应予以明确。当事人包括自然人、法人和其他组织。合同当事人是自然人时，应写明当事人的姓名、住所；是法人和其他组织时，应写明其名称和住所。如果是涉外合同，还应标明当事人的国籍。

2. 标的

标的是合同权利义务指向的对象。没有标的或标的不明确，权利义务就没有依托，所以标的是合同的必备内容。合同的标的可以是货物，也可以是劳务或工程项目等。

3. 数量和质量

数量和质量是标的的具体化，它直接确定了当事人权利义务的范围和程度。数量是以数字和计量单位来衡量标的的尺度，在大宗交易的合同中，除规定具体的数量条款以外，还应规定损耗的幅度和正负尾差。质量条款包括标的名称、品种、规格、等级、标准、技术要求等。在合同实务中，质量条款能够按国家质量标准进行约定的，则按国家质量标准进行约定，没有质量标准的，也可按"凭样品"来规定质量条款。

4. 价款或者报酬

价款、报酬又称为价金，是一方取得标的所支付的代价。在以物为标的的合同中，这一代价叫价金；在以劳务和工作成果为标的的合同中，这种代价称报酬。

5. 履行期限、地点和方式

合同的履行期限、地点和方式，是享有权利的一方要求对方履行义务的法律依据，也是确定双方当事人在没有完全履行合同的情况下承担法律责任的依据。其中，履行期限指享有权利的一方要求对方履行义务的时间范围。履行地点指合同当事人履行或接受履行合同义务的地点。履行方式指当事人采取什么办法来履行合同义务。

6. 违约责任

违约责任是当事人不履行或者不适当履行合同规定的义务所应承担的法律责任。

7. 解决争议的方法

合同当事人在合同订立或履行过程中发生的争议如何解决，是否提请仲裁机构仲裁，最好在合同中订明，以便利于合同争议的管辖和尽快解决。

电子商务合同与传统合同在本质上没有区别，因此，电子商务合同的条款适用《中华人民共和国民法典》的有关规定。以上合同的主要条款一般是由当事人通过协商一致来确定的。但在电子商务环境下，特别是在网上消费交易中，购买者通过上网的方式购物就希望节省时间和精力，如果要求每笔交易都要就合同条款进行协商并最终达成一致，是不现实的。因此，商家通常会依据本行业的规范和国家法律制定商场规约，列明商家的责任限制条款，顾客在进入商场以后就会看到商场的规约，在这种前提下，如果顾客购买商品，就表示他已经接受了这部分合同条款。

4.4 电子商务合同的效力

4.4.1 电子商务合同的生效要件

合同生效指已经成立的合同在当事人之间产生了一定的法律拘束力。合同的生效需要行为人具有相应的民事行为能力、意思表示真实、不违反法律和社会公共利益等要件。

1. 行为人具有相应的民事行为能力

在电子交易中，由于电子商务活动是在虚拟的空间进行的，当事人基于对自身隐私的考虑，或者防止他人冒用自己的身份等原因，可能以代码或化名进入某商业网站，所登录的身份与真实情况往往不符。在这种情况下，当事人一方若想得知对方是否具有相应的民事行为能力存在很大的困难。因此，我国电子商务法明确规定，在电子商务中推定当事人具有相应的民事行为能力。但是，有相反证据足以推翻的除外。

2. 意思表示真实

意思表示是指行为人将其设立、变更、终止民事权利义务的内在意思表现于外部的行为。电子商务合同成立的前提是当事人就电子商务合同的主要条款达成合意。《中华人民共和国民法典》规定，合同的内容由当事人约定，一般包括以下条款：当事人的名称或者姓名和住所；标的；数量；质量；价款或者报酬；履行期限、地点和方式；违约责任；解决争议的方法。只有当事人对以上主要条款意思表示一致，电子商务合同的成立才具备意思要件。但是，当事人之间通过电子媒介所为意思表示，在涉及电子错误以及因诈欺、胁迫而撤销的问题时，是否适用民商法有关错误的规定，是一个值得探讨的问题。

3. 不违反法律和社会公共利益

电子商务合同以当事人意思自治为基本原则，但电子商务合同的内容不得违反法律的强制性规定和社会的公共利益。否则，电子商务合同因欠缺合法性要件而无效。

▶▶ 4.4.2 电子商务合同效力认定

合同的法律效力指已经成立的合同在当事人之间产生了特定的法律约束力。电子商务合同的法律效力指电子商务合同在当事人之间产生的法律拘束力问题，《中华人民共和国民法典》规定："依法成立的合同，自成立时生效，但是法律另有规定或者当事人另有约定的除外。"但依法成立的合同并非都有法律效力，对电子商务合同而言，影响其效力的主要原因有：

1. 无权代理、超越权限、超越经营范围订立的合同

《中华人民共和国民法典》规定："无权代理人以被代理人的名义订立合同，被代理人已经开始履行合同义务或者接受相对人履行的，视为对合同的追认。""法人的法定代表人或者非法人组织的负责人超越权限订立的合同，除相对人知道或者应当知道其超越权限外，该代表行为有效，订立的合同对法人或者非法人组织发生效力。""当事人超越经营范围订立的合同的效力，应当依法确定，不得仅以超越经营范围确认合同无效。"

在电子商务的 B2B 交易方式下较容易产生代理权限纠纷。由于交易双方不能像在传统贸易中那样审查代理人的授权，可能导致所签合同得不到被代理人的承认。因此，合同的效力很难得到保障；在这种方式下，虽然数据电文的真实性和原始性得到了保障，但如果交易一方认为已经成立的合同于己不利而想毁约时，他可能会声称所做的意思表示系其工作人员或系统操作员未经授权的擅自作为。对此，除非主张合同无效的一方有确凿的证据，否则相对的一方可依据《中华人民共和国民法典》关于表见代理的规定主张该代理行为有效。

2. 可撤销的合同

根据《中华人民共和国民法典》规定："重大误解和显失公平的合同，当事人一方可请求变更或者撤销。"在进行网络购物时很容易产生重大误解的情形，因为网上购物不同于现实生活中可以通过目视、触摸、试用等方法详细了解产品的性能、规格等。如果消费者对产品没有足够的认识与了解，就会对产品的基本情况产生重大的误解，按照《中华人民共和国民法典》的理论，这属于可撤销合同，但消费者要证明这一点却并不容易。对此法律应当加以限制，即规定经销商必须在网络页面上以醒目的字体和颜色对性能上的差异做出特别说明，否则由此造成误解的，当属可撤销的合同。

3. 格式条款

格式条款是当事人为了重复使用而预先拟定，并在订立合同时未与对方协商的条款。在B2C的方式中几乎无一例外地采用格式合同。一些商家为了获取更多的经济利益，在冗长的格式合同中掺杂了大量不利于消费者的条款，尤其是免责条款，消费者上网购物时因为时间和费用的限制，通常都不能细加研究，即使有消费者发现这些条款存在问题，也只能被动地选择"接受"或"不同意"，而不能提出自己的意见或进行修改。

对基于格式合同或免责条款引起的纠纷，应当按照《中华人民共和国民法典》的规定进行处理。即"采用格式条款订立合同的，提供格式条款的一方应当遵循公平原则，确定当事人之间的权利和义务，并采取合理的方式提示对方注意免除或者减轻其责任等与对方有重大利害关系的条款，按照对方的要求，对该条款予以说明。提供格式条款的一方未履行提示或者说明义务，致使对方没有注意或者理解与其有重大利害关系的条款的，对方可以主张该条款不成为合同的内容"。

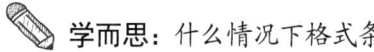学而思：什么情况下格式条款无效？

《电子商务法》进一步明确了格式条款的效力问题，规定"电子商务经营者不得以格式条款等方式约定消费者支付价款后，合同不成立；格式条款等含有该内容的，其内容无效"。

这就说明，如果电子商务经营者有意免除自己的责任、加重消费者的责任、排除消费者主要权利的，除合同无效外还应责成其赔偿消费者的损失。

4. 系统设置与系统障碍

在B2B方式下，交易一方或双方设置了系统自动确认或自动回复功能的，若以系统自动回复，未经所有人确认为由，主张合同无效的，不予支持，因为计算机执行的是人编制的程序，反映的是人的意志。由于系统障碍造成错误回应的，在B2B方式下可解除合同的效力。如果出故障的是电子商务系统，则合同有效，因为电子商务经营者面对的是不特定多数的消费者，企业商业信誉是非常必要的保证，所以他必须承担营运中的风险；如果出故障的是消费者一方的计算机，则可解除合同，因为在电子交易中，消费者处于弱势地位，应尽力保证消费者做出真实的意思表示。

4.5 电子商务合同的履行与违约责任

合同的履行，指合同当事人按照合同的约定或者法律的规定，全面适当地完成各自承担的合同义务,使债权人的权利得以实现的过程。合同的订立是前提,合同的履行是关键。《中华人民共和国民法典》规定:"当事人应当按照约定,全面履行自己的义务。"这是法律对于合同履行的基本要求。

4.5.1 电子商务合同的履行

尽管电子商务合同的表现形式和订立过程与传统合同有些不同,但在其履行、终止、违约救济等方面基本上可以适用普通合同法的一般规则。

1. 电子商务合同履行的原则

合同的履行原则指合同当事人在履行合同过程中所应当遵循的基本准则。《中华人民共和国民法典》虽然没有明确规定合同履行的原则,但是,通常认为合同的履行原则主要有:适当履行原则和协作履行原则,这两个基本原则同样适用于电子商务合同的履行。

(1) 全面履行原则。

《中华人民共和国民法典》规定:"当事人应当按照约定,全面履行自己的义务。"这是全面履行的原则。全面履行的原则是判定合同当事人是否全面履行了合同义务,以及当事人是否存在违约事实、是否承担违约责任的重要法律准则。

对于电子商务合同而言,如果是在线交付,交货一方应给予对方合理检验期,应保证交付标的的质量,而付款一方则应依约定按时付款。如果是离线交付,必须由债权人自提或者债务人按照约定发货。

(2) 协作履行原则。

协作履行原则指当事人不仅适当履行自己的合同债务,而且应基于诚实信用原则,要求对方协助其完成履行。协作履行原则是诚实信用原则在合同履行方面的具体体现。《中华人民共和国民法典》规定:"当事人应当遵循诚实信用原则,根据合同的性质、目的和交易习惯履行通知、协助、保密等义务。"具体包括:债务人履行合同债务,债权人应给予适当的便利条件;因故不能履行或不能完全履行时,应积极采取措施避免或减少损失;债务人履行合同债务,债权人应适当受领给付等。电子商务合同履行过程中,当事人仍应遵循协作履行原则,如当事人一方在线收集的另一方当事人的有关资料不得非法利用;为便于债务人发货,债权人应及时告知其身份信息和地址等。

2. 合同标的的交付

从我国目前电子商务的运行情况看,基本上有三种履行方式:第一种,是在线付款,在线交货。此类合同的标的是信息产品。例如,计算机软件、音乐、音像产品的下载。第二种,是在线付款,离线交货。第三种,是离线付款,离线交货。后两种合同的标的可以是信息产品也可以是非信息产品。对于信息产品而言,既可以选择离线交货的方式,也可以选择在线下载的方式。

(1) 合同标的的交付时间。

我国《电子商务法》规定,合同标的为交付商品,并采用快递物流方式交付的,收货人签收时间为交付时间。合同标的为提供服务的,生成的电子凭证或者实物凭证中载明的时间为交付时间;前述凭证没有载明时间或者载明时间与实际提供服务时间不一致的,实际提供服务的时间为交付时间。合同标的为采用在线传输方式交付的,合同标的进入对方当事人指定的特定系统并且能够检索识别的时间为交付时间。合同当事人对交付方式、交付时间另有约定的,从其约定。

（2）快递物流方式交付商品。

我国《电子商务法》规定,电子商务当事人可以约定采用快递物流方式交付商品。快递物流服务提供者为电子商务提供快递物流服务,应当遵守法律、行政法规,并应当符合承诺的服务规范和时限。快递物流服务提供者在交付商品时,应当提示收货人当面查验;交由他人代收的,应当经收货人同意。快递物流服务提供者应当按照规定使用环保包装材料,实现包装材料的减量化和再利用。快递物流服务提供者在提供快递物流服务的同时,可以接受电子商务经营者的委托提供代收货款服务。

（3）价款的支付。

我国《电子商务法》规定,电子商务当事人可以约定采用电子支付方式支付价款。电子支付服务提供者为电子商务提供电子支付服务,应当遵守国家规定,告知用户电子支付服务的功能、使用方法、注意事项、相关风险和收费标准等事项,不得附加不合理交易条件。电子支付服务提供者应当确保电子支付指令的完整性、一致性、可跟踪稽核和不可篡改。电子支付服务提供者应当向用户免费提供对账服务以及最近三年的交易记录。

 学而思：电子合同的标的交付时间的具体规定是什么?

▶▶ 4.5.2 电子商务合同的违约责任

1. 违约的归责原则

违约的归责原则是关于违约方的民事责任的法律原则。合同违约的归责原则有两类:一是过错责任原则,二是严格责任原则。

过错责任原则是指一方违反合同的义务,不履行和不适当履行合同时,应以过错作为确定责任的要件和确定责任范围的依据。

严格责任原则指不论违约方主观上有无过错,只要其不履行合同债务,给对方当事人造成了实际损害,就应该承担合同责任。《中华人民共和国民法典》确定了严格责任原则。《中华人民共和国民法典》第一百零七条规定:"当事人一方不履行合同义务或者履行合同义务不符合约定的,应当承担继续履行、采取补救措施或者赔偿损失等责任。"这就是严格责任原则,即违约责任不以过错为归责原则或构成要件,除非有法定的或约定的免责事由,只要当事人一方有违约行为,不管是否具有过错,都应当承担责任。电子商务合同作为民事合同的一种,其违约责任仍然适用严格责任原则。当然,如果电子商务合同中没有约定违约金,对方也没有实际损失的,违约人也无须承担赔偿责任。

2. 违约责任的构成要件

（1）主体要件。

在电子商务合同中,违约责任的主体是有效合同的当事人,是有权独立主张自己权利和独立参加仲裁或诉讼活动的主体。电子商务合同的主体可以是自然人，也可以是法人或非法人组织。其中，自然人如果作为电子商务合同的当事人，必须具有相应的民事行为能力，如果不符合民事行为能力要件的，应当由其法定代理人或监护人代为主张订立合同的权利，并承担相应的法律责任。法人作为电子商务合同的当事人，必须具备相应的民事权利能力，即章程规定的该法人可以为某些合同行为的权利，其他组织同样也需要具备相应的缔约能力。

（2）违约行为。

违约行为指电子商务合同当事人没有按照合同约定的内容和期限履行合同，违约包括作为的违约和不作为的违约。作为的违约指义务人应当以自己的主动行为完成合同规定的义务。不作为的违约指少数电子商务合同规定，合同的当事人应当以自己某些不作为的承诺作为合同成立的条件，例如，电子商务合同中对当事人的个人隐私进行保密的合同条款，其基本内容就是规定合同的信息必须保密，如果违反合同规定的条件，泄露了需要保密的信息时，就可构成违约责任。

（3）主观条件。

合同履行是一种现实存在的客观事实，电子商务合同如果没有完全履行或者不适当履行，客观上也会使对方的权利不能实现，为了维护对方的合同权利，就需要让违约方来承担违约责任。《中华人民共和国民法典》对当事人的违约责任适用严格责任原则，不问当事人主观上是否有过错，只要违约行为造成实际损害就应承担责任。

3. 免责事由

免责事由分法定免责事由和约定的免责事由。法定免责事由主要是不可抗力。约定的免责事由即免责条款，指当事人双方在合同中约定的，旨在限制或免除其将来可能发生的违约责任的条款。但免责条款的约定不得违反法律的强制性规定和社会公共利益。免除电子商务合同当事人的基本义务或排除故意或重大过失责任的免责条款为无效条款。根据《中华人民共和国民法典》规定，不可抗力指当事人在订立合同时不能预见、不能避免并不能克服的事件。

根据《中华人民共和国民法典》规定，当事人一方因不可抗力不能履行合同的，根据不可抗力的影响，部分或者全部免除责任，但是法律另有规定的除外。因不可抗力不能履行合同的，应当及时通知对方，以减轻可能给对方造成的损失，并应当在合理期限内提供证明。

当事人迟延履行合同后发生不可抗力的，不免除其违约责任。

为避免争议，在电子商务合同签订过程中，应设置免责条款，并对特殊情况下的违约行为提供抗辩理由。

我国《电子商务法》明确规定："用户应当妥善保管交易密码、电子签名数据等安全工具。"所以只有在特定情况才可以构成免责事由：第一，非因自己原因的网络中断；第二，文件感染病毒；第三，非因自己原因引起的电子错误。

4. 违约责任的主要方式

违约责任是合同当事人因违反合同所应承担的继续履行、赔偿损失等民事责任。《中华人民共和国民法典》规定，当事人一方不履行合同义务或者履行合同义务不符合约定的，应当承担继续履行、采取补救措施或者赔偿损失等违约责任。电子商务合同仍然遵循这些基本责任形式，只是在信息产品交易中，在违约导致合同终止时，还应采取停止使用、中止访问等措施。

（1）继续履行。

继续履行，又称为实际履行，指当事人一方不履行合同或者履行合同义务不符合约定时，另一方当事人可以要求其在合同履行期限届满后继续按照合同所约定的主要条款完成合同义务的行为。

（2）采取补救措施。

所谓采取补救措施，指违约方采取的除继续履行、支付赔偿金、支付违约金、支付定金方式以外的其他补救措施，其目的在于消除、减轻因违约给对方当事人造成的损失。《中华人民共和国民法典》规定："履行不符合约定的，应当按照当事人的约定承担违约责任。对违约责任没有约定或者约定不明确，依法仍不能确定的，受损害方根据标的的性质以及损失的大小，可以合理选择请求对方承担修理、重做、更换、退货、减少价款或者报酬等违约责任。"这就是《中华人民共和国民法典》所要求违约方采取的补救措施。

（3）中止使用或中止访问。

停止使用指因被许可方的违约或违法行为，许可方在撤销许可或解除合同时请求对方停止使用并交回有关信息或服务的权利。停止使用的内容包括被许可方所占有和使用的被许可的信息及所有的复制件、相关资料，并将这些内容退还给许可方，同时被许可方不得继续使用。许可方也可以采用电子自助措施停止信息的继续被使用。中止访问是对信息许可访问合同的救济，当被许可方有严重违约或违法行为时，许可方可以中止其获取信息。

（4）赔偿损失。

损害赔偿是指违约一方用金钱补偿因违约而给对方造成的损失，它是以金钱为特征的赔偿，即是以支付损害赔偿金为主的救济方法。

《中华人民共和国民法典》规定："当事人一方不履行合同义务或者履行合同义务不符合约定，造成对方损失的，损失赔偿额应当相当于因违约所造成的损失，包括合同履行后可以获得的利益；但是，不得超过违约一方订立合同时预见到或者应当预见到的因违约可能造成的损失。"这里损失赔偿额"不得超过违反合同一方订立合同时预见或者应当预见到的因违反合同可能造成的损失"，指应当赔偿的损失是合理预见到的损失，合理预见要具备的条件有：

第一，预见的时间应当在订立合同时。

第二，预见的主体是违约方。

第三，预见的内容是有可能发生的损失的种类及各种损失的大小。

一般认为在线交易中合理预见的界定应考虑：①合同主体，B2B 交易的主体的预见程度较 B2C 交易高；②合同方式，电子自动交易订立合同相对于在线洽谈方式订立合同的预见程度要低；③合同内容，信息许可使用合同比信息访问合同应有较高的预见要求。

案例与思考

电子合同是否具有法律效力

A 实业有限公司注册了电子邮箱：jrsy@××.com，甲木制品加工厂也注册了电子邮箱：h-ymz@××.com。2019 年 3 月 5 日上午，A 实业有限公司给甲木制品加工厂发出要求，购买该厂生产的办公家具的电子邮件一份,电子邮件明确了如下内容:需要办公桌8张,椅子16张;要求在3月12日之前将货送至A实业有限公司;总价格不高于15 000元。电子邮件中还对办公桌椅的尺寸、式样、颜色做了说明,并附了样图。

当天15时35分18秒,甲木制品加工厂也以电子邮件回复A实业有限公司,对A实业有限公司的要求全部认可。为对A实业有限公司负责起见,3月6日,甲木制品加工厂还专门派人到A实业有限公司做了确认,但双方都没有签署任何书面文件。

2019年3月11日,甲木制品加工厂将上述桌椅送至A实业有限公司。由于A实业有限公司已于10日以11 000元的价格购买了另一家工厂生产的办公桌椅,就以双方没有签署书面合同为由拒收,双方协商不成,3月16日,甲木制品加工厂起诉至法院。庭审中,双方对用电子邮件方式买卖办公桌椅、甲木制品加工厂去人确认以及3月11日送货上门等事实均无异议,4月15日法院判决甲木制品加工厂胜诉。

本案是一起关于电子商务合同的纠纷案件。在电子商务中,合同的作用和意义没有发生变化,但其形式却发生了极大的改变。比如,买卖双方通过互联网进行交易,订立合同的双方或多方当事人互不谋面,其信用和保证依靠认证机构和密码的认证,电子签名取代了签字、盖章的传统合同生效方式等。由于电子商务中合同形式的变化,给世界各国带来了一系列新的法律问题。

思考:
1. 在本案中,电子合同的作用和意义是否发生变化?
2. 电子合同与传统合同有何不同?

本章实践技能操作

1. 通过互联网登录中国建设银行,查看申请网上个人银行服务合同的相关条款。
操作步骤:
(1)打开浏览器,输入网址:http://www.ccb.com/portal/cn/home/index.html;
(2)点击导航栏中"电子银行",然后点击"开通网上银行";
(3)点击"网上银行介绍",点击"开通指南",点击"普通用户",点击"在线开通";
(4)点击"马上开通",阅读"中国建设银行电子银行个人客户服务协议"的相关内容。

2. 通过互联网登录当当网上书店,查看B2C型网站上申请会员的服务合同的相关条款。
操作步骤:
(1)打开浏览器,输入网址:http://home.dangdang.com/;
(2)点击"我的当当";
(3)点击右下角的"立即注册";
(4)点击并阅读"当当交易条款""当当社区条款"和"当当隐私政策"的相关内容。

本章知识自测

名词解释

1. 电子商务合同　　2. 要约　　3. 承诺　　4. 合同的履行　　5. 违约责任

单选题

1. 电子合同签订过程中，希望和他人订立合同的意思表示是（　　）。
   A．电子要约　　　　B．电子承诺　　　　C．要约邀请　　　　D．广告
2. 在接收人收到发送的信息时，由其本人或指定的代理人，或通过自动交易系统向发送人发出表明其已收到的通知的是（　　）。
   A．要约　　　　　　B．承诺　　　　　　C．要约邀请　　　　D．确认收讫
3. 承诺只能由（　　）做出。
   A．要约人　　　　　B．受要约人　　　　C．要约邀请人　　　D．承诺人
4. 以对话方式做出的意思表示，（　　）时生效。
   A．意思表示人知道其内容　　　　　　B．相对人知道其内容
   C．到达意思表示人　　　　　　　　　D．到达相对人
5. 我国《电子商务法》规定，合同标的为交付商品，并采用快递物流方式交付的，（　　）为交付时间。
   A．发货人发货时间　　　　　　　　　B．快递公司揽件时间
   C．收货人签收时间　　　　　　　　　D．收货人退货时间

多选题

1. 下列可以成为电子商务合同当事人的有（　　）。
   A．自然人　　　　　B．法人　　　　　　C．非法人组织　　　D．以上都不对
2. 要约失效的法定情形包括（　　）。
   A．要约被拒绝　　　　　　　　　　　B．要约人依法撤销要约
   C．承诺期限届满，受要约人未做出承诺　D．受要约人对要约的内容做出实质性变更
3. 根据《中华人民共和国民法典》规定，（　　）的合同，当事人一方可以请求变更或者撤销。
   A．重大误解　　　　B．格式条款　　　　C．显失公平　　　　D．欺诈
4. 电子合同的免责事由主要有（　　）。
   A．所使用的网络欠费断网　　　　　　B．文件感染病毒
   C．非因自己原因的网络中断　　　　　D．非因自己原因引起的电子错误
5. 下列属于违约责任的主要方式的有（　　）。

A．继续履行 B．采取补救措施
C．中止使用或中止访问 D．赔偿损失

简答题

1．简述电子商务合同与传统合同的关系。
2．简述电子商务合同的特征。
3．简述电子商务合同对传统合同法的冲击和挑战。
4．电子商务合同的条款有哪些？
5．免责事由包括哪些？

第 5 章
电子支付法律制度

学习目标

通过本章的学习与技能训练,要求学生:
1. 掌握电子支付的概念及特征,电子支付法律关系的概念和特征,第三方支付的概念、业务内容和第三方支付平台的功能。
2. 熟悉网上银行的概念与特征,第三方支付的申请与许可。
3. 理解电子支付法律关系的主体、内容。
4. 了解传统交易中支付的法律规定,电子银行的设立与运行,电子银行的风险管理。

 案例导读

研究制定《电子支付法》,防范支付风险

经过近十年的发展,中国已经成为全球电子支付最发达的国家。全国政协委员、中国银联董事长葛华勇和央行上海总部副主任兼上海分行行长、国家外汇管理局上海分局局长金鹏辉于2018年联合建议,应借鉴欧美等国支付领域强监管的立法经验,抓紧研究制定《电子支付法》,从法律层面明确产业参与各方权利义务关系以及监管职责分工,从而防范支付风险,保护消费者权益。

伴随电子支付超常规发展,葛华勇、金鹏辉在提案中指出,各方权利义务关系及责任界定与承担日益复杂,信息泄露、资金被盗、违法诈骗等风险点逐步显现,已影响到支付产业的规范发展和安全运行,迫切需要国家从立法层面予以关注和解决。随着数字货币探索的不断深入,进一步规范电子支付,为数字货币落地营造良好环境、奠定坚实基础,也迫在眉睫。

因此,葛华勇、金鹏辉建议抓紧研究制定《电子支付法》,将支付市场的创新业态纳入法律框架,具体而言:

(1)建议该法案明确电子支付各要素,包括付款人、收款人、支付参与机构之间的权利、义务,以及风险承担、合同规范、消费者保护、跨境支付等方面的内容。

(2)考虑到支付业务的复杂性可能会引发系统性金融风险,建议法案严格规定支付机构的

市场准入、备付金风险管理、反洗钱与反恐怖主义融资等方面的义务和监管要求。

（3）建议法案明确监管部门的职责和分工，明确支付产业创新与规范发展的关系，明确行业监管、行为监管、机构监管的不同职责。

（4）建议法案明确保护消费者权益的内容。从法律层面加强对消费者个人信息的保护，敦促支付企业履行社会责任，明确机构破产清算时用户资金的偿还顺序，以便有效保障消费者的权益。

（资料来源：http://finance.sina.com.cn/roll/2018-03-07/doc-ifyrztfz9798791.shtml?cre=financepagepc&mod=f&loc=2&r=9&doct=0&rfunc=31）

辩证与思考：与传统的支付方式相比，电子支付具有哪些特点？

5.1 电子支付概述

近年来，电子支付发展非常迅速，新兴电子支付工具不断地出现，电子支付交易量不断地提高，逐步成为零售支付体系的重要组成部分。但电子支付过程中所出现的问题也越来越多，交易安全成为交易各方十分关注的问题。因此，电子商务的蓬勃发展迫切要求就电子支付活动的业务规则、操作规范、交易认证方式、风险控制、参与各方的权利义务等予以法律规范，从而防范支付风险，维护电子支付交易参与者的合法权益，确保银行和客户资金的安全，保障电子交易活动的顺利进行。

5.1.1 传统交易中支付的法律规定

传统交易的支付方式包括现金、票据和信用卡等。目前我国已为规范金融秩序制定了相应的法律法规。下面主要介绍关于支付结算和现金管理的法律规定。

1. 支付结算法律制度

支付结算的概念源于"银行结算"一词，指单位、个人在社会经济活动中使用票据、银行卡和汇兑、托收承付、委托收款、信用证等结算方式进行货币给付及其资金清算的行为，是国民经济活动中资金清算的中介。支付结算是一种要式行为。根据《支付结算办法》规定，票据和结算凭证是办理支付结算的工具。单位、个人和银行办理支付结算，必须使用按中国人民银行规定的纸质的票据凭证和统一规定的结算凭证。未使用中国人民银行统一规定格式的结算凭证，银行不予受理。支付结算的任务表现为根据经济往来，准确、及时、安全地办理支付结算，并按照有关法律、法规和规章的规定管理支付结算，保障支付结算活动的正常运行。

为了规范支付结算工作，我国制定了一系列支付结算方面的法律、法规和制度，这主要包括：《中华人民共和国票据法》《票据管理实施办法》《支付结算办法》《银行账户管理办法》《国内信用证结算办法》《银行卡业务管理办法》《关于审理票据纠纷案件若干问题的规定》等。

2. 现金管理法律制度

（1）现金及现金管理。

现金指具备现实购买力或者法定清偿力的通货。在金属货币流通条件下，现金指金属铸币及其他辅币使用的铸币；在纸币或者信用货币流通的条件下，现金包括铸币、纸币和信用货币。我国的现金指人民币，包括纸币和金属辅币。

现金管理指现金管理单位按照规定管理各单位的现金收入、支出和库存的一项重要财经管理活动。1988年9月8日国务院发布了《现金管理暂行条例》，同年10月1日起施行；1988年9月23日中国人民银行发布了《现金管理暂行条例实施细则》，同年10月1日起施行。

（2）现金管理基本原则。

使用现金的单位，应当严格遵守以下现金管理基本原则：

凡在银行和其他金融机构开立账户的机关、团体、部队、企业、事业单位和其他单位必须依照规定收支和使用现金，接受开户银行的监督。

国家鼓励开户单位和个人在经济活动中采取转账方式进行结算，减少现金使用。开户单位之间的经济往来，除按规定的范围可以使用现金外，应当通过开户银行进行转账结算。

中国人民银行及其分支机构严格履行金融主管机关职责，负责对开户银行执行现金管理情况进行监督和稽核。

开户银行负责现金管理的具体实施，对开户单位收支、使用现金进行监督管理。

▶▶ 5.1.2 电子支付

就目前而言，电子支付仍然存在一些缺陷。比如，安全问题，一直是困扰电子支付发展的关键性问题。大规模地推广电子支付，必须解决防止黑客入侵，防止内部作案，防止密码泄露等涉及资金安全的问题。还有一个支付的条件的问题，消费者所选用的电子支付工具必须满足多个条件，要由消费者账户所在的银行发行，有相应的支付系统和商家所在的银行支付，被商家所认可等。如果消费者的支付工具得不到商家的认可，或者说缺乏相应的系统支持，电子支付也还是难以实现的。

1. 电子支付的概念及特征

根据《电子支付指引（第一号）》第二条的规定，电子支付指单位、个人（以下简称客户）直接或授权他人通过电子终端发出支付指令，实现货币支付与资金转移的行为。

与传统的支付方式相比，电子支付具有以下特点：

（1）电子支付是采用先进技术通过数字流转来完成信息传输的，其各种支付方式都是采用数字化的方式进行款项支付的；而传统的支付方式则是通过现金的流转、票据的转让，以及银行的汇兑等物理实体的流转来完成款项支付的。

（2）电子支付的工作环境是基于一个开放的系统平台（即互联网）之中，而传统支付则是在较为封闭的系统中运作。

（3）电子支付使用的是先进的通信手段，如互联网和移动互联网，而传统支付使用的则是传统的通信媒介。电子支付对软、硬件设备的要求很高，一般要求有联网的计算机、相关的软件、互联网及其他一些配套设备，而传统支付则没有这么高的要求。

（4）电子支付具有方便、快捷、高效、经济的优势。用户只要拥有一台上网的PC机，便可足不出户，在很短的时间内完成整个支付过程。支付费用仅相当于传统支付的几十分之一，甚至几百分之一。

相关链接

我国网络支付业务稳步增长

据2020年发布的第46次《中国互联网络发展状况统计报告》显示：截至2020年6月，我国网络支付用户规模达8.05亿人，较2020年3月增长3 702万人，占网民整体的85.7%；手机网络支付用户规模达8.02亿人，较2020年3月增长3 664万人，占手机网民的86.0%。

网络支付业务稳步增长，有力地拉动消费升级。一是网络支付业务继续保持较快的增长速度。数据显示，2019年非银行支付机构处理网络支付业务7 199.98亿笔，处理业务金额249.88万亿元，同比分别增长35.7%和20.1%，实现较快增长。二是移动支付有力地拉动消费增长。非现金支付工具与大众日常生活的联系日益紧密，不仅重塑了居民个人的消费行为，变革了企业的商业模式，而且在很大程度上带动了各地区居民的消费增长。三是移动支付优化大众家庭消费结构。研究表明，移动支付可促进我国家庭消费增长16.0%，使恩格尔系数（食品消费占比）降低1.7%，同时带动教育、文化、娱乐等发展型消费实现大幅增长，幅度明显高于食品、衣着、居住等生存性消费。

（资料来源：http://www.gov.cn/xinwen/2020-09/29/content_5548176.htm）

2. 电子支付的形式

在我国的传统商务活动中，支付的方式有三种，一是现金，常用于企业对个体消费者的商品零售过程；二是票据，多用于企业的商贸过程；三是信用卡，即银行或金融公司发行的，授权持卡人在指定商店或场所进行记账消费的信用凭证。

在电子商务环境下，这些传统的支付方式已不适应商务活动电子化的要求，而必须由全新的电子支付方式来代替。随着计算机技术的发展，电子支付的方式越来越多。这些支付方式可以分为三大类，第一类是电子信用卡类；第二类是电子货币类，如电子现金、电子钱包等；第三类是电子支票类，如电子支票、电子汇款、电子划款等。这些方式各有自己的特点和运作模式，适用于不同的交易过程。

3. 电子支付的类型

电子支付的类型按电子支付指令发起方式分为网上支付、电话支付、移动支付、销售点终端交易、自动柜员机交易和其他电子支付。

学而思：如何理解移动支付？

5.1.3 电子银行和网上银行

1. 电子银行的概念

电子银行指商业银行等银行业金融机构利用面向社会公众开放的通信通道或开放型公众网

络，以及银行为特定自助服务设施或客户建立的专用网络，向客户提供的银行服务方式。

电子银行业务包括利用计算机和互联网开展的银行业务（网上银行业务），利用电话等声讯设备和电信网络开展的银行业务（电话银行业务），利用移动电话和无线网络开展的银行业务（手机银行业务），以及其他利用电子服务设备和网络，由客户通过自助服务方式完成金融交易的银行业务。

2. 网上银行的概念

网上银行是电子银行的一种形式。网上银行（Internet Bank or E-bank），包含两个层次的含义，一个是机构概念，指通过信息网络开办业务的银行；另一个是业务概念，指银行通过信息网络提供的金融服务，包括传统银行业务和因信息技术应用带来的新兴业务。在日常生活和工作中，人们所提及的网上银行，更多是第二层次的概念，即网上银行服务的概念。

为此，网上银行严格的定义为：网上银行又称网络银行、在线银行，指银行利用互联网技术，通过互联网向客户提供开户、销户、查询、对账、行内转账、跨行转账、信贷、网上证券、投资理财等传统服务项目。可以说，网上银行是在互联网上的虚拟银行柜台。

3. 网上银行的特征

（1）使用简便。用户只要有一台接入互联网的计算机就可以了。用户上网后，根据网络银行网页的显示，用鼠标单击所需要的柜台或服务项目按钮，就可以按照提示进入自己所需的业务项目。网上银行的运行完全是数字化、电子化，不需要任何人工参与，可以提供每周 7 天、每天 24 小时的全天候、不间断的服务。

（2）服务多样化。目前客户的需求越来越多样化，网上银行是面对个人的经营方式，可以处理用户提出的各种要求。

（3）使用成本低廉。一方面，客户使用网上银行，实现"人在家中坐，钱从网上来"的梦想。客户只要坐在家中可以上网，就可以与自己的银行打交道。这样大大地节省用户的交通、等待与信息获取的时间，减少了银行服务的中间环节，大大地降低了成本。另一方面，银行可以节省建立传统经营网点的投资，同时通过网上交易，又可以大大地节省交易费用。据资料分析，网上银行经营网上业务的经营成本只相当于经营收入的 15%～20%，而普通银行的经营成本却占收入的 60%。

4. 网上银行的种类

网上银行业务系统包括个人网上银行、企业网上银行、网上支付等功能模块。
（1）个人网上银行。

个人网上银行的服务功能包括：①查询，通过网上个人银行可以进行相应账户的"余额查询""明细查询""交易查询""交易积分查询""日志查询"等多种信息查询；②转账汇款，网上个人银行可实现多种账户之间的转账汇款；③缴费支付，网上个人银行提供在线缴纳手机费、固话费、水电煤气费、学费等多种费用的服务；④网上支付，只要拥有储蓄卡、准贷记卡或贷记卡就可以在各大电子商务网站上购买商品或服务。另外，网上个人银行还提供信用卡、公积金、支票通、外汇买卖、银证业务、债券业务、基金业务、黄金业务、理财产品、账户设置和个性化客户服务功能。

(2) 企业网上银行。

企业网上银行主要功能包括：①查询，查询企业存款账户的余额信息、查询企业存款账户的明细交易记录信息、下载企业存款账户明细进行财务分析；②资金划转，包括主动付款、主动收款、经过对方授权可以主动收取中国建设银行其他机构企业客户的资金、实现银行账户之间资金调拨实时到账、实现网上批量代发工资、实现企业电子商务组建网上商城；③资金管理，包括对下级单位账户进行实时监控，对下级单位账户的资金进行定时、定金额、定余额、零余额等各种方式的自动归集，对自有账户资金对外支付时间进行预先定制，集团理财功能为集团客户建立网上结算中心；④财务内控管理，为财务人员根据职责分配不同的角色和权限、不同额度转账流程控制、集团理财功能为集团客户建立网上结算中心。

(3) 网上支付。

网上支付系统为客户提供了网上消费支付结算服务，从而实现真正网上购物的目的。

5.1.4 电子货币的法律问题

在电子商务活动未成为现今社会的主流商业模式之前，电子货币只能作为一种辅助性的手段起作用。现有电子货币只是以既有货币为基础的电子化衍生物，故不能作为一种完全独立的通货。

1. 电子货币的法律性质问题

电子货币是经济时代中银行业务电子化、网络化的产物，代表了现代信用货币形式的发展方向，体现了现代支付手段的不断进化。虽然各国推行和研制的电子货币千差万别，但其基本形态是十分相似的，即电子货币的使用者以一定的现金或存款，从发行者处兑换并获得代表相同金额的数据，并以可读写的电子信息方式储存起来。当使用者需清偿债务时，就可以通过某些电子化媒介或方法，将该电子数据直接转移给支付对象，此种电子数据便可称为电子货币。

电子货币具有如下特点：

(1) 无形性。电子货币脱离了货币的传统形态，不再以实物、贵金属、纸币等可视、可触的形式出现，而是以现代电信技术手段、以电子数据形式来表现，通过计算机网络传递使用。从货币的发展历史来看，电子货币是一种有形货币到无形货币的飞跃。

(2) 广泛性。电子货币不受金额、对象和区域等限制，且使用极为简便，可以广泛地使用在生产、交换、分配和消费等领域，并将储蓄、信贷和非现金结算等多种功能合为一体。

(3) 储值性。电子货币的使用仍然以传统货币为基础，只不过它的表现形态和支付手段发生了变化，因此电子货币需要先储值、后使用。

(4) 隐秘性。电子货币依托于现代高新科学技术，资金的支付可以不留痕迹、不易察觉和秘密进行，因而具有隐秘性。这将给金融监管带来一系列的新问题，使传统的银行业务、货币发行的权威性、货币兑换等受到冲击。

2. 电子货币的发行问题

(1) 发行的主体。

根据《中国人民银行法》的规定，"人民币是我国的法定货币，人民币由中国人民银行统一印制、发行，其年度供应量由国务院批准"。"任何单位和个人不得印制、发售代币票券，以代替人民币在市场上流通"。根据这些规定，显然，只有中国人民银行或经人民银行的批准的金融机构，才有权发行电子货币。

（2）发行的管理。

根据《中国人民银行法》规定：中国人民银行依法对金融机构及其业务实施监督管理，维护金融业的合法、稳健运行；中国人民银行有权对金融机构的存款、贷款、结算、呆账等情况随时进行稽核、检查监督；中国人民银行有权对金融机构违反规定提高或者降低存款利率、贷款利率的行为进行检查监督。同时，对于获得批准发行电子货币的其他金融机构，发行电子货币后，中国人民银行有权对电子货币的运行实行严格的监督管理。

为保证电子货币的发行人保持必要的流动性和安全性，银行可以采取以下措施实施管理：第一，向所有的电子货币发行人提出储备要求和充足资本要求。大多数国家对电子货币发行机构的法定准备金要求和最低资本要求与一般信用机构相同。第二，还应建立电子货币系统统计和信息披露制度、现场和非现场检查制度及信息安全审核制度等。第三，建立安全保证体系。在市场经济中，电子货币发行人运营失败的可能性不可能完全消除。为了维护消费者和商家的利益及其对电子货币的信心，目前，许多国家正考虑建立电子货币的担保、保险或者其他损失分担机制。其中，美国、德国、日本、加拿大和意大利等国家将电子货币纳入存款保险或者担保制度体系中。

（3）发行人的义务。

电子货币的发行人和开发者在开发、发行电子货币之前，要对技术、安全性、业务前景等进行可行性论证和成本与收益的比较分析，在电子货币发行方案中要考虑防范问题，如洗钱等犯罪活动，并采取适当的操作程序，有效地控制操作风险。

为了保证在不利情况发生时仍然能够提供产品和服务，电子货币的发行人要实施应急措施和业务恢复计划。在实施时，应当考虑安全因素。而电子货币的发行机构还要有处理意外事故的紧急对策，以保证关键性操作的连续性。

对电子货币系统进行非法攻击或者未经授权的侵入，是威胁电子货币系统安全的一个主要问题。研究显示，内部攻击比外部攻击更容易损害系统，因为内部系统的使用者了解系统情况和进入方法。因此，电子货币的发行人必须具有良好的预防、侦察和预测手段，保护其系统不受内部和外部的滥用。

电子货币的发行人必须向国家中央银行汇报货币政策要求的相关信息。电子货币发行者和技术开发者应澄清消费者、商家以及系统参与者的权利义务和各自承担的风险。在电子货币的交易中，货币发行者至少要告诉使用者可能发生的各种风险或者保险时被保险的范围。

3. 电子货币的监管问题

在电子货币的发展和应用过程中，为维护金融体系的稳定和安全，防止侵犯消费者利益的行为的发生，以及避免出现恶性竞争、无秩序的行为，政府适度监管是必要的。

对电子货币的监管采用原有监管机构为主的方式，一般不建立新的监管机构，但由此加大了监管机构之间、监管机构和其他政府部门之间的协调难度。目前，监管当局普遍关注的问题还只限于为电子货币系统提供一个安全的环境，监管的出发点以保护消费者的利益为主。

在数字化、网络化时代，中央银行的金融监管职能应进行较大调整，适时地将监管重点转移到对电子货币的发行资格的认定、电子货币流通过程中安全支付标准的审查和监督、电子货币流通规则的制定、电子货币系统风险的控制和消费者保护等方面。中央银行应研究制定相关制度和规则，防范电子货币支付系统可能出现的系统和非系统风险。

电子货币支付系统在整个运作过程中主要包含两大风险：第一，系统风险。包括系统故障、系统遭受外来攻击、伪币和欺诈等。不适当的操作和内部控制程序、信息系统失败和人工操作失误等都会引起电子货币支付系统出现故障，甚至导致系统瘫痪。目前的电子货币职能通过加密、签名等方式而无法通过武力手段加以防伪，只要关键技术被窃取或者以其他手段掌握，伪造起来非常容易。若出现大量的伪币，就会带来电子货币支付系统和发行机构的重大损失，从而威胁到电子货币支付系统的稳定性，并有可能导致金融危机。第二，非系统性风险。通常情况下，电子货币发行机构不需要，也不可能保持用于赎回电子货币的100%的传统货币的准备。如果某种原因导致电子货币发行机构陷入财务危机或破产时，其发行的电子货币就会发生信用危机，发行机构可能就无法满足对货币的赎回要求而形成支付危机。此外，在现代科技迅速发展的今天，伪币和欺诈的出现难以避免，消费者的信用卡号和密码等身份数据被盗用的可能性很大，从而会引发财产损失和透支等纠纷。

相关链接

数字人民币

数字人民币，即人民币的电子版，和比特币、天秤币这样的虚拟货币不同，后两者本质是种虚拟商品，没有国家信用，不具有法偿性。数字人民币是以国家信用为担保的一种法定货币，因此，其与现金具有同样的效力。简单地说，数字人民币的功能和属性，与纸钞完全一样，只不过它的形态是数字化的。未来央行数字货币会替代一部分的现金，但不会全部取代纸币。

数字人民币不依托于银行账户和支付账户，只要你装有数字货币钱包，就可以使用央行数字货币。另外，央行的数字货币使用最新的双离线技术，即使在没有手机信号的情况下，依然可以使用。只要手机上装有数字货币钱包，两个手机拿在一起"碰一碰"，就可以完成转账或者支付。

有微信、支付宝，为何还要发行数字人民币？以商业银行存款货币为基础的电子支付工具，基于账户紧耦合模式，在应用场景覆盖面、普惠金融、支付效率、用户隐私保护和匿名支付等方面仍有较大的提升空间。

和微信、支付宝相比，数字人民币具有诸多独特的优势：

第一，无限法偿性。数字人民币与现金纸钞一样是法币，有国家信用背书，任何人都不能拒绝接受。

第二，可控制匿名性。数字人民币能够满足消费者匿名支付的需求，另外，利用可控匿名机制，人民银行可以掌握全量信息，从而利用大数据、人工智能等技术分析交易数据和资金流向，防范和打击洗钱、恐怖融资和逃税等违法犯罪行为，有效地维护金融稳定。

第三，可离线转账。和微信、支付宝不同，数字人民币不需要联网，只要手机有电就可以完成交易。

第四，无须绑定银行卡。微信、支付宝等电子支付方式都需要绑定用户的银行卡，数字人民币在支付时不需要绑定任何银行账户。

不过，数字人民币目前还在内部封闭试点测试阶段，其正式推出还没有具体的时间表。

（资料来源：http://www.nanzao.com/cs/20200917/9427.html）

5.1.5 我国电子支付立法现状

2005年以来,随着我国《电子签名法》(解决了类似传统结算业务中签章的问题)的出台,电子支付的立法进程也随之加快。为规范电子支付业务,中国人民银行于2005年制定并颁布了《电子支付指引(第一号)》,该《指引》以银行与客户关系为主线,以规范电子支付、强化电子支付安全性为主要内容,将"以规范促发展、在规范中发展"作为基本原则,以相对灵活的形式全面规范电子支付行为。

为加强电子银行业务的风险管理,根据《中华人民共和国银行业监督管理法》《中华人民共和国商业银行法》和《中华人民共和国外资金融机构管理条例》等法律法规,2005年11月10日,中国银行业监督管理委员会颁布了《电子银行业务管理办法》。该办法对电子银行业务等进行界定,并对电子银行业务的申请与变更、风险管理、数据交换与转移管理、业务外包管理、跨境业务活动管理及监督管理予以明确的规范。

随着中国经济的快速发展和网络应用的不断成熟,电子商务产业已进入高速发展的阶段,第三方支付业务更是快速发展。2010年6—9月,随着中国人民银行关于《非金融机构支付服务管理办法》(以下简称《办法》)及《非金融机构支付服务管理办法实施细则》(以下简称《办法细则》)的出台,第三方支付行业结束了原始成长期,被正式纳入了国家监管体系,并拥有合法身份。此后制定的相关法律条文也以此为基础,"宪法级别"的《非金融机构支付服务管理办法》至今仍发挥着深远的影响力。

2015年7月,为鼓励金融创新,促进互联网金融健康的发展,明确监管责任,规范市场秩序,经党中央、国务院同意,中国人民银行、工业和信息化部、公安部、财政部、国家工商总局、国务院法制办、中国银行业监督管理委员会、中国证券监督管理委员会、中国保险监督管理委员会、国家互联网信息办公室联合印发了《关于促进互联网金融健康发展的指导意见》(银发〔2015〕221号,以下简称《指导意见》)。《指导意见》按照"鼓励创新、防范风险、趋利避害、健康发展"的总体要求,提出了一系列鼓励创新、支持互联网金融稳步发展的政策措施,积极鼓励互联网金融平台、产品和服务的创新,鼓励从业机构相互合作,拓宽从业机构融资渠道,坚持简政放权和落实、完善财税政策,推动信用基础设施建设和配套服务体系建设。

2016年,中国人民银行发布了《非银行支付机构网络支付业务管理办法》(以下简称《办法》),自2016年7月1日起实施。《办法》是为规范非银行支付机构(以下简称支付机构)网络支付业务,防范支付风险,保护当事人合法权益,根据《中华人民共和国中国人民银行法》《非金融机构支付服务管理办法》等规定制定的。《办法》对网络支付进行了限额管理,规定每个客户的第三方支付账户每日累计金额不能超过5 000元,对综合类支付账户、消费类支付账户,分别规定年累计20万元、10万元限额。同时,其中第三方支付账户余额仅指存在于第三方支付公司的虚拟账户,《办法》对于第三方账户开立、转账都做出了严格的限制。未来支付机构的"互联网+"道路将迎来一定考验,进而对互联网金融行业产生深远的影响。规范非银行支付机构网络支付业务,重在防范支付风险,明确金融牌照各自的定位。

从以上内容不难看出,我国金融电子化程度落后于其他国家,与此相关的立法也较落后。中国关于电子支付立法基本还是空白,亟待填补。支付产业遵行的主要是行政规章和规范性文件,如中国人民银行出台的《银行卡业务管理办法》(1999年)、《电子支付指引(第一号)》(2005

年)、《非金融机构支付服务管理办法》(2010 年)等。这些规章制度在电子支付发展之初起到了很好的促进和规范作用,但法律效力层级较低,已不能适应国内支付产业高速发展的需要。由于缺乏统一立法,电子支付领域的某些诉讼案件也出现过裁量标准不一、同案不同判的情况。

5.2 电子支付法律关系主体及其法律责任

伴随着电子商务的飞速发展,我国电子支付也呈现超常规发展的态势,电子支付的各方权利、义务关系及责任界定与承担日益复杂,进一步规范电子支付,厘清电子支付法律关系已经迫在眉睫。

5.2.1 电子支付法律关系的概念和特征

电子支付法律关系指在电子商务活动中,由电子商务交易活动事实引起的,当事人双方在电子支付方面的权利与义务关系。

电子支付法律关系是在电子交易过程中形成的,因此,与一般意义上的民事法律关系相比,具有以下特点:

(1) 电子支付法律关系是以电子商务法律规范为前提的。

电子支付是电子商务活动的重要组成部分,而电子商务法律规范是调整一切电子商务活动的行为准则,没有电子商务法律规范的调整,电子支付法律关系就无法形成。

(2) 电子支付法律关系是平等主体之间的电子商务关系。

在电子支付法律关系中,虽然涉及多方主体,但各主体之间的法律地位是平等的,依法平等地享有权利并承担法定义务。

(3) 电子支付法律关系是电子支付主体真实的意思表示。

电子支付法律关系的成立要求电子支付当事人具有真实的意思表示,任何背离电子支付当事人真实意思的行为都不能形成电子支付法律关系。

(4) 电子支付法律关系是由国家强制力予以保障的社会关系。

电子支付法律关系虽然是由计算机及网络自动完成的,但其本质上是一种社会关系,因此,为保证国家的金融秩序,国家必须以法律的强制力来保证电子支付法律关系。

(5) 电子支付法律关系是不同具体法律关系的组合。

在一个完整的电子支付活动中,一般需要四方当事人的参加,即付款人、受款人、电子银行和电子认证服务机构。这些当事人之间的法律关系具体包括:付款人与受款人之间由商品买卖合同所规定的债权债务关系;付款人与电子银行之间的电子支付合同关系;受款人与电子银行之间的一般金融服务合同关系;付款人、受款人和电子银行与电子认证服务机构之间的电子证书服务合同关系。

5.2.2 电子支付法律关系的主体

电子支付法律关系的主体，即电子支付法律关系的当事人，是在电子商务法律关系中，依法享有商务交易结果的权利和承担电子支付义务的自然人、法人或其他组织。

电子支付法律关系的基本当事人为客户，即付款人和受款人，而付款人和受款人完成电子支付还必须有两个重要的第三人，即电子支付服务提供者和认证机构提供服务才能完成。因此，在电子支付实践中，电子支付法律关系的当事人可以分为用户、电子支付服务提供者和电子认证机构。

1. 电子支付用户

电子支付法律关系中的客户包括自然人、法人或非法人组织。电子支付的自然人指达到法定民事责任年龄，能够以自己的名义进行电子支付活动，依法享有电子支付权利、承担电子支付义务，能够发出电子资金或接收电子资金，并能够独立承担电子支付责任的公民。电子支付的法人指依法能够以自己的名义进行电子支付活动，享有电子支付权利、承担电子支付义务，能够发出电子资金或接收电子资金的国家机关、企事业单位、社会团体等。电子支付的非法人指在电子支付法律关系中，依法享有电子支付权利、承担电子支付义务但不具有法人资格的社会实体。

在电子支付法律实践中，电子支付法律关系中的客户具体包括付款人和受款人。

（1）付款人。在电子支付活动中付款人通常是买方或消费者。付款人其与商家、银行间存在两个相互独立的合同关系，一是消费者与商家订立的买卖合同关系，二是消费者与银行间的金融服务合同关系。

（2）受款人。在电子支付活动中受款人通常是卖方或商家。同样也存在两个相互独立的合同关系，一是与消费者的买卖合同关系，二是与银行的金融服务合同关系。

2. 电子支付服务提供者

在电子支付系统中，参与电子支付活动的电子支付服务提供者可能是金融机构，也可能是第三方支付服务提供者。电子支付服务提供者可同时提供收付款业务，完成信用中介、支付中介和结算中介等方面的金融服务。

3. 电子认证机构

电子认证机构是电子支付法律活动中的重要支付主体。电子认证机构指为电子签名人和电子签名依赖方提供电子认证服务的第三方机构。电子认证服务机构为参与电子商务各方的各种认证要求提供证书服务，以确认支付各方的真实身份。它不仅要对进行电子交易的买卖双方负责，还要对整个电子商务交易秩序负责。另外，买卖双方又有义务接受认证机构的监督管理。在我国，电子认证机构是企业法人，其设立和经营应符合《中华人民共和国公司法》的有关规定，同时还应符合特殊行业的基本要求。

5.2.3 电子支付法律关系主体的权利和义务

在电子支付中,各方当事人依法享有权利和承担的义务。不过,金融类产品和服务,不属于电子支付法律关系的调整范围。

1. 电子支付用户的权利与义务

(1) 自主约定价款给付方式的权利。

我国《电子商务法》明确规定:"电子商务当事人可以约定采用电子支付方式支付价款。"

(2) 信息核对的义务。

我国《电子商务法》规定:"用户在发出支付指令前,应当核对支付指令所包含的金额、收款人等完整信息。"

(3) 妥善保管信息义务。

我国《电子商务法》规定:"用户应当妥善保管交易密码、电子签名数据等安全工具。用户发现安全工具遗失、被盗用或者未经授权的支付的,应当及时通知电子支付服务提供者。"

2. 电子支付服务提供者的义务

在电子支付法律关系中,电子支付服务提供者通过履行自身的义务来维护用户的权利。

(1) 告知和信息提供义务。

电子支付服务提供者为电子商务提供电子支付服务,应当遵守国家规定,告知用户电子支付服务的功能、使用方法、注意事项、相关风险和收费标准等事项,不得附加不合理交易条件。电子支付服务提供者应当确保电子支付指令的完整性、一致性、可跟踪稽核和不可篡改。

电子支付服务提供者应当向用户免费提供对账服务以及最近三年的交易记录。

电子支付服务提供者完成电子支付后,应当及时准确地向用户提供符合约定方式的确认支付的信息。

(2) 赔偿责任。

电子支付服务提供者提供不符合国家有关支付安全管理要求的电子支付服务,造成用户损失的,应当承担赔偿责任。

支付指令发生错误的,电子支付服务提供者应当及时查找原因,并采取相关措施予以纠正。造成用户损失的,电子支付服务提供者应当承担赔偿责任,但能够证明支付错误非自身原因造成的除外。

未经授权的支付造成的损失,由电子支付服务提供者承担;电子支付服务提供者能够证明未经授权的支付是因用户的过错造成的,不承担责任。

电子支付服务提供者发现支付指令未经授权,或者收到用户支付指令未经授权的通知时,应当立即采取措施防止损失扩大。电子支付服务提供者未及时采取措施导致损失扩大的,对损失扩大部分承担责任。

3. 电子认证服务机构的权利和义务

电子认证服务机构的权利包括:

(1) 审查申请者资料的权利，如果申请人为个人的，审查的内容包括申请人的姓名、身份证号、联系电话、通信地址、邮政编码、电子邮箱等资料，如果申请人是单位，除对具体的申请人审查上述材料外，还要审查单位的名称、主页地址、营业执照号、工商税号、单位地址、单位电子邮箱、单位所属行业类别、机构代码、电话、传真等。

(2) 发放电子证书的权利。《电子认证服务管理办法》第二十八条规定："电子签名认证证书应当准确载明下列内容：签发电子签名认证证书的电子认证服务机构名称；证书持有人名称；证书序列号；证书有效期；证书持有人的电子签名验证数据；电子认证服务机构的电子签名；工业和信息化部规定的其他内容。"

(3) 撤销电子证书的权利。《电子认证服务管理办法》第二十九条规定："有下列情况之一的，电子认证服务机构可以撤销其签发的电子签名认证证书：证书持有人申请撤销证书；证书持有人提供的信息不真实；证书持有人没有履行双方合同规定的义务；证书的安全性不能得到保证；法律、行政法规规定的其他情况。"

(4) 收取费用的权利，根据《电子认证服务管理办法》的规定，电子认证服务机构是企业法人，所以，电子认证服务机构向申请人提供电子认证服务后，有权向申请人收取相关的费用。

电子认证服务机构的义务包括：

(1) 信息披露义务，认证机构基于其本身的公信力及其信用服务，应当向全社会公开其从业资格等重要信息。《电子认证服务管理办法》第十二条规定："取得认证资格的电子认证服务机构，在提供电子认证服务之前，应当通过互联网公布下列信息：机构名称和法定代表人；机构住所和联系办法；《电子认证服务许可证》编号；发证机关和发证日期；《电子认证服务许可证》有效期的起止时间。"

(2) 保密义务，认证机构在承担信息披露义务的同时，对用户重要的信息应该承担保密的义务，以维护用户的合法权益。

(3) 使用可信赖系统的义务。

(4) 担保的义务，认证机构一旦将证书颁发给用户，就承担着担保证书所述内容真实、准确的义务。担保义务不仅针对证书持有人，也包括证书信赖人。妥善保管自身密钥的义务。

▶▶ 5.2.4 电子支付各方承担法律责任的方式

民事责任方式，指违反约定或者法定义务的行为人承担民事责任的具体方式。可以用于电子支付的民事责任方式为：返还财产、恢复原状、赔偿损失、支付违约金以及《民法通则》第一百一十一条规定的"要求履行或者采取补救措施"。在电子支付法律关系中，由于电子支付参与主体的不同，可以从银行、客户和认证机构或其他参与主体这三个方面进行具体分析。

1. 认证机构承担责任的方式

银行采用数字证书或电子签名方式进行客户身份认证和交易授权的，提倡由合法的第三方认证机构提供认证服务。如客户因依据该认证服务进行交易，遭受损失，认证服务机构不能证明自己无过错，应依法承担相应的责任。

认证机构承担法律责任的方式有以下几种。

（1）赔偿损失。由于认证机构的过错而导致用户蒙受损失的，应当在合理的范围内，由认证机构予以赔偿。

（2）继续履行职责。认证机构出现 CA 系统和设备问题（停机、终止、信息丢失等），而导致认证操作出现问题、发布失效信息或证书发布不完善的，认证机构在修复 CA 系统和设备后，应立即发布正确的、有效的、完整的认证证书，以正确履行其与用户之间的合同。

（3）采取相应的措施，进行补救。如果认证机构出现管理漏洞、CA 方密钥泄露、用户注册信息泄露等问题，应立即采取有效措施，及时更正、修补出现问题的环节，避免引起进一步的用户损失。

2. 用户方应承担责任的方式

（1）及时通知，防止损失扩大。当用户发现银行执行指令出现错误，或发现认证机构发布的用户信息错误，或证书不完善时，应立即中止交易，并通知银行或认证机构修改错误。

（2）终止不当行为，采取挽救措施。当用户密钥丢失或泄露，或发现所发出的指令或提供的信息错误时，应及时通知接收银行或认证机构，以使接收银行或认证机构采取相应的防范措施，防止网络入侵、冒领等事件，或者避免其他参与主体因使用错误证书而蒙受损失。

（3）弥补相应的损失。电子支付用户，如果因自身的过错而造成其他各参与方损失的，诸如密钥或个人信息泄露、非法使用证书而产生的损失，应当在合理的范围内予以赔偿。

3. 电子银行承担相应民事责任的方式

（1）偿还余额，补足差额。如果接收银行到位的资金金额小于支付指示所载数量，则接收银行有义务补足差额；如果接收银行到位的资金金额大于支付指示所载数量，则接收银行有权依照法律提供的其他方式从收益人处得到偿还。

（2）返回本金，支付利息。如果原资本金划拨未能及时到位，或者到位资金未能及时通知网上交易客户，银行有义务返还客户资金，并按照原定利率返还利息。

（3）赔偿相关损失。对由于银行的过错而造成客户的相关损失，在应当预见的范围内予以赔偿。

 案例链接

银行卡被盗刷，责任应如何分担？

王某的公务卡于 2014 年 11 月 10 日当天被两次盗刷，涉及金额 4 000 元，手续费 48 元。他立即电话挂失，并得知两笔款项分别在 B 市和 C 市发生。后王某到银行按照工作人员的指导进行存款操作，证明卡未离身，并向公安机关报案。

王某认为银行未履行安全保障义务，ATM 系统存在缺陷不能识别假卡，应当承担责任；银行则认为，王某没有充足证据排除交易非其本人授意他人所为，且王某未尽到对密码的妥善保管义务，发卡银行无过错。后王某向人民法院提起诉讼，法院经开庭审理查明事实后做出判决，由银行向王某赔付实际损失额的 80%。

（资料来源：http://hebei.hebnews.cn/2016-04/12/content_5444566.htm）

5.3 电子银行法律制度

自1995年10月18日,全球第一家网上银行,"安全第一网络银行"在美国诞生以来,网上银行业发展迅猛,越来越多的传统大型银行也已经在互联网上开设网上银行。虽然,目前我国"网上银行"的客户服务业务还有一定的局限性,提供的网上银行业务服务也不是全方位的,但可以说,中国"网上银行"的时代已经到来。

▶▶ 5.3.1 电子银行的设立与运行

1. 电子银行业务的内容

电子银行业务,指商业银行等银行业金融机构利用面向社会公众开放的通信通道或开放型公众网络,以及银行为特定自助服务设施或客户建立的专用网络,向客户提供的银行服务。

电子银行业务包括利用计算机和互联网开展的银行业务(网上银行业务),利用电话等声讯设备和电信网络开展的银行业务(电话银行业务),利用移动电话和无线网络开展的银行业务(手机银行业务),以及其他利用电子服务设备和网络,由客户通过自助服务方式完成金融交易的银行业务。

2. 电子银行设立与运行的法律依据

我国开展电子银行业务主要依据中国银行业监督管理委员会2005年11月10日通过的《电子银行业务管理办法》。

无论银行业金融机构和依据《中华人民共和国外资金融机构管理条例》设立的外资金融机构,还是其他在中国境内设立的金融资产管理公司、信托投资公司、财务公司、金融租赁公司,以及经中国银行业监督管理委员会批准设立的其他金融机构,只要开办具有电子银行性质的电子金融业务,就必须依据《电子银行业务管理办法》进行。

依据《电子银行业务管理办法》的相关规定,中国银监会负责对金融机构开展电子银行业务实施监督管理。

3. 电子银行的申请与变更

(1)开办电子银行业务应具备的条件。

为了规范电子银行业务,促进电子银行业的健康发展,开办电子银行业务应具备的条件如下。

① 金融机构的经营活动正常,建立了较为完善的风险管理体系和内部控制制度,在申请开办电子银行业务的前一年内,金融机构的主要信息管理系统和业务处理系统没有发生过重大事故。

② 制定了电子银行业务的总体发展战略、发展规划和电子银行安全策略,建立了电子银行业务风险管理的组织体系和制度体系。

③ 按照电子银行业务发展规划和安全策略，建立了电子银行业务运营的基础设施和系统，并对相关设施和系统进行了必要的安全检测和业务测试。

④ 对电子银行业务风险管理情况和业务运营设施与系统等，进行了符合监管要求的安全评估。

⑤ 建立了明确的电子银行业务管理部门，配备了合格的管理人员和技术人员。

（2）金融机构开办以互联网为媒介的网上银行业务、手机银行业务等电子银行业务，除应具备上述条件外，还应具备以下条件。

① 电子银行基础的设施设备能够保障电子银行的正常运行。

② 电子银行系统具备必要的业务处理能力，能够满足客户适时业务处理的需要。

③ 建立了有效的外部攻击侦测机制。

④ 中资银行业金融机构的电子银行业务运营系统和业务处理服务器设置在中华人民共和国境内。

⑤ 外资金融机构的电子银行业务运营系统和业务处理服务器可以设置在中华人民共和国境内或境外。设置在境外时，应在中华人民共和国境内设置可以记录和保存业务交易数据的设施设备，能够满足金融监管部门现场检查的要求，在出现法律纠纷时，能够满足中国司法机构调查取证的要求。

（3）开办电子银行的审批制和报告制。

金融机构申请开办电子银行业务，根据电子银行业务的不同类型，分别适用审批制和报告制。

① 利用互联网等开放性网络或无线网络开办的电子银行业务，包括网上银行、手机银行和利用掌上电脑等个人数据辅助设备开办的电子银行业务，适用审批制。

② 利用境内或地区性电信网络、有线网络等开办的电子银行业务，适用报告制。

③ 利用银行为特定自助服务设施或与客户建立的专用网络开办的电子银行业务，法律法规和行政规章另有规定的遵照其规定，没有规定的适用报告制。

金融机构开办电子银行业务后，与其特定客户建立直接网络连接并提供相关服务，属于电子银行日常服务，不属于开办电子银行业务申请的类型。

（4）电子银行的申请、批准与业务承接。

电子银行的申请。正式申请前的沟通与测试。金融机构申请开办需要审批的电子银行业务之前，应先就拟申请的业务与中国银监会进行沟通，说明拟申请的电子银行业务系统和基础设施设计、建设方案，以及基本业务运营模式等，并根据沟通情况，对有关方案进行调整。进行监管沟通后，金融机构应根据调整完善后的方案开展电子银行系统建设，并应在申请前完成对相关系统的内部测试工作。内部测试对象仅限于金融机构内部人员、外包机构相关工作人员和相关机构的工作人员，不得扩展到一般客户。

申请所需提交的材料。金融机构向中国银监会或其派出机构申请开办电子银行业务，应提交以下文件、资料（一式三份）：由金融机构法定代表人签署的开办电子银行业务的申请报告；拟申请的电子银行业务类型及拟开展的业务种类；电子银行业务发展规划；电子银行业务运营设施与技术系统介绍；电子银行业务系统测试报告；电子银行安全评估报告；电子银行业务运行应急计划和业务连续性计划；电子银行业务风险管理体系及相应的规章制度；电子银行业务的管理部门、管理职责，以及主要负责人介绍；申请单位联系人以及联系电话、传真、电子邮件信箱等联系方式；中国银监会要求提供的其他文件和资料。

电子银行的批准。中国银监会或其派出机构，在收到金融机构申请开办需要审批的电子银行业务的完整申请材料的三个月内，做出批准或者不批准的书面决定，决定不批准的，应当说明理由。金融机构开办电子银行业务后，可以利用电子银行平台进行传统银行产品和服务的宣传、销售，也可以根据电子银行业务的特点开发新的业务类型。

电子银行的业务承接。已开办电子银行业务的金融机构按计划决定终止全部电子银行服务或部分类型的电子银行服务时，应提前三个月将终止电子银行服务的原因及相关问题的处置方案等，报告中国银监会，并同时予以公告。金融机构按计划决定停办部分电子银行业务类型时，应于停办该业务前一个月内向中国银监会报告，并予以公告。金融机构终止电子银行服务或停办部分业务类型，必须采取有效的措施保护客户的合法权益，并针对可能出现的问题制定有效的处置方案。

▶▶ 5.3.2 电子银行的风险管理

1. 风险的制度控制

金融机构应当将电子银行业务的风险管理纳入本机构风险管理的总体框架之中，并应根据电子银行业务的运营特点，建立、健全电子银行风险管理体系和使电子银行安全、稳健运营的内部控制体系。

金融机构的电子银行风险管理体系和内部控制体系应当具有清晰的管理架构、完善的规章制度和严格的内部授权控制机制，能够对电子银行业务面临的战略风险、运营风险、法律风险、声誉风险、信用风险、市场风险等实施有效的识别、评估、监测和控制。

2. 风险的设施控制

金融机构应当保障电子银行运营的设施设备，以及控制设施设备的安全，对电子银行的重要设施设备和数据，采取适当的保护措施。

（1）有形场所的物理安全控制，必须符合国家有关法律法规和安全标准的要求，对尚没有统一安全标准的有形场所的安全控制，金融机构应确保其制定的安全制度有效地覆盖可能面临的主要风险。

（2）以开放型网络为媒介的电子银行系统，应合理设置和使用防火墙、防病毒软件等安全产品与技术，确保电子银行有足够的反攻击能力、防病毒能力和入侵防护能力。

（3）对重要设施设备的接触、检查、维修和应急处理，应有明确的权限界定、责任划分和操作流程，并建立日志文件管理制度，如实记录并妥善保管相关记录。

（4）对重要技术参数应严格控制接触权限，并建立相应的技术参数调整与变更机制，并保证在更换关键人员后，能够有效地防止有关技术参数的泄露。

（5）对电子银行管理的关键岗位和关键人员，应实行轮岗和强制性休假制度，建立严格的内部监督管理制度。

3. 其他风险控制

（1）数据安全控制。

金融机构应采用适当的加密技术和措施，保证电子交易数据传输的安全性与保密性，以及所传输交易数据的完整性、真实性和不可否认性。

金融机构采用的数据加密技术应符合国家有关规定,并根据电子银行业务的安全性需要和科技信息技术的发展,定期检查和评估所使用的加密技术和算法的强度,对加密方式进行适时调整。

(2)风险责任控制。

金融机构应当与客户签订电子银行服务协议或合同,明确双方的权利与义务。

在电子银行服务协议中,金融机构应向客户充分揭示利用电子银行进行交易可能面临的风险,金融机构已经采取的风险控制措施和客户应采取的风险控制措施,以及相关风险的责任承担。

(3)风险技术控制。

金融机构应采取适当的措施和采用适当的技术,识别与验证使用电子银行服务的客户的身份,并应依照与客户签订的有关协议对客户作业权限、资金转移或交易限额等实施有效的管理。

另外,金融机构应当建立相应的机制,搜索、监测和处理假冒或有意设置类似于金融机构的电话、网站、短信号码等信息骗取客户资料的活动,发现假冒电子银行的非法活动后,应向公安部门报案,并向中国银监会报告。同时,金融机构应及时在其网站、电话语音提示系统或短信平台上,提醒客户注意。金融机构应尽可能使用统一的电子银行服务电话、域名、短信号码等,并应在与客户签订的协议中明确客户启动电子银行业务的合法途径、意外事件的处理办法,以及联系方式等。已实现数据集中处理的银行业金融机构开展网上银行类业务,总行(公司)与其分支机构应使用统一的域名;未实现数据集中处理的银行业金融机构开展网上银行类业务时,应由总行(公司)设置统一的接入站点,在其主页内设置其分支机构的网站链接。

▶▶ 5.3.3 电子银行的法律责任

1. 安全隐患及违规操作的法律责任

金融机构在提供电子银行服务时,因电子银行系统存在安全隐患、金融机构内部违规操作和其他非客户原因等造成损失的,金融机构应当承担相应责任。

因客户有意泄露交易密码,或者未按照服务协议尽到应尽的安全防范与保密义务造成损失的,金融机构可以根据服务协议的约定免于承担相应的责任,但法律法规另有规定的除外。

2. 擅自开办与变更业务的法律责任

金融机构未经批准擅自开办电子银行业务,或者未经批准增加或变更需要审批的电子银行业务类型,造成客户损失的,金融机构应承担全部责任。法律法规明确规定应由客户承担的责任除外。

3. 协助处理义务的法律责任

金融机构已经按照有关法律法规和行政规章的要求,尽到了电子银行风险管理和安全管理的相应职责,但因其他金融机构或者其他金融机构的外包服务商失职等原因,造成客户损失的,由其他金融机构承担相应责任,但提供电子银行服务的金融机构有义务协助其客户处理有关事宜。

4. 轻微安全隐患的处理的法律责任

金融机构开展电子银行业务违反审慎经营规则但尚不构成违法违规，并导致电子银行系统存在较大安全隐患的，中国银监会将责令限期改正；逾期未改正，或者其安全隐患在短时间内难以解决的，中国银监会可以区别情形，采取下列措施：

（1）暂停批准增加新的电子银行业务类型。
（2）责令金融机构限制发展新的电子银行客户。
（3）责令调整电子银行管理部门负责人。

5.4 第三方支付法律制度

第三方支付作为一种由独立非银行社会机构提供资金结算服务的支付模式，随着电子支付交易量的增加在不断地发展和完善，已逐渐成为 B2C 和 C2C 的主要支付渠道。2010 年 6 月—9 月，随着中国人民银行关于《非金融机构支付服务管理办法》（以下简称《办法》）及《非金融机构支付服务管理办法实施细则》（以下简称《办法细则》）的出台，结束了第三方支付行业的原始成长期，被正式纳入国家监管体系，并拥有合法的身份。

▶▶ 5.4.1 第三方支付概述

1. 第三方支付的概念

第三方支付，即非金融机构支付，主要指第三方支付平台，指与银行（通常是多家银行）签约，并具备一定实力和信誉保障的第三方独立机构提供的交易支持平台。

在通过第三方支付平台的交易中，买方选购商品后，使用第三方平台提供的方式和银行渠道进行货款支付，由第三方平台通知卖家货款到达、进行发货；买方检验物品后，就可以付款给卖家。此外，某些第三方支付平台还提供了一定期限内的退货服务，一些第三方平台提供多家银行，数十种银行卡的选择，比起传统的单一银行的网上支付方式，更丰富了网上交易的支付手段。

2. 第三方支付的业务内容

按照《非金融机构支付服务管理办法》的规定，第三方支付应包括网络支付、预付卡的发行与受理、银行卡收单、中国人民银行确定的其他支付服务等类型。

网络支付，指依托公共网络或专用网络在收付款人之间转移货币资金的行为，包括货币汇兑、互联网支付、移动电话支付、固定电话支付、数字电视支付等。

预付卡，指以营利为目的发行的、在发行机构之外购买商品或服务的预付价值，包括采取磁条、芯片等技术以卡片、密码等形式发行的预付卡。

银行卡收单，指通过销售点（POS）终端等为银行卡特约商户代收货币资金的行为。

3. 第三方支付平台的功能

第三方支付平台的功能包括：
① 接收、处理，并向开户银行传递网上客户的支付指令。
② 进行跨行之间的资金清算（清分）。
③ 代替银行，开展金融增值服务。

4. 第三方支付平台的特点

第三方支付平台的特点在于"多渠道、多业务、多银行"，因此第三方支付平台在支付领域中具有其特殊的生命力。①不参与买卖双方的具体业务，具有公信度，不会因触及客户商业利益而失去服务机会。②把众多的银行和银行卡整合到一个页面，方便于网上客户，也降低了网民的交易成本。③可进行"多业务、多银行、多渠道"的服务创新。④对商家和消费者有双向财产保护能力，有效地限制了电子交易中的欺诈行为。

学而思：你知道中国比较知名的第三方支付机构吗？

▶▶ 5.4.2 第三方支付的申请与许可

根据国务院关于"建立公开、平等、规范的服务业准入制度，鼓励社会资本进入"等工作要求，中国人民银行依据《中国人民银行法》等法律法规，经国家行政审批部门认定，对非金融机构支付服务实行支付业务许可制度。无论是国有资本还是民营资本的非金融机构，只要符合《办法》的规定，都可以取得《支付业务许可证》。非金融机构提供支付服务，应当依法取得《支付业务许可证》，成为支付机构，并接受中国人民银行的监督管理。未经中国人民银行批准，任何非金融机构和个人不得从事或变相从事支付业务。

1. 申请

中国人民银行负责《支付业务许可证》的颁发和管理。为此，申请《支付业务许可证》需经所在地中国人民银行分支机构审查后，报中国人民银行批准。

央行：第三方支付许可证无数量限制

中国人民银行有关部门负责人 2010 年 6 月 23 日就《非金融机构支付服务管理办法》(简称《办法》)表示，央行对《支付业务许可证》不做数量限制，鼓励所有具有资质的非金融机构在支付服务市场中平等竞争。

从 2011 年 5 月到 2014 年 7 月，央行一共发放了 7 批第三方支付牌照。超过 260 家的企业获得了第三方支付的牌照。光是在 2014 年，第三方支付市场的规模就增长了将近 4 倍，总值接近 6 万亿元。截至 2015 年，中国人民银行共发放了 269 张第三方支付牌照。

该《办法》规定非金融机构提供支付服务应具备相应的资质条件，以此建立统一规范的非金融机构支付服务市场准入秩序，强化非金融机构支付服务的持续发展能力。非金融机构提供支付服务应具备的条件主要包括：

（1）商业存在。申请人必须是在我国依法设立的有限责任公司或股份有限公司，且为非金融机构法人。

（2）资本实力。申请人申请在全国范围内从事支付业务的，其注册资本至少为1亿元；申请在同一省（自治区、直辖市）范围内从事支付业务的，其注册资本至少为3千万元人民币，且均须为实缴货币资本。

（3）主要出资人。申请人的主要出资人（包括拥有其实际控制权和10%以上股权的出资人）均应符合关于公司制企业法人性质、相关领域从业经验、一定营利能力等相关资质的要求。

（4）反洗钱措施。申请人应具备国家反洗钱法律法规规定的反洗钱措施，并于申请时提交相应的验收材料。

（5）支付业务设施。申请人应在申请时提交必要的支付业务设施的技术安全检测认证证明。

（6）资信要求。申请人及其高管人员和主要出资人应具备良好的资信状况，并出具相应的无犯罪证明材料。

鉴于支付服务的专业性和安全性要求等，申请人还应符合组织机构、内控制度、风控措施、营业场所等方面的规定。

2. 审批流程

根据《中华人民共和国行政许可法》及其实施办法和《中国人民银行行政许可实施办法》的规定等，《办法》规定《支付业务许可证》的审批流程主要包括：

（1）申请人向所在地中国人民银行分支机构提交申请资料。

书面申请，载明申请人的名称、住所、注册资本、组织机构设置、拟申请支付业务等。公司营业执照（副本）复印件、公司章程验资证明、经会计师事务所审计的财务会计报告、支付业务可行性研究报告、反洗钱措施验收材料、技术安全检测认证证明、高级管理人员的履历材料、申请人及其高级管理人员的无犯罪记录证明材料、主要出资人的相关材料、申请资料真实性声明。

申请人应当在收到受理通知后按规定公告下列事项：申请人的注册资本及股权结构、主要出资人的名单、持股比例及其财务状况、拟申请的支付业务、申请人的营业场所、支付业务设施的技术安全检测认证证明。

（2）申请符合要求的，中国人民银行分支机构依法予以受理，并将初审意见和申请资料报送中国人民银行总行。

（3）中国人民银行总行根据各分支机构的审查意见及社会监督反馈信息等，对申请资料进行审核。准予成为支付机构的，中国人民银行总行依法颁发《支付业务许可证》，并予以公告。

《支付业务许可证》自颁发之日起，有效期五年。支付机构拟于《支付业务许可证》期满后继续从事支付业务的，应当在期满前六个月内向所在地中国人民银行分支机构提出续展申请。中国人民银行准予续展的，每次续展的有效期为五年。

▶▶ 5.4.3 对客户备付金的保护措施

支付机构可以自主确定其所从事的支付业务是否接受客户备付金。客户备付金指客户自愿委托支付机构保管的、只能用于办理客户委托的支付业务的货币资金。

《办法》在客户备付金保护措施方面做出了以下规定。

1. 明确备付金的性质

支付机构接受的客户备付金不属于支付机构的自有财产，支付机构只能根据客户发起的支付指令转移备付金。禁止支付机构以任何形式挪用客户备付金。

2. 限定备付金的持有形式

第一，支付机构必须选择商业银行作为备付金存管银行，专户存放接受的客户备付金。第二，支付机构只能在同一家商业银行专户存放客户备付金。第三，支付机构的分公司不能自行开立备付金专用存款账户。

3. 强调商业银行的协作监督责任

商业银行作为备付金存管银行，应当对存放在本机构的客户备付金的使用情况进行监督，并有权对支付机构违反规定使用客户备付金的申请或指令予以拒绝。支付机构拟调整不同备付金专用存款账户的头寸时，必须经其备付金存管银行的法人机构复核。

4. 突出人民银行的法定监管职责

支付机构和备付金存管银行应分别按规定向中国人民银行报送备付金存管协议、备付金专用存款账户及客户备付金的存管或使用情况等信息资料。中国人民银行将依法对支付机构的客户备付金专用存款账户及相关账户等进行现场检查。

▶▶ 5.4.4 法律责任

1. 中国人民银行及其分支机构的工作人员的法律责任

中国人民银行及其分支机构的工作人员有下列情形之一的，依法给予行政处分。构成犯罪的，依法追究刑事责任：违反规定，审查批准《支付业务许可证》的申请、变更、终止等事项的；违反规定对支付机构进行检查的；泄露知悉的国家秘密或商业秘密的；滥用职权、玩忽职守的其他行为。

2. 商业银行的法律责任

商业银行有下列情形之一的，中国人民银行及其分支机构责令其限期改正，并给予警告或处 1 万元以上，3 万元以下罚款；情节严重的，中国人民银行责令其暂停或终止客户备付金存管业务：未按规定报送客户备付金的存管或使用情况等信息资料的；未按规定对支付机构调整备付金专用存款账户头寸的行为进行复核的；未对支付机构违反规定使用客户备付金的申请或指令予以拒绝的。

3. 支付机构的法律责任

支付机构有下列情形之一的，中国人民银行分支机构责令其限期改正，并给予警告或处

1万元以上，3万元以下罚款：未按规定建立有关制度办法或风险管理措施的；未按规定办理相关备案手续的；未按规定公开披露相关事项的；未按规定报送或保管相关资料的；未按规定办理相关变更事项的；未按规定向客户开具发票的；未按规定保守客户商业秘密的。

支付机构有下列情形之一的，中国人民银行分支机构责令其限期改正，并处3万元罚款。情节严重的，中国人民银行注销其《支付业务许可证》。涉嫌犯罪的，依法移送公安机关立案侦查。构成犯罪的，依法追究刑事责任：转让、出租、出借《支付业务许可证》的；超出核准业务范围或将业务外包的；未按规定存放或使用客户备付金的；未遵守实缴货币资本与客户备付金比例管理规定的；无正当理由中断或终止支付业务的；拒绝或阻碍相关检查监督的；其他危及支付机构稳健运行、损害客户合法权益或危害支付服务市场的违法违规行为。

案例与思考

微信红包违反央行规定？

2015年春节，微信红包借助春晚"摇一摇"，成为全国瞩目的现象级产品。微信官方公布的数据显示，除夕当天，微信红包收发总量达10.1亿次，是2014年的200倍，在央视春晚送红包互动中，微信"摇一摇"总次数72亿次，峰值8.1亿次/分钟。微信红包的爆红，也让微信红包及其背后的微信支付置身于舆论的放大镜下。

不少首次接触微信支付的用户发现，微信红包确实很方便，不需要绑定银行卡就能收红包。而收到的红包不仅能转账给别人，还能用来充话费、买彩票。更让人意外的是，如果用户没有绑定银行卡，在转账、充话费、买彩票时都无须输入任何支付密码就能直接完成支付。

据中国电子商务研究中心在发布的《"红包大战"后遗症及对策建议》中分析，微信红包的这些便捷设置源于其忽视了监管规定的实名要求。

根据央行《非金融机构支付服务管理办法实施细则》和《支付机构反洗钱和反恐怖融资管理办法》的规定，网络支付机构在为客户开立支付账户时，应当识别客户身份，登记客户身份的基本信息，通过合理手段核对客户基本信息的真实性。具体来说，客户通过银行结算账户进行支付的，支付机构应当记载相应的银行结算账号。客户通过非银行结算账户进行支付的，支付机构还应当记载客户有效身份证件上的名称和号码。

中国电子商务研究中心的报告认为，微信支付作为财付通所提供的网络支付业务，应当遵循上述规定。微信支付上述违规的风险在于，一旦匿名用户发生交易纠纷、欺诈案件，若收款方为匿名用户，微信支付只能提供对方的开通微信时的手机号码，而完全无法披露收款人的身份信息，使得付款人无法通过合法渠道获得救济。这将对金融秩序、用户合法权益的保护带来挑战。

按照央行对支付机构的监管规定，非实名的收款属于违规行为。不实名支付的情况仅适用于1000元以下的非实名预付卡，但非实名卡仅允许在特约商户消费，不允许匿名转账，更不能赎回。

据了解，微信零钱包匿名情况下可以收款3 000元，且单笔200元以内可以匿名转账、3 000元以内可以匿名消费。虽然有一定的额度限制，但考虑到微信红包春节期间的收发总量达到32.7亿次，参与用户众多，匿名收付款的潜在风险值得关注。

目前微信支付并没有申请支付牌照,而是借助腾讯旗下的财付通提供服务。中国电子商务研究中心互联网金融部助理分析师陈莉认为,假如微信是财付通的业务外包商,根据《非金融机构支付服务管理办法》第十七条,支付机构应当按照《支付业务许可证》核准的业务范围从事经营活动,不得从事核准范围之外的业务,不得将业务外包。"所以财付通把业务'外包'给微信,有'打擦边球'的违规嫌疑"。

思考:
1. 微信红包的存在是否具有法律依据?
2. 微信红包中消费者的权利与义务有哪些?

本章实践技能操作

1. 申请企业接入微信支付,体会相应流程。

企业接入微信支付,必须有营业执照(营业执照上的主体类型一般为个人独资企业、合伙企业、有限公司、有限责任公司)。

(1)申请资料。

① 营业执照:彩色扫描件或数码照片。
② 组织机构代码证:彩色扫描件或数码照片,若已三证合一,则无须提供。
③ 法人身份证:彩色扫描件或数码照片。
④ 对公银行账户:包含开户行省市信息,开户账号。

(2)操作步骤。

① 进入微信支付商户平台页面,点击"接入微信支付"按钮。
② 使用微信扫码(微信号需通过银行卡实名验证,否则将无法进入下一步)。
③ 登录确认消息会发送到对应微信上,请点击"允许登录"。
④ 填写姓名、手机号、邮箱,以创建申请单。
⑤ 进入填写商户资料页面,选择主体类型为"企业"后,按页面提示提交相关信息。
⑥ 点击下一步,预览申请单内容,并确认提交。
⑦ 提交后,系统会先对资料进行校验,需要3~5秒,请耐心等待。
⑧ 若系统校验通过,页面会引导进行账户验证,请使用结算账户向财付通指定账户汇入指定金额。
⑨ 账户验证通过后,即已完成申请资料提交。

微信支付会在1~2个工作日内完成资料审核,并通过公众号、短信、邮件向超级管理员通知审核结果。

2. 手机注册支付宝账户(大陆)。

操作步骤:

(1)用手机登录支付宝App,点击"新用户注册";如果原支付宝App里有输入账号,需要再注册,则点击下方"更多",点击"注册"。

(2) 输入手机号码,点击"注册"。

(3) 填写验证码验证,验证码校验成功后,进入支付宝 App 首页。

(4) 通过验证,设置支付密码。

注:注册环节中不再需要补全支付密码,在做首笔交易支付的时候,补全 6 位支付密码。

(5) 注册成功。

(6) 如果系统判断存在操作异常,在注册中需要通过安全验证。

(7) 如果注册的账户密码和已有账户密码一致,可直接登录账户。

本章知识自测

名词解释

1. 支付结算　　2. 电子支付　　3. 电子银行　　4. 网上银行　　5. 电子支付法律关系
6. 电子货币　　7. 第三方支付

单选题

1. 单位、个人在社会经济活动中使用票据、银行卡和汇兑、托收承付、委托收款、信用证等结算方式进行货币给付及其资金清算的行为是（　　）。

　　A. 电子支付　　　　B. 电子信贷　　　　C. 电子汇兑　　　　D. 支付结算

2. 电子支付服务提供者应当向用户免费提供对账服务以及最近（　　）的交易记录。

　　A. 一年　　　　　　B. 三年　　　　　　C. 两年　　　　　　D. 五年

3. 未经授权的支付造成的损失,由（　　）承担。

　　A. 电子支付服务提供者　　　　　　　　B. 电子商务消费者

　　C. 电子商务经营者　　　　　　　　　　D. 银行

4. 下列不属于电子支付法律关系的当事人的是（　　）。

　　A. 用户　　　　　　B. 网上银行　　　　C. 电子认证机构　　D. 第三人

5. 不属于第三方支付平台功能的是（　　）。

　　A. 接收、处理,并向开户银行传递网上客户的支付指令

　　B. 进行跨行之间的资金清算（清分）

　　C. 代替银行,开展金融增值服务

　　D. 发行电子货币

多选题

1. 电子支付的形式包括（　　）。

　　A. 电子信用卡　　　B. 电子货币　　　　C. 电子支票　　　　D. 票据

2. 网络支付包括（　　）。
   A．货币汇兑　　　　　B．互联网支付　　　C．移动电话支付　　　D．数字电视支付
3. 电子支付法律关系的特点包括（　　）。
   A．以电子商务法律规范为前提　　　　B．平等主体之间的电子商务关系
   C．电子支付主体真实的意思表示　　　D．由国家强制力予以保障的社会关系
4. 电子货币的特点包括（　　）。
   A．无形性　　　　　B．广泛性　　　　　C．储值性　　　　　D．隐秘性
5. 电子支付服务提供者为电子商务提供电子支付服务，应当遵守国家规定，告知用户（　　），不得附加不合理交易条件。
   A．电子支付服务的功能
   B．电子支付使用方法
   C．电子支付注意事项
   D．电子支付相关风险和收费标准等事项

简答题

1. 与传统的支付方式相比，电子支付的特点有哪些？
2. 简述网上银行的特征。
3. 和微信支付、支付宝相比，数字人民币的优势有哪些？
4. 电子支付法律关系的特点是什么？
5. 第三方支付的业务内容是什么？

第 6 章

电子商务知识产权保护法律制度

学习目标

通过本章的学习与技能训练，要求学生：

1. 掌握知识产权的概念、分类，电子商务中网络著作权的内容、网络著作权侵权行为的归责原则。
2. 理解网上作品、类型及保护模式。
3. 了解电子商务知识产权保护的立法体系、网络著作权的侵权形式。
4. 熟悉专利与专利权，计算机软件的专利保护和电子商务法的专利保护。

案例导读

某手机游戏"换皮"抄袭

由苏州 A 数字科技股份有限公司开发的手机游戏《××熊猫》于 2014 年 10 月 31 日上线。手机游戏《花××》由成都甲科技有限公司、北京乙科技有限公司开发，于 2015 年 6 月 19 日上线。A 公司向苏州市中级人民法院提起诉讼，认为《花××》手游"换皮"抄袭《××熊猫》手游。所谓"换皮"抄袭，一般指在玩法规则、数值策划、技能体系、操作界面等方面完全相同或者实质性相似的行为。侵权者通过"换皮"抄袭，可以大量减少开发投入，缩短开发周期。

法院审定认为，《花××》手游在游戏玩法规则的特定呈现方式及其选择、安排、组合上，整体利用《××熊猫》手游的基本表达，并在此基础上进行美术、音乐、动画、文字等一定内容的再创作，侵害了 A 公司享有的改编权，判决甲公司、乙公司赔偿 A 公司经济损失 3 000 万元。

该案在我国首次明确网络游戏中玩法规则的特定呈现方式，可以获得著作权法保护，使用"换皮"抄袭手段被认定为著作权侵权，将对游戏行业的知识产权保护产生深远影响。

辩证与思考：网络知识产权保护与传统的知识产权保护相比的特点是什么？

6.1 《电子商务法》与知识产权保护概述

电子商务具有广域性、即时性、虚拟性，容易滋生知识产权侵权行为，网络不是知识产权侵权的法外之地，强化电子商务领域知识产权保护刻不容缓，对电子商务中知识产权侵权行为应"零容忍"。

6.1.1 知识产权的概念

知识产权又称为智力成果权，指自然人、法人或非法人组织对其在科学技术和文学艺术等领域内，主要基于脑力劳动创造完成的智力成果所依法享有的专有权利。在英文中，知识财产与知识产权在某些情况下可互换使用，它既指有商业价值的智力创造产品（知识财产），也指法律赋予的，保护这些智力创造的权利（知识产权）。

知识产权是基于人类的智力成果而产生的法定权利，是有别于通常财产权的特殊私有权，是民事权利的重要组成部分。知识产权有专有性、法定性、地域性、时间性等特征。

6.1.2 知识产权的分类

如前所述，世界各国和各国际组织传统上将知识产权分为著作权和工业产权两大类，包含了新的设想、独创性的表现形式、具有显著性的名称和使产品与众不同和富有价值的外观。

1. 著作权和邻接权

著作权又称为版权，是作者因其文学、艺术和科学作品而产生的权利。著作权是一个广义的概念，包括著作权和邻接权（又称为相关权）。著作权包括文学、艺术和科学作品，如小说、诗歌和戏剧、电影、音乐作品、艺术作品（诸如绘图、绘画、摄影、雕塑及建筑设计）。邻接权包括表演艺术家对其表演的权利、录音制品制作者对其录音制品的权利，及广播电视组织对其广播和电视节目的权利。

2. 工业产权

工业产权指除著作权之外的知识产权，传统上包括专利权和商标权。根据1979年修正的《保护工业产权的巴黎公约》（以下简称《巴黎公约》）第二条第二款的规定，工业产权的保护对象有专利、实用新型、外观设计、商标、服务标记、厂商名称、产地标记或原产地名称和制止不正当竞争。为了进一步明确工业产权的保护对象的范围，该条第三款还规定："对工业产权应做最广义的理解，不仅应适用于工业和商业本身，而且也应同样适用于农业和采掘业，适用于一切制成品或天然产品，如酒类、谷物、烟叶、水果、牲畜、矿产品、矿泉水、啤酒、花卉和谷类的粉。"由此可见,《巴黎公约》对工业产权的保护范围是十分广泛的。

▶▶ 6.1.3 电子商务对知识产权的影响

由于电子商务依赖的是全新的电子数据通信手段,即互联网,所以给传统的知识产权制度带来了很大的冲击,主要表现在以下三方面:

1. 电子商务对传统知识产权客体的冲击

电子商务是以互联网环境作为技术依托的,这种新技术的发展,使传统的知识产权客体发生了变化。如在著作权领域,出现了数字化阅读产品、计算机软件、数据库、多媒体等知识产权客体;在专利权领域,传统上一般认为不属于专利权客体的知识,如计算机软件、电子商务的商业方法等,已经成为新的专利权客体;在商标权方面,对依托信息技术出现的动画商标,也成为新的知识产权保护的对象等。

2. 电子商务对传统知识产权内容的冲击

互联网技术的发展,使知识产权的内容也出现了新的变化,突出表现在著作权方面,随着信息技术的发展,发表权增加了新的内容,同时出现了以前从未有过的网络传播权等权利。可见,随着信息技术的发展,知识产权的内容也在不断丰富。

3. 新的侵权行为对知识产权法的冲击

基于网络环境下的电子商务,在其实施过程中,不可避免地出现网上侵犯著作权的行为、引起域名纠纷的行为、网上侵犯专利权的行为及侵犯商业秘密等行为,这些行为,对知识产权的实体法和程序法适用都带来极大的影响。

可见,互联网一方面为知识产权的利用与广泛传播提供了新的机会,权利人的权利和利益有可能在网络的虚拟空间得到扩展,然而另一方面,互联网可能为那些侵害他人权益的人,以网络为媒介侵犯别人的无形财产提供了更多的机会。发达的电子通信为人们带来更多便利的同时,也使知识产权保护制度面临着前所未有的挑战。因此,不断完善、调整和保护网络知识产权的法律体系具有非常重要的现实意义。

▶▶ 6.1.4 电子商务知识产权保护的立法体系

1. 国际保护上电子商务知识产权的法律保护

知识产权法是高度国际化的法律体系,各国国内法对知识产权的规定几乎都是对知识产权国际公约的纳入或转化,因此国际公约是知识产权法的最重要渊源。

由 WIPO 管理的主要国际公约或条约有:《保护文学和艺术作品的伯尔尼公约》(以下简称《伯尔尼公约》)、《保护表演者、音像制品制作者和广播组织的罗马公约》《WIPO 版权条约》《WIPO 表演和录音制品条约》《巴黎公约》《商标国际注册的马德里协定》《商标法条约》及《专利合作条约》等。此外,由联合国教科文组织管理的《世界版权公约》也是著作权保护的重要国际公约。《TRIPs 协定》是目前世界范围内涉及范围最广、保护水平最高、制约力最强的知识产权国际公约，它为全体成员方规定了知识产权保护的最低标准，同时扩大了知识产权保护的范围。由于《TRIPs 协定》对所有 WTO 成员方均具约束力，[①]而且各成员方必须对本国国内法加以调整以保证其国内法符合《TRIPs 协定》规定的内容，[②]因此该协定加速了知识产权国际保护统一化的进程。

在地区性国际条约中，欧共体和欧盟的各项指令为电子商务环境中知识产权的保护提供了重要的法律依据。以著作权法为例，欧共体和欧盟相继公布了《关于半导体产品布图法律保护的指令》《关于计算机程序法律保护的指令》（以下简称《软件指令》）、《关于协调版权和相关权利适用于卫星广播和有线转播某些规则的指令》《关于数据库法律保护的指令》（以下简称《数据库指令》）、《关于协调信息社会中版权和相关权若干方面的指令》《关于保护原创艺术作品作者利益的转授权的指令》《关于知识产权执法的指令》等。

2. 我国电子商务知识产权保护的立法体系

我国知识产权法律制度初创于 20 世纪 80 年代，是在不断借鉴国际公约和其他国家在知识产权保护立法方面的先进经验的基础上建立起来的。我国针对知识产权保护的法律体系由《宪法》、法律、行政法规、部门规章和地方性法规等几个部分组成。其中，专门法律主要包括《商标法》《专利法》《著作权法》《反不正当竞争法》等。专门行政法规包括《商标法实施条例》《专利法实施细则》《著作权法实施条例》《知识产权海关保护条例》《计算机软件保护条例》《集成电路布图设计保护条例》等。专门行政规章包括《驰名商标认定和保护规定》《集体商标、证明商标注册和管理办法》《专利实施强制许可办法》等。此外，我国的《中华人民共和国民法典》《中华人民共和国刑法》（简称《刑法》）《电子商务法》以及最高人民法院和最高人民检察院发布的有关司法解释中也包括了知识产权保护的专门规定。因此，我国已经建立了比较健全的知识产权保护法律体系，并得到了世界各国及国际组织的普遍认可。

▶▶ 6.1.5 《电子商务法》中对知识产权保护的一般规定

为了加强对电子商务中知识产权的法律保护，我国《电子商务法》要求所有电子商务经营者均应履行保护知识产权的义务，界定了电子商务中的主体，规定了电子商务平台经营者的知识产权保护制度，其他电子商务经营者则应适用著作权法、商标法、专利法等一般性的知识产权法律规定。

1. 责任主体的明晰

针对近年来"微商""代购"等入门门槛很低，缺乏有效监管，导致假货横行的现象。为了明确电子商务中知识产权保护的主体责任，《电子商务法》第十条明确规定，电子商务经营者应当以办理市场主体登记为原则，以特定零星小额交易活动主体不登记为例外。绝大多数电子商务经营者被纳入了登记与有效监管的范畴，消费者、知识产权人得以清晰、简便地确认当事人

---

① 参见《马拉喀什建立世界贸易组织协定》第二条。
② 参见《马拉喀什建立世界贸易组织协定》第十六条第四款。

2. 知识产权保护规则

我国《电子商务法》第四十一条规定:"电子商务平台经营者应当建立知识产权保护规则,与知识产权权利人加强合作,依法保护知识产权。"

(1) 建立知识产权保护规则。

电子商务平台经营者必须建立知识产权保护规则,其根本目的是履行知识产权保护的法定义务。电子商务平台的知识产权保护规则必须符合相关知识产权法律、行政法规的规定,不得降低法定的知识产权保护水平或为知识产权保护设置不合理的条件或者障碍。规则内容并非简单重复有关法律规定或者要求,而是将法律规范应用于平台环境,并使之具体化、细致化。

知识产权保护规则应当包含平台内经营者知识产权保护义务、知识产权人发出通知的内容与程序、平台经营者实施措施的内容与程序、平台内经营者提交声明的内容与程序、各方法律责任与相关争议解决机制等内容,并在平台上公示。平台经营者还应当建立有关的自动信息系统,接收、转递、处理来自知识产权人的通知与平台内经营者的声明。有关自动信息系统的使用步骤、注意事项、下载方法等,也应当在规则中明示。平台经营者还可以在知识产权保护规则中规定知识产权人恶意通知、损害平台内经营者的合法权益、扰乱正常经营活动的,应当承担加倍赔偿责任。

(2) 与知识产权人等各方加强合作。

电子商务平台经营者应当与知识产权人加强合作,包括平台之外的知识产权人。

电子商务平台经营者应当依法给予平台内外的知识产权人同等的待遇,不应歧视平台外的知识产权人或者为其权利保护设置障碍,对侵害知识产权的行为均应及时采取措施,不得偏私。

电子商务平台经营者不仅应与知识产权人加强合作,还应与平台内经营者、消费者等其他利益相关方合作,还要与相关执法机构加强合作,积极配合有关的执法活动。

3. 知识产权权利人的通知与平台经营者的删除等措施

(1) 平台经营者采取治理措施。

《电子商务法》第四十二条规定了知识产权权利人的通知与平台经营者的必要措施,即"知识产权权利人认为其知识产权受到侵害的,有权通知电子商务平台经营者采取删除、屏蔽、断开链接、终止交易和服务等必要措施。通知应当包括构成侵权的初步证据"。

知识产权权利人发出通知是电子商务平台治理措施的第一步。知识产权权利人应当对其通知的真实性负责,并提供侵权的初步证据,包括身份证明、权利证明与所主张的侵权事实。电子商务平台经营者接到知识产权权利人通知后,依据表面证据的认定方法,能够初步认定通知的真实性与主张的合法性的,应当依照通知要求对平台内相关经营者采取必要措施,并将该通知转送平台内经营者。

电子商务平台经营者接到通知后,应当及时采取必要措施,并将该通知转送平台内经营者;未及时采取必要措施的,对损害的扩大部分与平台内经营者承担连带责任。

（2）知识产权人恶意通知。

电子商务法第四十二条明确规定，知识产权权利人发出错误通知，给平台内经营者造成损害的，依法承担民事责任；如果知识产权权利人恶意发出错误通知，造成平台内经营者损失的，应加倍承担赔偿责任。加重责任的规定防止知识产权权利人滥用权利或者扰乱市场竞争秩序，强化知识产权权利人发出通知的责任感，有利于减少恶意通知、不实通知。

4. 平台内经营者的声明及平台经营者采取措施的终止

我国《电子商务法》第四十三条规定："平台内经营者接到转送的通知后，可以向电子商务平台经营者提交不存在侵权行为的声明。声明应当包括不存在侵权行为的初步证据。电子商务平台经营者接到声明后，应当将该声明转送发出通知的知识产权权利人，并告知其可以向有关主管部门投诉或者向人民法院起诉。电子商务平台经营者在转送声明到达知识产权权利人后十五日内，未收到权利人已经投诉或者起诉通知的，应当及时终止所采取的措施。"

5. 知识产权权利人的通知、平台内经营者采取的措施以及平台内经营者声明的公示

我国《电子商务法》第四十四条规定："电子商务平台经营者应当及时公示收到的本法第四十二条、第四十三条规定的通知、声明及处理结果。"

6. 平台经营者知识产权侵权责任

我国《电子商务法》第四十五条规定："电子商务平台经营者知道或者应当知道平台内经营者侵犯知识产权的，应当采取删除、屏蔽、断开链接、终止交易和服务等必要措施；未采取必要措施的，与侵权人承担连带责任。"

6.2 电子商务中的域名法律保护

电子商务平台，即电子商务网站，如今网站建立的主要法律内容是指域名的法律保护问题。

6.2.1 域名概述

1. 域名的概念

网络是基于 TCP/IP 协议进行通信和连接的，每一台主机都有一个唯一的标识固定的 IP 地址，以区别在网络上成千上万个用户和计算机。网络上每台计算机的 IP 地址具有唯一性，用户必须向特定机构申请注册，该机构根据用户单位的网络规模和近期发展计划，分配 IP 地址。IP 地址用二进制数来表示，每个 IP 地址长 32 比特，由 4 个小于 256 的数字组成，数字之间用点间隔。例如，192.168.0.189 表示一个 IP 地址。由于 IP 地址是数字标识，使用时难以记忆和书写，因此在 IP 地址的基础上又发展出一种符号化的地址方案，来代替数字型的 IP 地址。

相关链接

静态 IP 与动态 IP

根据网络 ID 和主机 ID 的不同位数规则，可以将 IP 地址分为 A（7 位网络 ID 和 24 位主机 ID）、B（14 位网络 ID 和 16 位主机 ID）、C（21 位网络 ID 和 8 位主机 ID）三类，由于历史原因和技术发展的差异，A 类地址和 B 类地址几乎分配殆尽，目前能够供全球各国、各组织分配的只有 C 类地址。所以 IP 地址是一种非常重要的网络资源。而对于大多数拨号上网的用户，由于其上网时间和空间的离散性，为每个用户分配一个固定的 IP 地址（静态 IP）是非常不可取的，这将造成 IP 地址资源的极大浪费。因此，这些用户通常会在每次拨通 ISP 的主机后，自动获得一个动态的 IP 地址，该地址当然不是任意的，而是该 ISP 申请的网络 ID 和主机 ID 的合法区间中的某个地址。拨号用户任意两次连接时的 IP 地址很可能不同，但是在每次连接时间内 IP 地址不变。

域名指互联网上识别和定位计算机的层次结构式的字符标识，与该计算机的 IP 地址相对应。域名就是人性化的 IP 地址。要在网络上建立电子商务平台，就必须取得一个域名，域名也是由若干部分组成的，包括数字和字母，如 www.baidu.com。通过该地址，便可以找到相应的网页。域名是上网单位和个人在网络上的重要标识，起着识别作用，有利于他人识别和检索某一组织机构、企业或个人的信息资源，从而更好地实现网络上的资源共享。除了识别功能，在虚拟环境下，域名还可以起到引导、宣传、代表等作用。

中文域名则是指含有中文文字的域名。

2. 中国互联网域名体系结构

（1）顶级域名。".CN"和".中国"是中国的国家顶级域名。在顶级域名下，采用层次结构设置各级域名。

（2）二级域名。中国的二级域名分为"类别域名"和"行政区域名"两类。其中，"类别域名"有 6 个，分别为 ac（科研机构），com（工、商、金融等企业），edu（教育机构），gov（政府部门），net（网络服务公司）和 org（非营利性的单位）；而"行政区域名"有 34 个，适用于我国各省、自治区、直辖市，如 bj（北京）、sh（上海）和 hl（黑龙江）等。

（3）三级域名的命名原则。三级域名长度不得超过 20 个字符，需用字母（A~Z，a~z，大小写等价）、数字（0~9）和连接符（-）组成，各级域名之间用实点（.）连接。三级域名未经国家有关部门的正式批准，不得使用含 China，Chinese，cn 和 National 等字样的域名，不得使用公众知晓的其他国家或地区名称、外国地名、国际组织名称，未经各级政府批准，不得使用县级以上（含县级）行政区划名城的全称或缩写，不得使用行业名称或商品的通用名称，不得使用他人已在中国注册过的企业名称或商标名称，不得使用对国家、社会或公共利益有损害的名称。

3. 域名的法律特征

电子商务中域名的法律特征在很大程度上取决于它的技术特征，为此，域名具有标识性、唯一性、排他性、无限性、财产性、可转让性和国际性。根据以上的这些法律特征，域名是一种独立的、新型的知识产权，即域名权。

6.2.2 我国现行与域名相关的立法概况

我国现行与域名相关的法律规范主要包括：2001年6月，最高人民法院颁布《关于审理涉及计算机网络域名注册民事纠纷案件适用法律若干问题的解释》，对域名纠纷案件定性为侵权或不正当竞争。2002年10月颁布的《关于审理商标民事纠纷案件适用法律若干问题的解释》，明确了将他人注册商标注册为域名，并在电子商务中使用的行为属于商标侵权行为。2004年12月20日起施行的《中国互联网络域名管理办法》及其实施细则，2005年1月28日通过的《互联网IP地址备案管理办法》，2007年10月8日实施的《中国互联网络信息中心域名争议解决程序规则》等规定，对域名注册、管理及争议解决进行了规范。2017年颁布实施的《互联网域名管理办法》取代了《中国互联网络域名管理办法》。

尽管如此，我国目前对域名的管理规范多是从保护商标和禁止域名侵权这些角度进行的，多表现为禁止性的规定，对域名的积极扶持、保护的相关规定较少。另外，我国对域名的法律规则比较零散且专门的规范文件效力较低，对域名的法律性质尚未有明确规定。

6.2.3 域名的法律保护

1. 域名纠纷的类型

域名纠纷主要指域名注册纠纷，大致包括以下几种：

（1）抢注类域名纠纷，指将他人的商标、商号等商业标识抢先注册为域名，但却"注"而不"用"，并未利用注册的域名进行商业使用。

（2）盗用类域名纠纷，指不仅将他人的商标、商号等商业标识抢先注册为域名，而且进行商业使用，造成公众的混淆。

（3）权利类冲突型域名纠纷，指在域名注册之前就存在权利配置状况所引发的冲突。例如，我国的"长城"等商标被多家企业分别注册为不同类别的商标，在这种情况下，如果其中一家企业注册了greatwall.com.cn域名，则很可能引起其他企业的诉讼。

2. 域名保护的原则

（1）先申请原则。域名的取得基于域名申请登记，按照先申请、先注册原则处理。

（2）初步审查原则。域名的审查仅限于审核所申请域名是否与已注册域名相同，而非审核二者是否具有相似性。

（3）国际检索与国内检索原则。在国际上，建立各国商标联网数据库，域名注册时可进行国际检索。在国内，域名机构可以利用商标查询数据库进行初步检查。当然，这需要域名注册机构与商标注册机构之间进行必要的协调。初步检索能减少大量的域名争议。

（4）允许转让原则。发生域名争议时，如果争议双方能在平等、自愿、公平的基础上，达成一致意见，应允许调解，一方将域名转让给有争议的另一方。

3. 域名管理的法律规定

域名管理主要依据《互联网络域名管理办法》和《互联网 IP 地址备案管理办法》等法律法规。

（1）管理机构设置的许可。在境内设立域名根服务器及域名根服务器运行机构、域名注册管理机构和域名注册服务机构的，应当依据本办法取得工业和信息化部或者省、自治区、直辖市通信管理局（以下统称电信管理机构）的相应许可。

（2）申请设立域名根服务器及域名根服务器运行机构的，应当具备以下条件：域名根服务器设置在境内，并且符合互联网发展相关规划及域名系统安全稳定运行要求；是依法设立的法人，该法人及其主要出资者、主要经营管理人员具有良好的信用记录；具有保障域名根服务器安全可靠运行的场地、资金、环境、专业人员和技术能力，以及符合电信管理机构要求的信息管理系统；具有健全的网络与信息安全保障措施，包括管理人员、网络与信息安全管理制度、应急处置预案和相关技术、管理措施等；具有用户个人信息保护能力、提供长期服务的能力及健全的服务退出机制；法律、行政法规规定的其他条件。

（3）申请设立域名注册管理机构的，应当具备以下条件：域名管理系统设置在境内，并且持有的顶级域名符合相关法律法规及域名系统安全稳定运行要求；是依法设立的法人，该法人及其主要出资者、主要经营管理人员具有良好的信用记录；具有完善的业务发展计划、技术方案，以及与从事顶级域名运行管理相适应的场地、资金、专业人员和符合电信管理机构要求的信息管理系统；具有健全的网络与信息安全保障措施，包括管理人员、网络与信息安全管理制度、应急处置预案和相关技术、管理措施等；具有进行真实身份信息核验和用户个人信息保护的能力、提供长期服务的能力及健全的服务退出机制；具有健全的域名注册服务管理制度和对域名注册服务机构的监督机制；法律、行政法规规定的其他条件。

（4）申请设立域名注册服务机构的，应当具备以下条件：在境内设置域名注册服务系统、注册数据库和相应的域名解析系统；是依法设立的法人，该法人及其主要出资者、主要经营管理人员具有良好的信用记录；具有与从事域名注册服务相适应的场地、资金和专业人员，以及符合电信管理机构要求的信息管理系统；具有进行真实身份信息核验和用户个人信息保护的能力、提供长期服务的能力及健全的服务退出机制；具有健全的域名注册服务管理制度和对域名注册代理机构的监督机制；具有健全的网络与信息安全保障措施，包括管理人员、网络与信息安全管理制度、应急处置预案和相关技术、管理措施等；法律、行政法规规定的其他条件。

（5）申请设立域名管理机构应提交的材料。申请设立域名根服务器及域名根服务器运行机构、域名注册管理机构的，应当向工业和信息化部提交申请材料。申请设立域名注册服务机构的，应当向住所地的省、自治区、直辖市通信管理局提交申请材料。

申请材料应当包括：申请单位的基本情况及其法定代表人签署的依法诚信经营承诺书；对域名服务实施有效管理的证明材料，包括相关系统、场所、服务能力的证明材料，管理制度，与其他机构签订的协议等；网络与信息安全保障制度及措施；证明申请单位信誉的材料。

（6）审批。申请材料齐全、符合法定形式的，电信管理机构应当向申请单位出具受理申请通知书；申请材料不齐全或者不符合法定形式的，电信管理机构应当场或者在五个工作日内一次性书面告知申请单位需要补正的全部内容；不予受理的，应当出具不予受理通知书并说明理由。

电信管理机构应当自受理之日起二十个工作日内完成审查，做出予以许可或者不予许可的决定。二十个工作日内不能做出决定的，经电信管理机构负责人批准，可以延长十个工作日，并将延长期限的理由告知申请单位。需要组织专家论证的，论证时间不计入审查期限。

予以许可的，应当颁发相应的许可文件；不予许可的，应当书面通知申请单位并说明理由。域名根服务器运行机构、域名注册管理机构和域名注册服务机构的许可有效期为五年。

（7）终止服务。在许可有效期内，域名根服务器运行机构、域名注册管理机构、域名注册服务机构拟终止相关服务的，应当提前三十日书面通知用户，提出可行的善后处理方案，并向原发证机关提交书面申请。

原发证机关收到申请后，应当向社会公示三十日。公示期结束六十日内，原发证机关应当完成审查并做出决定。

许可有效期届满需要继续从事域名服务的，应当提前九十日向原发证机关申请延续；不再继续从事域名服务的，应当提前九十日向原发证机关报告并做好善后工作。

4. 域名服务

域名根服务器运行机构、域名注册管理机构和域名注册服务机构应当向用户提供安全、方便、稳定的服务。域名注册管理机构应当通过电信管理机构许可的域名注册服务机构开展域名注册服务。域名注册服务机构应当按照电信管理机构许可的域名注册服务项目提供服务，不得为未经电信管理机构许可的域名注册管理机构提供域名注册服务。

（1）域名注册的原则。域名注册服务原则上实行"先申请先注册"，按照"先申请先注册"的原则受理域名注册，不受理域名预留。

为维护国家利益和社会公众利益，域名注册管理机构应当建立域名注册保留字制度。

（2）申请域名注册的，必须满足下列条件：申请注册的域名符合《中国互联网络域名注册暂行管理办法》的各项规定；其主域名服务器在中国境内运行，并对其域名提供连续服务；指定该域名的管理联系人和技术联系人各一名，分别负责该级域名服务器的管理和运行工作。

（3）申请域名注册的，应当提交下列文件、证件：域名注册申请表；本单位介绍信；承办人身份证复印件；本单位依法登记文件的复印件。

（4）域名注册的限制性规定。

任何组织或者个人注册、使用的域名中，不得含有下列内容：反对宪法所确定的基本原则的；危害国家安全，泄露国家秘密，颠覆国家政权，破坏国家统一的；损害国家荣誉和利益的；煽动民族仇恨、民族歧视，破坏民族团结的；破坏国家宗教政策，宣扬邪教和封建迷信的；散布谣言，扰乱社会秩序，破坏社会稳定的；散布淫秽、色情、赌博、暴力、凶杀、恐怖或者教唆犯罪的；侮辱或者诽谤他人，侵害他人合法权益的；含有法律、行政法规禁止的其他内容的。

域名注册管理机构、域名注册服务机构不得为含有前款所列内容的域名提供服务。

（5）域名注册服务机构不得采用欺诈、胁迫等不正当手段要求他人注册域名。

域名注册服务机构提供域名注册服务，应当要求域名注册申请者提供域名持有者真实、准确、完整的身份信息等域名注册信息。

域名注册管理机构和域名注册服务机构应当对域名注册信息的真实性、完整性进行核验。

域名注册申请者提供的域名注册信息不准确、不完整的，域名注册服务机构应当要求其予以补正。申请者不补正或者提供不真实的域名注册信息的,域名注册服务机构不得为其提供域名注册服务。

（6）域名注销。

已注册的域名有下列情形之一的,域名注册服务机构应当予以注销,并通知域名持有者:域名持有者申请注销域名的;域名持有者提交虚假域名注册信息的;依据人民法院的判决、域名争议解决机构的裁决,应当注销的;法律、行政法规规定予以注销的其他情形。

（7）域名争议。

① 域名注册管理机构可以指定中立的域名争议解决机构解决域名争议。

② 任何人就已经注册或使用的域名向域名争议解决机构提出投诉,并且符合域名争议解决办法规定的条件的,域名持有者应当参与域名争议解决程序。

③ 域名争议解决机构做出的裁决只涉及争议域名持有者信息的变更。

域名争议解决机构做出的裁决与人民法院或者仲裁机构已经发生法律效力的裁判不一致的,域名争议解决机构的裁决服从人民法院或者仲裁机构发生法律效力的裁判。

 案例链接

360斥巨资收购"360.com"域名

2015年2月,奇虎360公司已经完成了对国际顶级域名"360.com"的收购,该域名的收购价格超过了1亿元人民币。

国际顶级域名"360.com"之前为跨国电信运营商沃达丰所持有,360公司在3年之前就已经尝试从沃达丰手中收购该域名,但当时360公司报价1 400万美元,未能打动沃达丰。因此,之前360公司一直只能使用国家级域名"360.cn"。

如今360公司终于实现了对"360.com"域名的收购,该域名已归属于北京奇虎科技有限公司,域名的更新时间为2015年2月3日,并且已经转入了易名中国管理平台。

最初,360公司使用的域名是"360safe.com",之后360公司收购了数字域名"360.cn",并于2008年完成了从"360safe.com"到"360.cn"的域名切换。

对于互联网企业来说,拥有国际顶级域名更加容易使其被国外用户认可和接受。从重金购买国际顶级域名的举动来看,360公司显然有意加快国际化布局。

（资料来源: http://media.people.com.cn/n/2015/0205/c40606-26510676.html）

④ 域名争议在人民法院、仲裁机构或域名争议解决机构处理期间,域名持有者不得转让有争议的域名,但域名受让方以书面形式同意接受人民法院裁判、仲裁裁决或争议解决机构裁决约束的除外。

（8）互联网IP地址备案制度。

根据2005年3月20日起施行的《互联网IP地址备案管理办法》规定,国家对IP地址的分配使用实行备案管理。需报备的IP地址信息,包括备案单位的基本情况,即备案单位名称、备案单位地址、备案单位性质、电信业务经营许可证编号、联系人姓名、联系人电话、联系人电子邮件等;备案单位的IP地址来源信息,包括IP地址来源机构名称、IP地址总量、各IP地址段起止地址码等。备案单位的IP地址分配使用信息,自带IP地址的互联网接入用户信息,包括用户基本信息（含用户名称、单位类别、单位所属行业、单位详细地址、联系人姓名、联

系人电话、联系人电子邮件)、自带 IP 地址总量、IP 地址段起止地址码、自带 IP 地址的来源、网关 IP 地址、网关所在地址、IP 地址使用方式等。

6.3 电子商务与著作权保护

作为一种新兴的媒体，互联网既为文学、艺术和科学作品的传播提供了无限的机会，也为各种形式的侵犯著作权的行为提供了可能。

6.3.1 网络著作权概述

1. 网上作品与网络著作权

（1）作品的概念与特征。

著作权法所称作品，指文学、艺术和科学领域内具有独创性并能以某种有形形式复制的智力成果。作品是著作权的对象，也是著作权法保护的客体。

《著作权法》第三条规定："作品，包括以下列形式创作的文学、艺术和自然科学、社会科学、工程技术等作品：①文字作品；②口述作品；③音乐、戏剧、曲艺、舞蹈、杂技艺术作品；④美术、建筑作品；⑤摄影作品；⑥电影作品和以类似摄制电影的方法创作的作品；⑦工程设计图、产品设计图、地图、示意图等图形作品和模型作品；⑧计算机软件；⑨法律、行政法规规定的其他作品。"

根据《著作权法》的规定，在我国，受著作权法保护的作品必须是由作者创作的，在文学、艺术和科学领域内具有独创性的，并可以通过一定形式复制、能够被固定在有形载体上为公众所感知的作品。所谓独创性或原创性指作品是由作者独立创作完成的，而作品的可复制性指作品须有一定的表现形式，被公众能够通过感官或借助机器所感知，且能够固定于某种有形物体上，能复制使用。独创性和可复制性是作品的本质属性。

（2）网上作品。

网上作品也称为网络作品或在线作品，指以数字化形式在互联网上呈现的文学、艺术和科学作品。网上作品应该包括经数字化后被上传至互联网的传统作品和直接在网上创作出来的作品两类。

传统作品的数字化指利用计算机技术将传统作品输入计算机系统，转换成二进制数字编码，运用数字信息储存技术进行储存并将作品加以还原的技术。数字化了的网上作品既是被数字化后上传至互联网的传统作品，也是互联网上传播最为广泛的作品类型。

网络原创作品指作者在网络上直接创作、生成的作品，如在网络上即时创作的网络小说和博客作品等。

数字化了的作品和网络原创作品虽然在创作形式和法律属性上都不相同，但它们是以同一形式在互联网上呈现的，作者对这两类作品所享有的权利也是相同的。

（3）网络著作权。

网络著作权指著作权人对受著作权法保护的作品在网络环境下所享有的著作权权利。2006年颁行的《最高人民法院关于修改〈最高人民法院关于审理涉及计算机网络著作权纠纷案件适用法律若干问题的解释〉的决定（二）》第二条规定："受著作权法保护的作品，包括著作权法第三条规定的各类作品的数字化形式。在网络环境下无法归于著作权法第三条列举的作品范围，但在文学、艺术和科学领域内具有独创性，并能以某种有形形式复制的其他智力创作成果，人民法院应当予以保护。"这一规定进一步明确了作者对其网络作品所享有的权利，也赋予了网上作品与传统作品同等的保护程度。至此，网上作品，无论是经数字化后上传至网上的作品，还是网络原创作品，只要满足《著作权法》对作品独创性和可复制性的要求，即可认定该作品为受著作权法保护的作品，著作权人对该数字化了的作品仍享有著作权。

2. 网上作品的类型及保护模式

计算机和网络技术的发展丰富了作品的形式和载体，也扩展了著作权法保护的范围，除了原有的各类作品的数字化形式，计算机软件、电子数据库和多媒体作品也成为网络时代新的作品类型。

（1）数字化了的作品和网上原创作品。

传统作品的数字化形式最常见的是网上文字、音乐、摄影和影视作品。根据我国著作权法的规定，对此类作品著作权的保护可以适用著作权法的相关规定。

（2）计算机软件。

计算机软件也称为电脑软件，指用各种计算机程序设计语言编写的计算机程序及其有关文档。各国对计算机软件的分类不尽相同，但一般将其分为系统软件和应用软件两大类。系统软件是维持计算机正常使用的软件，包括操作系统软件、网络软件、数据库管理软件、汇编、解释或编译软件开发工具和程序语言软件等。应用软件是为某一应用目的而编制的，在计算机上加载并实现特定功能的软件，包括文字处理软件、信息管理软件、辅助设计软件、实时控制软件、教育与娱乐软件等。

将计算机软件纳入著作权法体系是世界各国保护计算机软件的主要模式并在《TRIPs协定》中得到了正式确定。[①]计算机软件的性质以及著作权法对作品的保护方式，这两个因素共同决定了由著作权法对计算机软件进行保护的合理性。《TRIPs协定》制定的对计算机软件予以著作权法保护的原则在WCT中得到了明确。WCT第四条指出，计算机程序作为《伯尔尼公约》第二条意义下的文学作品受到保护。此种保护适用于各计算机程序，而无论其表达方式或表达形式如何。根据WCT第四条的议定书的规定，计算机软件保护的范围，与《TRIPs协定》的有关规定相同。我国《著作权法》第三条第八款仅对计算机软件的保护做了原则性规定。现行的《计算机软件保护条例》于2002年1月1日起施行（2013年第二次修订），它的颁布使我国对计算机软件的保护达到了较高的水平。

我国的著作权法中没有与计算机直接相关的数据库的法律保护的明确规定，但数据库在我国应属于《著作权法》第十四条规定的汇编作品。该条规定："汇编若干作品、作品的片段或者

---

① 《TRIPs协定》第十条第一款规定："计算机程序，无论是源代码还是目标代码，应作为《伯尔尼公约》（1971）项下的文字作品加以保护。"

不构成作品的数据或者其他材料,对其内容的选择或者编排体现独创性的作品,为汇编作品,其著作权由汇编人享有,但行使著作权时,不得侵犯原作品的著作权。"由于数据库纠纷多体现为对他人数据库功能的利用,在司法实践中我国法院也根据《反不正当竞争法》的规定对数据库提供保护。利用《反不正当竞争法》对数据库进行保护的优势在于,在数据库的独创性不明显的情况下可以直接保护数据库制作者在数据库上投入的人力和经济投资等竞争权益,其保护效果既优于"独有权利",在实践中也更便于操作且易为公众所接受。

(3) 多媒体作品及保护模式。

多媒体作品指利用计算机软件将由文学、美术、摄影、音乐、电影等多种形式的作品加以汇集而形成的一种具有交互性的数字作品。多媒体作品所包含的作品种类是没有限制的,既包括业已存在的作品的汇集,也包括原创作品的汇集。在网络上最典型的多媒体作品是网页和网站。

目前学界对多媒体作品性质争议的焦点在于是将其视为一种新的作品类型加以单独保护,还是将其视为一个多种传统作品的集合,即汇编作品加以保护,或是对构成多媒体作品整体的各种形式的作品进行分别保护,尤其是影视作品,以及如何对其进行有效保护的问题。

我国著作权法没有对多媒体作品做出规定。在我国多媒体作品侵权的诉讼案件中,这些作品多是被当作汇编作品予以保护的,这一点与英国的保护模式一致。应该注意的是,从多媒体作品所包含的内容来看,它既符合汇编作品的定义,又不是简单的汇编作品,因为多媒体作品具备汇编作品所没有的交互性。在计算机软件技术日益发展的今天,在无法穷尽多媒体作品所包含作品形式的前提下,将多媒体作品归为汇编作品加以保护具有更加现实的意义。

▶▶ 6.3.2 电子商务中网络著作权的内容

1. 著作权中的人身权和财产权

我国著作权赋予著作权人共 17 项权利,可划分成两类:作者的精神权利和财产权利。

作者的精神权利在我国称为人身权利,是作者基于作品依法享有的以人身利益为内容的著作权权利。精神权利体现了作者的人格利益和身份利益。我国《著作权法》第十条规定了著作权人的发表权、署名权、修改权和保护作品完整权四项精神权利。

作者的财产权利也称为经济权利,是作者利用其作品获得财产收益的权利,是作者既可以通过复制、发行、表演、翻译等方式使用作品并获得报酬,也可以授权许可他人使用其作品并获得报酬的权利。作者的财产权是著作权法保护的主要权利,它体现了作者同作品的使用人之间以对作品的一定利用方式为标的的商品关系。我国《著作权法》第十条规定了著作权人的复制权、发行权、出租权、展览权、表演权、放映权、广播权、信息网络传播权、摄制权、改编权、翻译权、汇编权以及应当由著作权人享有的其他权利等十三项财产权。

我国《著作权法》第十条规定:"著作权包括下列人身权和财产权:(1)发表权,即决定作品是否公之于众的权利;(2)署名权,即表明作者身份,在作品上署名的权利;(3)修改权,即修改或者授权他人修改作品的权利;(4)保护作品完整权,即保护作品不受歪曲、篡改的权利;(5)复制权,即以印刷、复印、拓印、录音、录像、翻录、翻拍等方式将作品制作一份或者多份的权利;(6)发行权,即以出售或者赠与方式向公众提供作品的原件或者复制件的权利;

（7）出租权，即有偿许可他人临时使用电影作品和以类似摄制电影的方法创作的作品、计算机软件的权利，计算机软件不是出租的主要标的的除外；（8）展览权，即公开陈列美术作品、摄影作品的原件或者复制件的权利；（9）表演权，即公开表演作品，以及用各种手段公开播送作品的表演权利；（10）放映权，即通过放映机、幻灯机等技术设备公开再现美术、摄影、电影和以类似摄制电影的方法创作的作品等的权利；（11）广播权，即以无线方式公开广播或者传播作品，以有线传播或者转播的方式向公众传播广播的作品，以及通过扩音器或者其他传送符号、声音、图像的类似工具向公众传播广播的作品的权利；（12）信息网络传播权，即以有线或者无线方式向公众提供作品，使公众可以在其个人选定的时间和地点获得作品的权利；（13）摄制权，即以摄制电影或者以类似摄制电影的方法将作品固定在载体上的权利；（14）改编权，即改变作品，创作出具有独创性的新作品的权利；（15）翻译权，即将作品从一种语言文字转换成另一种语言文字的权利；（16）汇编权，即将作品或者作品的片段通过选择或者编排，汇集成新作品的权利；（17）应当由著作权人享有的其他权利。"著作权人可以许可他人行使上述（5）至（17）项规定的权利，并依照约定或者本法有关规定获得报酬。著作权人可以全部或者部分转让上述（5）至（17）项规定的权利，并依照约定或者本法有关规定获得报酬。

2. 网络著作权

在电子商务环境中，网上作品作者的经济权利主要体现在作品的网络复制权和信息网络传播权两个方面。

（1）网络复制权。

在网络时代，作者的复制权被赋予了新的内涵。网络复制权指作者享有的，将作品数字化传输至互联网上或将网络原创作品进行复制的权利。

传统的复制权在电子商务环境中面临的最突出的问题就是传统法律法规对复制形式的要求。比如，数字化作品是否能够满足著作权法对作品可复制性的要求，对传统作品的数字化是不是一种复制方式，等等。实际上，早在数字化复制出现之前，《伯尔尼公约》和《1976年美国版权法》即预见到了未来复制技术的发展对著作权法可能产生的影响，并对复制形式做出了开放性的规定。《伯尔尼公约》第九条规定："受本公约保护的文学艺术作品的作者，享有批准以任何方式和采取任何形式复制这些作品的专有权。"《1976年美国版权法》第一百零一条也规定："复制件指除录音制品外，作品以现在已知或以后发展的方法固定于其中的物体，通过该物体可直接或间接地借助于机器或装置感知、复制或用其他方式传播该作品。"《伯尔尼公约》的规定显然可以涵盖作品的数字化复制，美国《1976年版权法》对"现在已知和以后发展的方法"的表述也已经充分考虑了新的复制形式的出现对复制可能产生的影响。尽管如此，明确赋予由计算机技术的发展引发的各种电子复制与传统复制同等的法律效力仍具有极为重要的现实意义。

由于数字化作品无须任何有形的载体即可以进行复制，因此强调其载体似无必要。在我国1991年的《计算机软件保护条例》中，软件的复制指"把软件转载在有形物体上的行为"（第三条），2001年的《计算机软件条例》删除了这一定义，仅在软件著作权人的权利中规定复制权是"将软件制作一份或者多份的权利"。这一规定充分考虑了软件的载体和复制形式的特殊性，便于操作。

(2）信息网络传播权。

信息网络传播权是为了适应网络环境下对作品的保护的需要，解决作品网上传播的问题而加入我国《著作权法》中的一项新的权利。根据我国《著作权法》第十条的规定，信息网络传播权是"作者以有线或者无线的方式向公众提供作品，使公众可以在其个人选定的时间和地点获得作品的权利"。这一定义直接来源于 WCT 第八条"向公众传播的权利"，即"文学和艺术作品的作者应享有专有权，以授权将其作品以有线或无线的方式向公众传播，包括将其作品向公众提供，使公众中的成员在其个人选定的地点和时间可获得这些作品"。WPPT 第十条"提供已录制表演的权利"也规定："表演者应当享有专有权，以授权通过有线或无线的方式向公众提供其录音制品，使该录音制品可为公众中的成员在其个人选定的地点和时间获得。" 2006 年 7 月 1 日起我国《信息网络传播保护条例》（该《条例》于 2013 年修订）开始实施，该《条例》对信息网络传播的范围、ISP 的责任等做出了明确的规定。

信息网络传播权是与一般作品的播放（如广播、电视）权完全不同的权利，公众可以在个人选定的时间与地点获得作品，如公众在网上阅读文字作品、收听音乐作品、收看影视作品等。信息网络传播权使著作权人对作品传播方式的专有控制权延伸到网络空间，作者可以在网上直接传播其作品并行使邻接权。信息网络传播权这一权能的引入，解决了长期存在的"网络无版权"的问题，是网络时代保护著作权人的经济权利的重大进步。

3. 网络著作权的取得

（1）网络著作权自愿登记制度。

网络著作权实行自愿登记，论文不论是否登记，作者或其他著作权人依法取得的著作权不受影响。我国实行作品自愿登记制度在于维护作者或其他著作权人和作品使用者的合法权益，有助于解决因著作权归属造成的著作权纠纷，并为解决著作权纠纷提供初步的证据。

（2）网络著作权或归属自动取得和登记取得。

在中国，按照著作权法的规定，作品完成就自动有版权。所谓完成，是相对而言的，只要创作的对象已经满足法定的作品构成条件，就可作为作品受到著作权法保护。

（3）目前可以通过中国版权保护中心和各省直辖市主管部门的备案部门申请登记，数字作品形式的著作权归属也可以通过各种协会自办的第三方登记中心或有可信第三方支撑的，能够证明作品备案存证时间的机构进行登记和确认。

4. 网上作品著作权保护的限制

各国的著作权立法中不仅规定了对作者权利的保护，也规定了在特定情况下作者因其对社会负有的义务而不得行使著作权权利的情况，即著作权的权利限制。著作权的权利限制指对著作权人可行使权力的限制，即在法律规定的某些特定情况下，权利人不得行使其著作权，或者非著作权人对作品的使用不构成对作者著作权的侵权。我国著作权的权利限制主要有作品的合理使用制度、作品的法定许可制度和作品的默示许可制度。

（1）作品的合理使用制度。

对作品的合理使用指在一定情况下，法律允许他人可以不经著作权人同意而使用其作品，也不必向其支付报酬，但使用者须明示作者姓名或名称、作品名称，且不得侵害著作权人依法享有的其他权利。《伯尔尼公约》第九条第二款规定："本联盟成员国法律有权允许在某些特殊情况下复制上述作品，只要这种复制不致损害作品的正常使用也不致无故危害作者的合作利益。"

在网络环境中，对作品使用的方式包括转载、将作品传输至网上或下载作品。2006年7月1日起施行的《信息网络传播保护条例》（2013修订）对网上作品的合理使用做出了一定限制，排除了如个人的使用等对某些传统作品进行合理使用的权利。该《条例》第六条规定了八种通过互联网提供他人作品被视为合理使用的情况：①为介绍、评论某一作品或者说明某一问题，在向公众提供的作品中适当引用已经发表的作品；②为报道时事新闻，在向公众提供的作品中不可避免地再现或者引用已经发表的作品；③为学校课堂教学或者科学研究，向少数教学、科研人员提供少量已经发表的作品；④国家机关为执行公务，在合理范围内向公众提供已经发表的作品；⑤将中国公民、法人或者其他组织已经发表的、以汉语言文字创作的作品翻译成的少数民族语言文字作品，向中国境内少数民族提供；⑥不以营利为目的，以盲人能够感知的独特方式向盲人提供已经发表的文字作品；⑦向公众提供在信息网络上已经发表的关于政治、经济问题的时事性文章；⑧向公众提供在公众集会上发表的讲话。该《条例》第七条规定："图书馆、档案馆、纪念馆、博物馆、美术馆等可以不经著作权人许可，通过信息网络向本馆馆舍内服务对象提供本馆收藏的合法出版的数字作品和依法为陈列或者保存版本的需要以数字化形式复制的作品，不向其支付报酬，但不得直接或者间接获得经济利益。当事人另有约定的除外。"

《计算机软件保护条例》（2013修订）规定，计算机软件的合理使用的范围包括因课堂教学、科学研究、国家机关执行公务等非商业性目的的需要对软件进行少量的复制。计算机软件合理使用的范围限制在"为了学习和研究软件内所含的设计思想和原理，通过安装、显示、传输或者存储软件等方式使用软件"的范围内。

（2）作品的法定许可制度。

作品的法定许可制度又称法定许可证制度或法定转载制度，指非著作权人在向著作权人支付使用费用及不侵害著作权人其他利益的情况下，有权依据法律直接给予的许可而无须经著作权人同意使用已经发表的作品的一项著作权法律制度。法定许可制度是各国著作权法普遍采用的一项制度，各国适用法定许可使用的作品的范围有所区别，但普遍限于已发表的作品，并且对著作权人特别声明不许使用的排除在法定许可的范围之外。

我国著作权法中对图书报刊的转载或者作为文摘、资料刊登，录音制作者使用他人合法录制为录音制品的音乐作品制作录音制品，广播电台、电视台播放已经出版的录音制品，都可以适用法定许可的条款，但权利人声明不得使用的除外。《著作权法》第三十二条第二款规定："作品刊登后，除著作权人声明不得转载、摘编的外，其他报刊可以转载或者作为文摘、资料刊登，但应当按照规定向著作权人支付报酬。"

（3）作品的默示许可制度。

在著作权法律制度中，默示许可也称为默认许可或推定许可，指作者虽然没有明示他人可以使用其作品，但是从作者的行为可以推定其对他人使用其作品不会表示反对。具体来说就是在作者可以做出"不得转载、摘编"的声明以阻止他人对其作品的有偿使用时而有意识地不作为，或者在作者明知其不做"不得转载、摘编"的声明，其他人就可以、可能对其版权作品进行有偿使用的情况下有意识地不做这样的声明，等于是默示了他人对其版权作品的有偿使用。一方当事人向对方当事人提出民事权利的要求，对方未用语言或者文字明确表示意见，但其行为表明已接受的，可以认定为默示。

默示许可制度在网络环境下的适用具有极为重要的意义。根据该制度，一个作者自己将其作品上传至网上，他即应该可以合理地预见到其作品被他人转载、下载的可能，因此可以推定该作者对他人对其作品进行复制和传播的行为是明知的，并且是默许的。我国学者多倾向于将默示许可视为著作权的权力限制，但是《著作权法》对此并未做出相应的规定，在司法实践中也未被法院所接受。

▶▶ 6.3.3 网络著作权的侵权形式

网上作品著作权侵权指未经著作权人许可或无法律依据擅自上传、下载、转载或在网络上以其他不正当的方式行使专由著作权人享有的权利的行为。世界各国一般将侵犯著作权的行为划分为直接侵权和间接侵权两种形态。著作权直接侵权指行为人直接侵犯著作权人的法定权利的行为，而著作权间接侵权则指行为人虽未直接实施著作权侵权行为，由于主观过错而教唆、引诱他人实施直接侵权或帮助他人实施直接侵权的行为。

从我国网上著作权侵权纠纷的实际情况看，网上作品著作权侵权的形式主要有如下四种：

1. 网站、网络用户对传统作品的侵权行为

网站或网络用户未经著作权人许可并支付报酬，将传统作品上传至互联网上，使这些作品可以被网络用户浏览是目前对传统作品最常见的网上侵权形式。"王蒙等六位作家诉世纪互联公司著作权侵权案"就是此类侵权行为的典型案例。在该案中，原告王蒙、张洁等六位作家状告世纪互联通讯技术有限公司未经原告的同意将六位作家的七部作品登载在被告拥有的"北京在线"网站上，其行为侵犯了原告对其作品享有的使用权和获得报酬权。1999年9月18日，北京市海淀区人民法院判决被告世纪互联通讯技术有限公司停止使用原告的作品，向原告赔礼道歉并赔偿经济损失。法院认为，被告未经原告许可将原告的作品在其计算机系统上进行存储并上载至网上的行为侵害了原告对其作品享有的使用权和获得报酬权。根据《著作权法》的规定，被告的行为还侵犯了作者的网络信息传播权。

2. 传统媒体对网上作品的侵权行为

在"陈卫华诉成都电脑商情报社著作权纠纷案""上海榕树下计算机有限公司诉中国社会出版社侵犯著作权侵权案"和"冯英健诉中国财政经济出版社及李友根著作权侵权案"中，报社和出版社，或在报纸上，或在书籍中刊载、收录著作权人的作品，并在全国范围内公开发行的行为均构成了侵犯网上作品著作权人出版权的行为。目前，书籍、报刊、广播、电视等传统媒体无偿使用网上作品，侵犯网上作品著作权人权利的问题已日益突出。作者将作品发布于互联网这一新型媒体上应视为著作权法意义上的刊登，传统媒体下载网上作品后予以发表则构成了转载，应表明作者身份并向作者支付稿酬。根据《著作权法》第三十二条的规定，作品刊登后，除著作权人声明不得转载、摘编的外，其他报刊可以转载或者作为文摘、资料刊登，但应当按照规定向著作权人支付报酬。所以，网上作品的作者同样享有对作品的发表权、署名权、使用权和获得报酬权等权利。

3. 网站、网络用户对网上作品的侵权行为

此类侵权行为主要表现为网站或网络用户对其他网络用户或网站上享有著作权的作品的转载、复制及模仿等行为。

4. 网站或网页制作者对著作权的间接侵权行为

网络服务提供者（ISP）、网络内容提供者（ICP）①和个人网页是互联网上的主要信息来源。为了信息提供的目的，目前几乎所有的网站和相当一部分网页都在其页面上提供信息搜索工具，如搜索引擎或利用超级链接技术引领网络用户进入其他网站或页面以帮助网络用户查找、获取相关信息。超级链接也称为超链接，是允许一个网页同其他网页或网站之间进行连接的元素，以在网页之间形成一种互相关联的关系。超级链接是一种对象，它以特殊编码的文本或图形的形式来实现链接，如果单击该链接，则相当于指示浏览器移至同一网页内的某个位置，或打开一个新的网页，或打开某一个新的网站中的网页。从技术角度分析，超级链接技术本身并未侵犯著作权人的权利，但是该技术的使用为侵犯著作权的行为提供了极大的便利，因为网络用户可以利用网站或网页设置的超级链接轻而易举地进入含有受著作权法保护的作品内容的网站或网页。因此，网站或网页设置的超级链接在客观上帮助网络用户实施了直接侵犯著作权的行为。

世界各国对网站或网页制作者提供超级链接应承担何种责任的问题仍存在争议。支持网站或网页制作者应承担直接侵权责任的理论认为，网站或网页制作者将含有著作权对象的网页链接在自己页面上的行为与将所链接网页的内容直接编辑到自己页面中的行为是没有根本差别的。另有学者指出网站或网页制作者仅需承担由于网络用户利用超级链接侵犯著作权人权利的行为的间接责任，因为网络用户侵犯著作权的行为是在第三方网站或网页上进行的。

▶▶ 6.3.4　网络著作权侵权行为的归责原则

我国《著作权法》对著作权侵权归责原则并无明文规定。我国《民法通则》第一百零六条第二款规定："公民、法人由于过错侵害国家的、集体的财产，侵害他人财产、人身的，应当承担民事责任。"该条第三款规定："没有过错，但法律规定应当承担民事责任的，应当承担民事责任。"这两项规定构成了我国民事侵权行为归责原则的原则性规定。根据通说，我国对传统著作权侵权行为采取过错责任和无过错责任相结合的原则，但以过错责任原则为主。在美国、英国、法国、新加坡、澳大利亚等版权法律保护程度较高的国家的立法和司法实践中，对著作权侵权行为多采用以无过错责任原则为主的归责原则。由于网上著作权侵权行为的范围广，隐蔽性强，侵权主体难于确定，所以在确定行为人主观上是否有过错方面比较困难，如采取过错责

---

① 《最高人民法院关于审理涉及计算机网络著作权纠纷案件适用法律若干问题的解释》和《互联网信息服务管理办法》对 ISP 和 ICP 分别使用了"网络服务提供者""提供内容服务的网络服务提供者"和"互联网信息服务提供者"的称谓，但并未对它们加以定义。根据通说，ISP 包括提供网络接入服务的网络设备服务提供者和提供内容服务的网络服务提供者，而 ICP 只提供内容服务。随着网络服务内容提供的多元化，ISP 和 ICP 之间的界限已不明显。

任原则，则会在客观上放任甚至纵容侵权行为的发生。根据这一观点，对网上作品著作权侵权行为应适用无过错责任原则。

另一方面，对 ISP 侵犯著作权行为的责任认定，各国仍存在一定争议。根据 WCT 关于第八条"向公众传播的权利"的议定声明，如果 ISP 仅为作品的传播提供传输设施以及技术支持，则不构成对作者向公众传播其作品权利的侵犯。由于 ISP 无法对利用其通信设施进行信息传输的内容加以监控，因此为了维护互联网的健康发展，维护公共利益，应对 ISP 的侵权行为适用过错责任原则，即考察其主观意识状态，在确实存在主观过错的情况下才应承担责任。但如果一个 ISP 既提供信息传输设备服务又提供内容服务，则在发生除对作品合理使用情形外的网上著作权侵权行为时应适用无过错责任原则。

《互联网著作权行政保护办法》采用了过错责任原则，对 ISP 的责任做出了限制。由于我国对 ISP 和 ICP 的界定仍存在一定的模糊认识，所以该办法进行了更为细致的规定。根据该办法第十一条的规定，ISP 明知 ICP 通过互联网实施侵犯他人著作权的行为，或者虽不明知，但接到著作权人通知后未采取措施移除相关内容，同时损害社会公共利益的，著作权行政管理部门可以根据《著作权法》的规定责令其停止侵权行为，并给予行政处罚。这一规定可以看作对 ISP 间接侵犯著作权人的信息网络传播权行为的处罚。该办法第十二条还规定，没有证据表明 ISP 明知侵权事实存在的，或 ISP 接到著作权人通知后，采取措施移除相关内容的，不承担行政法律责任。

2006 年修订的《最高人民法院关于审理涉及计算机网络著作权纠纷案件适用法律若干问题的解释》在认定 ISP 和 ICP 侵犯著作权人权利的行为时也采取了过错责任原则，但对 ISP 规定了四种免责情形：第一，ISP 提供自动接入服务、自动传输服务的，只要按照服务对象的指令提供服务，不对传输的作品进行修改，不向规定对象以外的人传输作品。第二，ISP 为了提高网络传输效率自动存储信息向服务对象提供的，只要不改变存储的作品、不影响提供该作品网站对该作品的监控，并根据该网站对作品的处置而做相应的处置。第三，向服务对象提供信息存储空间服务的，只要标明是提供服务的、不改变存储的作品、不明知或者应知存储的作品侵权、没有从侵权行为中直接获得利益、接到权利人通知书后立即删除侵权作品。第四，ISP 提供搜索、链接服务的，在接到权利人通知书后立即断开与侵权作品的链接。但是，如果明知或者应知作品侵权仍链接的，应承担共同侵权责任。

6.4 电子商务中的专利权保护

6.4.1 专利与专利权

1. 专利权的概念

专利权也称为发明专利权，指依照专利法的规定，权利人对其获得专利的发明创造（发明、实用新型或外观设计），在法定期限内所享有的独占或专有权。

2. 专利权的法律特征

专利权具有以下四个基本特征：

（1）独占性。

专利权人对其获得专利的发明创造，享有、专有或独占的权利。但专利权人的权利仅限于禁止他人为营利目的而实施专利技术。

（2）地域性。

与著作权不同的是，在某一国家依照该国专利法取得的专利权，仅在该国法律管辖的范围内有效，受该国法律的保护，在其他国家没有法律约束力，不能得到他国的保护。要想在其他国家也得到专利保护，必须依照该国的法律向该国申请专利，取得该国的专利权。

（3）时间性。

专利权仅在法律规定的期限内有效。一旦期限届满或者因出现法律规定的提前终止事由而被公告终止，专利权人对其发明创造享有的专有权即行消灭，该项发明创造即成为社会公共财产，任何人均可无偿利用。

（4）法定性。

专利权不是基于发明创造的事实自动产生的，而是由国家专利主管机关依法批准授予的。发明人或者设计人须向法定的国家专利主管机关提出申请，经专利主管机关依法审查合格后，授予其专利权。

3. 专利权的客体

（1）发明。

我国《专利法》并未对发明加以定义，根据《专利法实施细则》第二条第一款的规定，专利法所称的发明，指对产品、方法或者其改进所提出的新的技术方案。

（2）实用新型。

我国《专利法》第二条第二款将实用新型定义为："对产品的形状、构造或者其结合所提出的适于实用的新的技术方案。"该定义明确了实用新型的以下性质：①实用新型是一种技术方案；②实用新型必须涉及产品本身；③实用新型是有关产品的形状、构造或者其集合的技术方案。与发明专利相比，实用新型专利的创造性较低，因此实用新型是申请量和授权量最大的一种专利。

（3）外观设计。

外观设计也称为工业设计。依照我国《专利法》第二条第三款的规定，外观设计指对产品的形状、图案或者其结合，以及色彩与形状、图案的结合所做出的富有美感并适于工业应用的新设计。外观设计具有以下特点：①外观设计是对产品所做的设计，应以产品为依托；②外观设计的对象是产品的形状、图案或者其结合，应具有美感；③外观设计应具有工业上的应用价值。外观设计不是一种技术方案，这是其与发明和实用新型最大的差异。

6.4.2 计算机软件的专利保护

根据 2010 年 2 月起施行的我国《专利审查指南》(以下简称《指南》)的规定,计算机程序本身属于智力活动的规则和方法,其本身是数学算法表达形式的集合,因此不得被授予专利,但涉及计算机程序的发明如果构成了技术方案,即可被授予专利。涉及计算机程序的发明指为解决发明提出的问题,全部或部分以计算机程序处理流程为基础,通过计算机执行按上述流程编制的计算机程序,对计算机外部对象或者内部对象进行控制或处理的解决方案。

《指南》第九章"关于涉及计算机程序的发明专利申请审查的若干规定"对构成专利保护客体的涉及计算机程序的发明做出了如下说明:

(1) 如果涉及计算机程序的发明专利申请的解决方案执行计算机程序的目的是解决技术问题,在计算机上运行计算机程序从而对外部或内部对象进行控制或处理所反映的是遵循自然规律的技术手段,并且由此获得符合自然规律的技术效果,则可授予专利。

(2) 如果涉及计算机程序的发明专利申请的解决方案执行计算机程序的目的是实现一种工业过程、测量或测试过程控制,通过计算机执行一种工业过程控制程序,按照自然规律完成对该工业过程各阶段实施的一系列控制,从而获得符合自然规律的工业过程控制效果,则可授予专利。

(3) 如果涉及计算机程序的发明专利申请的解决方案执行计算机程序的目的是处理一种外部技术数据,通过计算机执行一种技术数据处理程序,按照自然规律完成对该技术数据实施的一系列技术处理,从而获得符合自然规律的技术数据处理效果,则可授予专利。

(4) 如果涉及计算机程序的发明专利申请的解决方案执行计算机程序的目的是改善计算机系统内部性能,通过计算机执行一种系统内部性能改进程序,按照自然规律完成对该计算机系统各组成部分实施的一系列设置或调整,从而获得符合自然规律的计算机系统内部性能改进效果,则可授予专利。

从各国对计算机软件专利保护的态度可知,计算机软件本身在各国均不得成为专利权的客体,但与计算机软件有关的发明可以受到专利法的保护,虽然这种对计算机软件的变相保护遭到了一定的阻力。

6.4.3 电子商务方法的专利保护

1. 电子商务方法专利

商业方法指经营企业的各个方面,包括贸易、交易行为、金融、资源管理、市场营销和客户服务等的方法。传统的观点认为,商业方法是人为定义的商业规则,属于智力活动的规则或方法,并没有利用自然规律或自然现象,因而不属于发明。但实际上,美国在 1799 年就将第一项检测伪钞方法的金融专利授予了 J Perkins。从美国专利法对专利权客体的要求来看,一种商业方法只要构成创新性技术方案,即可获得专利保护。电子商务的发展催生了众多与电子商务有关的、建立在电子商务平台之上的、借助计算机软件运行的新的营销方法。电子商务方法专利又称为电子商务专利,是与计算机软件有关的专利的一种。由于计算机软件不得被授予专利,电子商务方法就成为保护计算机软件的重要手段。

2. 我国对电子商务方法的专利保护

传统的商业方法目前在我国还无法得到专利法的保护,我国《专利法实施细则》对技术方案的要求也成为电子商务方法不能构成专利的主要原因。根据《专利法实施细则》规定,只有采用技术手段解决了相关的技术问题,并实现了相应的技术效果的发明才属于我国《专利法》保护的客体,而绝大部分电子商务方法还达不到此要求。但是随着对电子商务方法专利申请的激增,目前,我国专利管理机关已经对重排网页的方法、中文姓名的计算机识别及检索方法、从本地商务站点访问远程商务站点的电子商务系统等发明专利申请予以授权。

案例与思考

首例侵犯互联网出版物著作权案

2007年2月10日,北京市海淀区人民法院对北京市法院审理的首例侵犯互联网出版物著作权的刑事案件做出一审宣判,判处谈某某有期徒刑2年6个月,罚款人民币5万元;判处刘某某有期徒刑2年,缓刑3年,罚款人民币3万元;同时判处沈某某有期徒刑1年6个月,罚款人民币3万元。

谈某某曾是北京市A商贸有限公司法定代表人,刘某某是谈某某的妻子,沈某某在谈某某的公司中负责外挂软件研发,3人运营针对《传奇3G》网络游戏开发的外挂软件。检方指控,谈某某等人租用某网络服务公司两台服务器,2004年6月至2005年9月私自设立"007智能传奇3G外挂"等网站,非法制作、销售游戏外挂卡向玩家出售以牟取暴利,收费标准为10元一个月、50元半年、80元一年、100元永久。

2005年9月7日,谈某某、刘某某、沈某某被抓获归案,此前他们通过信息网络等方式经营的外挂软件的金额达281万余元。检方在举证时表示,新闻出版总署对外挂违法性做出认定,并明确了法规依据。认定书指出:根据《中华人民共和国著作权法》(以下简称《著作权法》)第3条规定,网络游戏出版物《传奇三代》的软件部分和动画形象部分,分别属于我国著作权法保护的计算机软件作品和美术作品。"007智能传奇3G外挂"网站未经著作权人授权,通过破坏《传奇三代》中软件作品的技术保护措施,进入其服务器系统,擅自修改其相关数据,使用《传奇三代》的动画形象,并大量制作、销售《传奇三代》外挂卡。这些行为违反了《著作权法》第47条规定,是一种严重侵犯著作权的违法行为。

法院认为,被告人谈某某等人以营利为目的,未经批准,开展经营性互联网信息服务,违反国家出版管理规定,利用互联网站开展非法互联网出版活动,非法出版发行互联网出版物,侵害著作权人、出版机构及游戏消费者的合法权益,扰乱互联网游戏出版经营的正常秩序,情节特别严重,其行为均已构成非法经营罪。

思考:
1. 著作权应当包括哪些内容?
2. 计算机软件是否受《著作权法》的保护?

本章实践技能操作

1. 在凡科建站网上建立自己的网上商店（宣传型），申请二级域名，并体会构建网站的流程。
操作步骤：
（1）打开 IE 浏览器，输入凡科建站网站地址 http://jz.faisco.com/pro12.html?_ta=169；
（2）单击"免费注册"并填写注册信息；
（3）按照操作流程，进行"一键复制样板，急速搭建网站"；
（4）建站成功后，依次点击"网站设计""网站管理""商务平台"等栏目进行相关设置；
（5）打开 IE 浏览器，在地址栏输入：已申请会员名，浏览自己建立的网站。
2. 查找本机的 IP 地址。
操作步骤：
（1）用鼠标右键点击桌面上的"网上邻居"；
（2）用鼠标左键点击"属性"；
（3）用鼠标右键点击"本地连接"；
（4）用鼠标左键点击"属性"。

本章知识自测

名词解释

1．知识产权　　2．域名　　3．工业产权　　4．网络著作权　　5．网上作品
6．网络复制权

单选题

1．".CN"和".中国"属于中国的国家（　　）。
　　A．顶级域名　　　　B．二级域名　　　　C．三级域名　　　　D．四级域名
2．将他人的商标、商号等商业标识抢先注册为域名，但却"注"而不"用"，并未利用注册的域名进行商业使用属于（　　）。
　　A．抢注类域名纠纷　　　　　　　　B．盗用类域名纠纷
　　C．权利类冲突型域名纠纷　　　　　D．域名诉讼纠纷
3．域名注册的原则是（　　）。
　　A．后申请先注册　　B．域名预留原则　　C．谁使用谁所有　　D．现申请先注册

4. 以有线或者无线方式向公众提供作品，使公众可以在其个人选定的时间和地点获得作品的权利指（　　）。

A．摄制权　　　　　B．信息网络传播权　　C．改编权　　　　　D．汇编权

5. 工业设计指（　　）。

A．作品　　　　　　B．发明　　　　　　　C．实用新型　　　　D．外观设计

多选题

1. 知识产权是基于人类的智力成果而产生的法定权利，具有（　　）。

A．专有性　　　　　B．法定性　　　　　　C．地域性　　　　　D．时间性

2. 工业产权包括（　　）。

A．专利权　　　　　B．商标权　　　　　　C．著作权　　　　　D．以上都不对

3. 关于域名下列说法正确的有（　　）。

A．域名与该计算机的 IP 地址相对应

B．域名就是人性化的 IP 地址

C．域名是上网单位和个人在网络上的重要标识，起着识别作用

D．域名和 IP 地址一样，不是唯一的

4. 下列属于著作权人精神权利的有（　　）。

A．发表权　　　　　B．署名权　　　　　　C．修改权　　　　　D．复制权

5. 著作权的权利限制主要有（　　）。

A．作品的法定使用　　　　　　　　　　　B．作品的法定许可制度

C．作品的默示许可制度　　　　　　　　　D．作品的合理使用制度

简答题

1. 简述电子商务对知识产权的影响。

2. 简述域名保护的原则。

3. 简述网络著作权的取得。

第 7 章

电子商务消费者权益保护法律制度

学习目标

通过本章的学习与技能训练,要求学生:
1. 掌握电子商务静音者和消费者的概念,我国电子商务消费者权利、隐私和隐私权的概念,电子商务中侵犯隐私权的表现形式,我国对电子商务消费者隐私权的法律保护。
2. 理解电子商务时代消费者权益保护的困境。
3. 了解国内外电子商务消费者权益法律保护体系的构建。

案例导读

外卖平台超时没送外卖,还取消订单,法院判决:欺诈!赔偿!

2019 年年底,北京的周先生在 A 外卖平台订购 B 餐饮企业的餐点,页面宣传"全城送约 41 分钟"。11 时 8 分,短信提示外卖已送出,11 时 38 分,短信告知订单因配送问题被取消。2020 年 1 月,周先生就此事向北京互联网法院起诉 A 外卖平台欺诈消费者,要求其按消费者权益保护法赔付 500 元。A 外卖平台否认存在欺诈行为,称系 B 餐饮企业做出的取消行为,应由 B 餐饮企业承担相应的责任。

2020 年 5 月 13 日,北京互联网法院依据消费者权益保护法做出判决:被告 A 外卖平台作为网络交易平台提供者存在提供信息不真实的情况,作为配送服务提供者存在隐瞒可能影响交易的重要信息的行为,法院认为被告的行为构成欺诈,对原告要求赔偿 500 元的诉讼请求予以支持。

(资料来源:https://www.chinacourt.org/article/detail/2019/05/id/3935919.shtml)

辩证与思考:本案判决的法律依据是什么?

7.1 电子商务消费者权益保护概述

电子商务的飞速发展，使消费者可以方便快捷地购买所需的商品和服务。但与此同时，网络环境下消费者的权益也正面临着挑战。为此，电子商务经营者从事经营活动，应当履行消费者权益保护的义务，承担产品和服务质量责任，接受政府和社会的监督。

▶▶ 7.1.1 消费者与经营者概述

消费者是社会消费的主体，包括生产性消费者和生活性消费者两种。《消费者权益保护法》中所涉及的"消费者"主要指生活资料的消费者，在特殊情况下也包括生产资料的消费者，如农民的生产性消费活动等。

本教材所称的消费者指为了满足个人生活消费的需要而购买、使用商品或接受服务的居民。这里的居民指自然人或称个体社会成员。在我国，消费者是与经营者对称的，而经营者就是向消费者出售商品或提供服务的市场主体。

所谓的经营者，就是向消费者提供其生产、销售的商品或者提供服务的单位或者个人，是以营利为目的的从事生产经营活动并与消费者对立存在的另一方当事人。

在买卖或接受服务的法律关系中，经营者与消费者是相对应的消费法律关系主体，因而消费者的权利与经营者的义务是相对的一个问题的两个方面，即消费者的权利是经营者的义务，消费者的权利是通过经营者履行义务来实现的。

▶▶ 7.1.2 电子商务中的消费者与经营者

电子商务的发展为消费者提供了一个灵活、便利的交易平台，网上购物已成为全球热潮。在电子商务中，电子商务经营者和消费者是相对应的概念，对消费者权益的保护也就是对电子商务经营者的义务要求。

电子商务消费者是借助互联网为个人或家庭生活消费需要网上购买、使用商品或者接受服务的个人。在电子商务环境中，消费者网上消费行为的本质和交易性质并未因消费环境的变化而发生改变，区别仅在于消费形式发生了变化。

电子商务经营者是电子商务活动的主体，也是发展电子商务的主导力量。电子商务经营者，指通过互联网等信息网络从事销售商品或者提供服务的经营活动的自然人、法人和非法人组织，包括电子商务平台经营者、平台内经营者，以及通过自建网站、其他网络服务销售商品或者提供服务的电子商务经营者。电子商务交易平台的增多以及网络交易渠道的拓宽扩大了电子商务经营者的范围。由于个人对个人（C2C）电子商务对经营者的资格没有过高的要求，而且任何个人都可以免费使用 C2C 网上零售平台进行商品的销售，因此其发展速度十分惊人，已成为当前网上购物的主流模式。电子商务经营者范围扩大的现实对电子商务消费者权益的保护提出了更高的要求。

7.1.3 电子商务时代消费者权益保护的困境

电子商务对原有的消费者权益保护法律制度产生了巨大的冲击。互联网具有开放性和管理非中心性的特点，任何人都可以在网上进行商品的销售和服务的提供，某些不法分子甚至利用电子商务提供虚假信息进行商业欺诈，致使网络欺诈事件频传，让电子商务消费者遭受重大的财产损失。电子商务中消费者权益保护难题主要包括以下几个方面：

1. 网上交易安全问题

随着电子商务的发展，网上交易的安全问题已成为制约电子商务发展的主要障碍。网上交易安全风险是多重的，常常令电子商务消费者防不胜防，其中最常见的是支付风险。消费者进行网上交易时，往往需要向交易对象提供如身份证号码、账号、密码等重要的信息，如果这些信息被不法分子获取，则会导致消费者的资金被盗。目前国内的网上支付系统的安全程度已有所提高，但在网上支付安全技术、法规配套和管理等方面尚存在诸多问题，对电子商务消费者的财产安全的保护仍任重道远。

2. 电子商务合同订立中的问题

在电子商务活动中，买卖双方互不相识，电子商务消费者对电子商务经营者以及其销售的商品或者服务的了解基本上靠电子商务经营者发布的广告和自己的判断，双方订立的合同也多为电子商务经营者事先拟定的格式合同，电子商务消费者对此只能被动接受。电子商务经营者为了减轻自己的责任常常在这些格式合同中制定一些免责条款和最后解释权条款，某些电子商务经营者甚至利用其他手段使电子商务消费者无法对合同条款进行仔细阅读或对合同条款产生误解和错觉。在合同订立阶段，由于电子商务合同具有及时性的特点，电子商务消费者点击"同意发出"的承诺后，理论上是无法撤回的，我国《合同法》对此也未予规定，这一现状从一定程度上剥夺了电子商务消费者的选择权。

3. 电子商务消费者索赔的问题

消费者索赔难是一个世界性的问题，在电子商务活动中表现得尤为突出。首先，在现实生活中，消费者一般是就近选择经营者进行消费，其索赔权的行使不受地域的影响，而电子商务活动的跨地域性增加了电子商务消费者退换货的难度。其次，电子商务消费者对电子商务经营者和其提供的商品的了解多依靠经营者在电子商务交易平台上提供的信息。由于电子商务交易平台对电子商务经营者信息披露的要求较低，所以电子商务经营者提供的信息往往极为有限，通常只有一个城市名称和一个联系电话，而且相当一部分电子商务经营者并没有实际的营业地或提供的是虚拟的营业地址，这就造成了交易纠纷发生后，消费者难以准确核实经营者的身份，电子商务消费者因无法找到电子商务经营者而遭受损失的情况。其次，对于电子商务消费者和经营者订立的合同，除了网上记录，一般无其他实质性证据，即使有证据，也往往缺乏法律效力，电子商务消费者因此无法获得赔偿。再次，由于网上交易是在计算机网络技术、网上金融服务系统和物流体系等的共同支持下达成的，有可能涉及电子商务经营者、计算机软硬件设备提供者、网络服务提供者、网上银行和物流公司等多方当事人。在发生网上消费纠纷时，很可能出现各方当事人的责任认定不清以及责任分担不合理的情况。最后，由于数字化商品（如电子书和影音产品）是电子商务消费者购买的主要商品之一，但目前我国法律对这些可复制性强的商品的退、换货尚无明确的规定，电子商务消费者的退、换货要求无法得到满足。

4. 侵犯消费者隐私的问题

电子商务环境中，网络用户在浏览网页、申请邮箱、注册为网上会员或者进行网上购物时，常常会主动或被动地透露其个人信息，这些个人信息会在消费者不知情的情况下被某些电子商务经营者收集、储存、处理、披露甚至转售，例如，网络用户收到的含有商业信息的电子邮件就是一些电子商务经营者在获取了网络用户的邮箱地址后，有针对性地向其发送的。侵犯电子商务消费者隐私的行为降低了互联网的公信力，严重地威胁着电子商务的发展。

电子商务中消费者权益保护所面临的问题往往是相互交织、互为因果的，是互联网的虚拟性和网上交易的复杂性的直接反映。因此，我们有必要对电子商务消费者权益进行重新审视与定位，从立法、司法、行政监管、行业自律、电子商务消费者教育等方面入手，积极推进电子商务消费者权益保护制度的建设。

7.1.4 国内外电子商务消费者权益法律保护体系的构建

电子商务活动在绝大多数情况下，都是经营者与消费者之间的一种商业活动，消费者很多时候都处于一个被动的弱势地位，这就更需要加强立法，突出保护消费者的合法权利。无论是在国际上还是在我国，电子商务消费者权益保护的工作一直都未停下探索的脚步，尤其是我国在电子商务消费者权益保护方面更具特色。

1. 国外电子商务消费者权益保护法律

在电子商务消费者权益保护初期的立法探索，欧盟、美国和国际组织走在前列。

欧盟（欧盟于1993年成立）通过了一系列旨在保护电子商务消费者利益的成员国公约、指令、规章、决议和建议等法律文件，推进了欧盟电子商务立法的一体化进程，构建了统一的电子商务消费者权益保护法律制度。欧共体和欧盟先后通过了《关于个人数据自动化处理之个人保护公约（1981年）》（以下简称《数据公约》）、《关于涉及个人数据处理的个人保护以及此类数据自由流动的指令（1995年）》（以下简称《个人数据指令》）、《关于远程合同订立过程中对消费者保护的指令（1997年）》（以下简称《远程销售指令》）、《关于互联网市场某些信息社会服务，特别是电子商务法律问题的指令（2000年）》（以下简称《电子商务指令》）和《关于电信业处理个人数据和隐私保护的指令（2002年）》（以下简称《隐私指令》）等指令，为各成员国在电子商务安全、网上合同的规制以及电子商务消费者隐私权的保护等方面制定了具体、详尽的原则和规则，以统一各成员国的国内法。

美国对电子商务消费者权益的保护采取的是专门立法与行业自律相结合的模式，在消费者权益保护立法的数量和质量以及保证执法等方面均走在了世界的最前列。美国国会先后通过了《统一计算机信息交易法（1997年）》《儿童在线隐私保护法（1998年）》《统一电子交易法（1999

年)》《信息自由法(2000年)》以及《全球及国内电子签名法(2001年)》等多部涉及电子商务消费者权益保护的法律。美国联邦贸易委员会(FTC)消费者权益保护署是对消费者权益进行保护的政府部门,它的职责包括保证法律法规在电子商务中的适用,通过开展宣传活动指导消费者如何在电子商务中保护自己的权益,以及鼓励电子商务从业企业建立行业自律准则以实现司法治理与行业自律的有效结合。美国学者和舆论普遍批评美国政府和国会在电子商务消费者权益保护的立法方面反应迟钝,但是在网上消费纠纷的解决上,美国联邦和各州法院丝毫未受到相关法律缺失的影响,在保护电子商务消费者权益方面仍起着至关重要的作用。

经济合作与发展组织(以下简称经合组织)在电子商务消费者权益保护的方针和原则的制定方面起了非常积极的作用。自20世纪80年代起,经合组织发布、制定了《保护个人隐私和跨国界个人数据流指导原则(1980年)》《跨国界数据流宣言(1985年)》《信息系统安全指导方针(1992年)》《电子商务:互联网上提供的数字化商品的贸易政策问题(1998年)》等报告和宣言。1998年10月,经合组织在加拿大渥太华召开的电子商务部长级会议上通过了《在全球网络上保护个人隐私宣言》《关于在电子商务条件下保护消费者的宣言》《关于电子商务身份认证的宣言》《经合组织电子商务行动计划(1998年)》等文件,为电子商务消费者权益的保护提供了指导思想和具体原则。

1999年12月经合组织发布了《经合组织关于电子商务中消费者保护指南》,提出了在B2C电子商务中保护消费者的三个原则:(1)确保消费者网上购物所受到的保护不低于日常其他购物方式;(2)排除消费者网上交易的不确定性;(3)在不妨碍电子商务发展的前提下,建立和发展电子商务消费者保护机制。这一准则还提出了保护消费者的七个目标:(1)广告宣传、市场经营和交易信守公平、诚实、信用;(2)保障消费者网上交易的知情权;(3)网上交易应有必要的认证;(4)网上经营者应使消费者知晓付款的安全保障;(5)应有对纠纷行之有效的解决、救济途径和方法;(6)保护消费者的隐私;(7)向消费者普及和宣传电子商务和保护消费者的法律常识。

2. 我国电子商务消费者权利保护法律体系的构建

进入21世纪,中国电子商务取得了长足的发展,并走在了世界的前列,《中华人民共和国电子商务法》的出台,标志着我国电子商务消费者权益保护法律建设已经走向体系化和成熟化的道路。在电子商务消费者权益保护方面,我国已经形成了以《消费者权益保护法》和《电子商务法》为核心,以《宪法》《中华人民共和国民法典》《产品质量法》《反不正当竞争法》《电子签名法》等法律、法规和地方政府规章为重要补充的电子商务消费者权益保护的法律体系。

在电子商务交易活动中,消费者的消费活动仅仅是手段和方式的变化,消费者的权益及其保护并未发生本质变化,加之作为综合性法律的《电子商务法》并未设专章明确消费者权利,而是通过规定电子商务经营者责任和义务的方式实现对电子商务消费者合法权益的保护,所以本章以《消费者权益保护法》为主体,融合《电子商务法》及其他相关法律中消费者权益保护的相关内容进行论述。

7.2 电子商务消费者权利的保护

消费者的权利也就是经营者的义务，我国《消费者权益保护法》明确规定了消费者在购买、使用商品和接受服务时享有安全权、知情权、自主选择权、公平交易权、索赔权、结社权、获得有关知识权、人格尊严和民族风俗习惯受尊重权以及监督权等权利，通过赋权的方式来保护消费者的合法权益。而在电子商务法律环境下，消费者的性质并未发生改变，电子商务消费者的权利是消费者权利在互联网上的延伸。由于电子商务具有虚拟性、开放性、跨地域性的特点，消费者在交易过程中的弱势地位显得更为突出，经营者以不公平格式条款、虚假促销、销售假冒伪劣商品等方式损害消费者权益，表现形式更多样、更复杂，消费维权更艰难。为此，在电子商务中，对消费者的权益保护采取加强规制电子商务经营者的方式更易实现，所以，我国电子商务法中对电子商务消费者权益的保护更多地体现在强化电子商务经营者的义务方面。

▶▶ 7.2.1 电子商务消费者的安全权

消费者的安全权又称安全保障权，指消费者在购买、使用商品和接受服务时享有人身、财产安全不受损害的权利。消费者有权要求经营者提供的商品和服务，符合保障人身、财产安全的要求。消费者的安全权包括了消费者的人身安全和财产安全两方面的内容。人身安全权是消费者最重要的权利。人身安全权指生命安全和健康不受损害，即消费者在购买、使用商品和接受服务时，享有保持身体各器官及其机能完整和生命不受危害的权利。"任何的经营者从事任何的经营活动，消费者的人身安全都应当是第一位的。"消费者的财产安全权一方面包括消费者在购买、使用商品和接受服务时自身的安全，另一方面指除购买、使用的商品或接受的服务之外，消费者的其他财产的安全。

为了更好地保护消费者的安全权，我国《消费者权益保护法》以设定经营者义务的方式强化规定：经营者应当保证其提供的商品或者服务符合保障人身、财产安全的要求。对可能危及人身、财产安全的商品和服务，应当向消费者做出真实的说明和明确的警示，并说明和标明正确使用商品或者接受服务的方法，以及防止危害发生的方法。《电子商务法》则通过加强电子商务经营者义务来保护消费者的人身安全和财产安全，"电子商务经营者销售的商品或者提供的服务应当符合保障人身、财产安全的要求和环境保护的要求，不得销售或者提供法律、行政法规禁止交易的商品或者服务。"这充分保障了消费者的人身、财产不受侵害。《电子商务法》第三十八条规定："对关系消费者生命健康的商品或者服务，电子商务平台经营者对平台内经营者的资质、资格未尽到审核义务，或者对消费者未尽到安全保障义务，造成消费者损害的，依法承担相应的责任。"也就是说，电子商务交易关系到消费者生命健康的商品或者服务时，涉及平台经营者的责任有两种情形：对资质、资格审核义务的责任承担；对消费者的安全保障义务的责任承担。考虑到相关问题和情况比较复杂，平台经营者所应承担的责任既非单纯的"连带责任"，也不是单一的"补充责任",而是根据实际情况具体认定,所以规定为"依法承担相应的责任"。具体承担责任的方式是"对平台内经营者侵害消费者合法权益行为未采取必要措施,或者对平台内经营者未尽到资质、资格审核义务,或者对消费者未尽到安全保障义务的,由市场监督管理部门责令限期改正,可以处五万元以上五十万元以下的罚款;情节严重的,责令停业整顿,并处五十万元以上二百万元以下的罚款"。

▶▶ 7.2.2 电子商务消费者的知情权

知情权也称为知悉真情权,是消费者享有的知悉其购买、使用的商品或者接受的服务的真实、充分、准确、适当信息的权利。我国《消费者权益保护法》第八条规定:"消费者享有知悉其购买、使用的商品或者接受的服务的真实情况的权利。"消费者有权根据商品或者服务的不同情况,要求经营者提供商品的价格、产地、生产者、用途、性能、规格、等级、主要成分、生产日期、有效期限、检验合格证明、使用方法说明书、售后服务,或者服务的内容、规格、费用等有关情况。消费者的知情权包括两层含义:一是消费者在购买、使用商品或接受服务时,有权询问、了解商品或者服务的有关情况;二是经营者依消费者要求所提供的信息必须是真实的。《消费者权益保护法》的规定在传统消费活动中起到了很好地保护消费者知情权的作用,但在电子商务环境中,知情权的内涵得到了细化。

在传统交易中,交易双方往往为面对面的直接交易,消费者可以直观地了解商品或者服务的具体内容和信息。电子商务打破了物理地域的限制,消费者对经营者及商品或服务的真实信息往往都是由电子商务经营者提供的(包括网络推送、排名、广告等方式)。所以,我国现有的消费者权益保护法从消费者角度出发,明确规定了消费者享有知情权,而在电子商务中,为更好地保护消费者的知情权,应当将全面、真实、准确的信息披露规定为商家的义务,促使商家积极主动地进行披露,这样才能更好地保障消费者权益。

我国电子商务消费者的知情权包括以下四个方面的内容:获知有关经营者真实身份的权利;获得有关商品或者服务的真实情况的权利;获得有关商品或服务技术指标的真实情况的权利;获得有关商品或者服务的售后服务的真实情况的权利。

我国《消费者权益保护法》在保护消费者知情权方面,设定了经营者的告知或明示义务,规定:经营者向消费者提供有关商品或者服务的质量、性能、用途、有效期限等信息,应当真实、全面,不得做虚假或者引人误解的宣传。经营者对消费者就其提供的商品、服务的质量和使用方法等问题提出的询问,应当做出真实、明确的答复。经营者提供商品或者服务应当明码标价。此外,经营者应当标明其真实名称和标记。租赁他人柜台或者场地的经营者,应当标明其真实名称和标记。

采用网络、电视、电话、邮购等方式提供商品或者服务的经营者,以及提供证券、保险、银行等金融服务的经营者,应当向消费者提供经营地址、联系方式、商品或者服务的数量和质量、价款或者费用、履行期限和方式、安全注意事项和风险警示、售后服务、民事责任等信息。

我国《电子商务法》第十七条规定:"电子商务经营者应当全面、真实、准确、及时地披露商品或者服务信息,保障消费者的知情权和选择权。电子商务经营者不得以虚构交易、编造用户评价等方式进行虚假或者引人误解的商业宣传,欺骗、误导消费者。"这就要求电子商务经营主体必须全面、真实、准确、及时地披露商品或者服务信息,和消费者权益保护法形成对应关系，有力地保障消费者的知情权和选择权。

案例链接

全国首例组织刷单炒信刑事案件宣判

被告人李某某通过创建网站和利用 YY 语音聊天工具建立刷单炒信平台，吸纳淘宝卖家注册账户成为会员，并收取 300～500 元的保证金和 40～50 元的平台管理维护费及体验费，并通过制定刷单炒信规则与流程，组织会员通过该平台发布或接受"刷单炒信"任务。会员在承接任务后，通过与发布任务的会员在淘宝网上进行虚假交易并给予虚假好评的方式赚取任务点，使自己能够采用悬赏任务点的方式吸引其他会员为自己刷单炒信，进而提升自己淘宝店铺的销量和信誉，欺骗淘宝买家。其间，被告人李某某还通过向会员销售任务点的方式牟利。从 2013 年 2 月至 2014 年 6 月，被告人李某某共收取平台管理维护费、体验费及任务点销售收入至少人民币 30 万元，另收取保证金合计人民币 50 余万元。经查询，李某某所创建的网站不具备获得增值电信业务经营许可的条件。

法院另查明，被告人李某某因涉嫌侵犯公民个人信息罪于 2016 年 9 月 10 日被江西省宜春市公安局刑事拘留，同年 9 月 30 日被逮捕。2017 年 5 月 16 日，宜春市袁州区人民法院做出刑事判决书，以被告人李某某犯侵犯公民个人信息罪，判处有期徒刑九个月，并处罚金人民币二万元。

李某某违反国家规定，以营利为目的，明知是虚假的信息，仍通过网络有偿提供发布信息等服务，扰乱市场秩序，且属情节特别严重，遂依据相关法律规定，以非法经营罪判处被告人李某某有期徒刑五年六个月，并处罚金人民币九十万元，连同原判有期徒刑九个月，并处罚金人民币二万元，予以并罚，决定执行有期徒刑五年九个月，并处罚金人民币九十二万元。

（资料来源：http://www.zjjcy.gov.cn/art/2017/6/20/art_31_48839.html）

▶▶ 7.2.3 电子商务消费者的自主选择权

消费者的自主选择权指消费者有权根据自己的需求、意向和兴趣自主选择商品或者服务以及商品和服务经营者的权利。根据我国《消费者权益保护法》第九条规定："消费者享有自主选择商品或者服务的权利。消费者有权自主选择提供商品或者服务的经营者，自主选择商品品种或者服务方式，自主决定购买或者不购买任何一种商品、接受或者不接受任何一项服务。消费者在自主选择商品或者服务时，有权进行比较、鉴别和挑选。"

在电子商务中，消费者的自主选择权经常受到电子商务经营者的不法侵害，为了有效维护消费者的合法权益，根据《电子商务法》第十九条的规定，电子商务经营者根据消费者的兴趣爱好、消费习惯等特征向其提供商品或者服务的搜索结果的，应当同时向该消费者提供不针对其个人特征的选项，尊重和平等保护消费者的合法权益。电子商务经营者向消费者发送广告的，应当遵守《中华人民共和国广告法》的有关规定。而对于电子商务经营者违法提供搜索结果的：由市场监督管理部门责令限期改正，没收违法所得，可以并处五万元以上二十万元以下的罚款；情节严重的，并处二十万元以上五十万元以下的罚款。

《电子商务法》对有损消费者利益的搭售行为做了限制性规定："电子商务经营者搭售商品

或者服务,应当以显著的方式提请消费者注意,不得将搭售商品或者服务作为默认同意的选项。"对于违法搭售商品、服务的:由市场监督管理部门责令限期改正,没收违法所得,可以并处五万元以上二十万元以下的罚款;情节严重的,并处二十万元以上五十万元以下的罚款。

案例链接

电子商务经营者应向消费者明示押金退还的方式

2017年以来,悟空、酷骑、小鸣、小蓝等共享单车企业,因融资困难、资金链断裂等原因,相继停止运营。由于这些共享单车企业向消费者收取押金后,大多存在违规挪用押金行为,造成消费者押金难退。针对押金问题,《电子商务法》规定,电子商务经营者按照约定向消费者收取押金的,应当明示押金退还的方式、程序,不得对押金退还设置不合理的条件。消费者申请退还押金,符合押金退还条件的,电子商务经营者应当及时退还。对于电子商务经营者未向消费者明示押金退还的方式、程序,对押金退还设置不合理条件,或者不及时退还押金的:由有关主管部门责令限期改正,可以处五万元以上二十万元以下的罚款;情节严重的,处二十万元以上五十万元以下的罚款。

(资料来源:https://www.sohu.com/a/285909247_100191018)

为了强化对消费者选择权的保护,《电子商务法》规定,电子商务平台经营者应当建立、健全信用评价制度,公示信用评价规则,为消费者提供对平台内销售的商品或者提供的服务进行评价的途径。电子商务平台经营者不得删除消费者对其平台内销售的商品或者提供的服务的评价。

▶▶ 7.2.4 电子商务消费者的公平交易权

公平交易权是消费者的基本权利,是买卖双方自愿、平等、公平、诚信以及等价有偿原则的具体体现。消费者的公平交易权指消费者在与经营者之间进行的消费交易中所享有的获得公平交易条件的权利以及消费者有拒绝经营者强制交易行为的权利。我国《消费者权益保护法》第十条规定:"消费者享有公平交易的权利。消费者在购买商品或者接受服务时,有权获得质量保障、价格合理、计量正确等公平交易条件,有权拒绝经营者的强制交易行为。"

公平交易权的内容十分广泛,经营者在提供商品或服务时,必须保证质量、价格合理、计量正确。在电子商务中,电子商务消费者的公平交易权不但体现在与电子商务经营者的交易过程中取得的公平交易条件,而且体现在电子商务消费者拒绝电子商务经营者强制交易的行为上。如电子商务经营者不得进行虚假或者引人误解的商业宣传、不得滥用市场支配地位,不得进行不合理限制、附加不合理条件、收取不合理费用,明确了合同成立和格式条款的效力,以保障消费者享有公平交易的权利。

1. 格式合同问题

对于格式合同,我国《消费者权益保护法》要求:经营者在经营活动中使用格式条款的,应当以显著方式提请消费者注意商品或者服务的数量和质量、价款或者费用、履行期限和方式、安全注意事项和风险警示、售后服务、民事责任等与消费者有重大利害关系的内容,并按照消费者的要求予以说明。经营者不得以格式条款、通知、声明、店堂告示等方式，做出排除或者限制消费者权利、减轻或者免除经营者责任、加重消费者责任等对消费者不公平、不合理的规定，不得利用格式条款并借助技术手段强制交易。格式条款、通知、声明、店堂告示等含有前款所列内容的，其内容无效。我国《电子商务法》也有类似的规定，即"电子商务经营者不得以格式条款等方式约定消费者支付价款后，合同不成立；格式条款等含有该内容的，其内容无效"。

2. 避免垄断和强制交易

为了避免垄断导致消费者无法行使公平交易权,而最终使得消费者利益受损,《电子商务法》明确要求："电子商务经营者因其技术优势、用户数量、对相关行业的控制能力以及其他经营者对该电子商务经营者在交易上的依赖程度等因素而具有市场支配地位的，不得滥用市场支配地位，排除、限制竞争。"更据最高人民法院 2020 年颁布的《涉电子商务平台知识产权指导意见》第五条第二款规定，电商平台通过订立协议、设定交易规则或利用技术手段排除平台内经营者参加其他电商平台组织的活动的，法院可受理平台内经营者提起的反不正当竞争、反垄断为由的诉讼。

为了避免电子商务平台滥用优势地位,《电子商务法》规定，电子商务平台经营者不得利用服务协议、交易规则以及技术等手段，对平台内经营者在平台内的交易、交易价格以及与其他经营者的交易等进行不合理限制和附加不合理条件，或者向平台内经营者收取不合理的费用。

文化和旅游部发布《在线旅游经营服务管理暂行规定》

2020 年 8 月 20 日，文化和旅游部发布了《在线旅游经营服务管理暂行规定》，明确了在线旅游经营者不得滥用大数据分析等技术手段，侵犯旅游者合法权益，要求在线旅游企业加强网络安全等级保护制度，不得擅自屏蔽、删除旅游者对其产品和服务的评价，不得误导、引诱、替代或者强制旅游者做出评价，不得为"不合理低价"旅游提供交易机会，并主动公示全国旅游投诉渠道，鼓励平台经营者先行赔付。该规定自 2020 年 10 月 1 日起开始施行。

▶▶ 7.2.5 电子商务消费者的索赔权

消费者的索赔权又称损害赔偿权或求偿权，指消费者因购买、使用商品或者接受服务受到人身、财产损害时，享有依法获得赔偿的权利。消费者的求偿权是法律提供的一种救济权，以补偿经营者对消费者造成的损害。我国《消费者权益保护法》第十一条规定："消费者在购买、使用商品和接受服务时受到人身、财产损害的，享有依法获得赔偿的权利。"消费者的索赔权与消费者的知情权、公平交易权和安全权等密切相关，尤以与消费者的安全权的关系最为紧密。

在电子商务中，电子商务消费者可能因所购买商品与电子商务经营者的广告宣传不符造成财产损失，或因商品的质量问题造成人身损害。电子商务消费者可以因此行使其索赔权，要求电子商务经营者予以相应的财产损害赔偿或精神损害赔偿，还可以要求其他的民事责任承担方式，如修理、重做、更换等。

1. 退货的相关规定

我国《消费者权益保护法》明确要求，经营者提供的商品或者服务不符合质量要求的，消费者可以依照国家规定、当事人约定退货，或者要求经营者履行更换、修理等义务。没有国家规定和当事人约定的，消费者可以自收到商品之日起七日内退货；七日后符合法定解除合同条件的，消费者可以及时退货，不符合法定解除合同条件的，可以要求经营者履行更换、修理等义务。依照前款规定进行退货、更换、修理的，经营者应当承担运输等必要的费用。

对于经营者采用网络、电视、电话、邮购等方式销售的商品，消费者有权自收到商品之日起七日内退货，且无须说明理由，但下列商品除外：消费者定作的；鲜活易腐的；在线下载或者消费者拆封的音像制品、计算机软件等数字化商品；交付的报纸、期刊。除前款所列商品外，其他根据商品性质并经消费者在购买时确认不宜退货的商品，不适用无理由退货。

消费者退货的商品应当完好。经营者应当自收到退回商品之日起七日内返还消费者支付的商品价款。退回商品的运费由消费者承担，经营者和消费者另有约定的，按照约定进行。

2. 先行赔付的规定

为了将电子商务消费者权益保护落到实处，《电子商务法》规定："消费者要求电子商务平台经营者承担的先行赔偿责任以及电子商务平台经营者赔偿后向平台内经营者的追偿，适用《中华人民共和国消费者权益保护法》的有关规定。"

在现实生活中，电子商务消费者在行使索赔权时往往困难重重。如前所述，在电子商务活动中，经营者往往以虚拟的身份进行交易，消费者的权利遭受侵害时，很可能因找不到实际的侵权者而无法获得赔偿。此外，由于电子商务经营者很容易篡改网上交易的商品或服务内容，电子商务消费者在遭受损害后取证十分困难。

▶▶ 7.2.6 电子商务消费者的其他权利

便利权。《电子商务法》第二十一条、第二十四条分别规定了电子商务经营者在押金退还、用户信息查询、更正删除等方面提供交易便利的义务，保障了消费者享有便利权。

收货验货权。《电子商务法》第二十条明确了电子商务经营者交付义务及其风险责任的承担，第五十二条规定了电子商务经营者应当提供收货验货的义务，以保障消费者享有收货验货权。

评价权。《电子商务法》第三十九条规定了电子商务经营者应当提供给消费者进行信用评价的义务，保障了消费者享有对电子商务平台内销售的商品或者提供的服务进行评价的权利。

个人信息受保护权。《电子商务法》第二十三条、第二十四条款规定电子商务经营者应当履行个人信息保护义务，保障了电子商务消费者享有个人信息依法得到保护的权利。

通过以上分析，在电子商务中，电子商务消费者的各项权利之间存在着密切的联系，在某些情况下，权利内容也存在着交叉。具体来说，电子商务消费者只有知悉电子商务经营者及其所提供的商品或服务的真实情况才能对商品或服务进行自由选择，而只有进行自由选择才能保证其公平交易权的实现。例如，电子商务经营者的强制交易行为既侵犯了消费者的自主选择权，又侵犯了消费者的公平交易权。因此，对电子商务消费者权益的保护是一个系统工程，需要考察各种可能有损电子商务消费者权益的因素，具体问题具体分析，构建一个符合时代需要的，切实可行的电子商务消费者权益保护法律体系。

7.3 电子商务中的隐私权和个人信息保护

在电子商务时代，个人信息已经成为具有很高价值的商品，通过对网络用户个人信息的利用向网络用户推销商品或者服务是电子商务营销的重要手段。从这个意义上说，电子商务不是网络隐私问题产生的原因，但它无疑是引发网络隐私保护的主要因素。电子商务对网络用户和电子商务消费者隐私权的侵害很大程度上是由互联网的开放性、虚拟性以及计算机和网络技术的发展等因素造成的。

▶▶ 7.3.1 隐私和隐私权的内涵

隐私权和个人信息保护问题日益受到关注。《中华人民共和国民法典》在第四编"人格权"中设专章专门对"隐私权和个人信息保护"做了法律规定，不仅对于隐私、个人信息以及个人信息的处理等基本概念做出了清晰的界定，同时明确了禁止实施的侵害隐私权的行为类型，处理个人信息应遵循的原则与合法性要件、个人信息的合理使用，还对隐私权和个人信息保护的关系问题做出了规定。①

隐私和隐私权的概念最早是由美国法学家沃伦和布兰迪斯在1890年提出来的。在他们共同发表于《哈佛法学评论》上的论文"隐私权"中，他们将隐私权定义为"生活的权利"和"不受打扰的权利"。进入20世纪后，隐私权逐渐受到了各国的重视，随着联合国于1948年12月通过的《世界人权宣言》和1966年12月通过的《公民权利和政治权利国际公约》中关于人权和公民权利等观念被各国所接受，隐私权作为一种独立人格权逐渐得到各国法律的确认和保护。

1. 隐私的概念和内容

我国《民法典》中所界定的隐私指自然人的私人生活安宁和不愿为他人知晓的私密空间、私密活动、私密信息。

从定义中可以看出，隐私仅仅是自然人所拥有的。隐私属于自然人的精神利益，保护隐私的根本目的是维护人格自由，保护人格尊严。民事主体包括自然人、法人和非法人组织。从《民法典》的规定中可以看出，只有自然人针对隐私才享有需要法律保护的精神利益。而法人、非

---

① 资料来源：https://www.chinacourt.org/article/detail/2020/07/id/5383094.shtml

法人组织除了基于保护国家秘密、商业秘密、生产经营秩序或公共活动秩序的需要,并不存在隐私的保护问题。

隐私具体包括私人生活安宁和不愿为他人知晓的私密空间、私密活动、私密信息。

第一,私人生活安宁指自然人的个人私人生活不受他人非法侵扰的状态。

学而思:骚扰电话和强制弹窗广告属于侵犯私人生活安宁吗?①

第二,隐私还包括不愿为他人知晓的私密空间、私密活动、私密信息等。

私密空间涵盖了"住宅、宾馆房间"等物理空间,同时也包括了虚拟的空间,如电子邮箱、QQ群、微信群等。

私密活动指,自然人不愿意为他人知晓的活动,如亲友的聚餐、朋友间谈话等。

私密信息也称隐私信息。我国《民法典》将个人信息分为私密信息和非私密信息。如自然人个人的健康信息、财产状况属于私密信息。不过,自然人的姓名、性别等通常不属于私密信息。

2. 隐私权的概念及其内容

隐私权是一种具体的人格权,指自然人的隐私不受不法侵害的权利。我国《民法典》第一百一十条规定:"自然人享有生命权、身体权、健康权、姓名权、肖像权、名誉权、荣誉权、隐私权、婚姻自主权等权利。"第一千零三十二条第一款规定:"自然人享有隐私权。任何组织或者个人不得以刺探、侵扰、泄露、公开等方式侵害他人的隐私权。"

从相关法律规定中不难看出,隐私权的主体应为自然人,而隐私权的客体是个人隐私,也就是自然人的私人生活安宁和不愿为他人知晓的私密空间、私密活动、私密信息。

我国学者多从隐私权权利主体对权利行使的角度将隐私权分为四项具体的权利:隐私隐瞒权、隐私利用权、隐私维护权和隐私支配权。隐私隐瞒权指权利主体对于自己的隐私进行隐瞒,不为人所知的权利。隐私利用权指自然人对于自己的隐私权积极利用,以满足自己精神、物质等方面需要的权利。隐私维护权指隐私权主体对于自己的隐私权享有维护其不可侵犯性,在受到非法侵犯时可以寻求公力与私力救济的权利。隐私支配权指公民对自己的隐私有权按照自己的意愿进行支配。

计算机和网络技术的发展及广泛使用使隐私权被赋予了新的意义,隐私权的意义已不再局限于消极被动的,不受干扰的权利,还应包括对个人资料积极主动的控制和支配权②。

▶▶ 7.3.2 个人信息

个人信息是以电子或者其他方式记录的,能够单独或者与其他信息结合识别特定自然人的各种信息,包括自然人的姓名、出生日期、身份证件号码、生物识别信息、住址、电话号码、电子邮箱、健康信息、行踪信息等。

个人信息最为强调的"可识别性",即由信息到个人,就是由信息本身的特殊性识别出特定的自然人。

个人信息也强调"关联性",即从个人到信息,就是从已知既定的自然人个人,知晓"关于"

---

① 资料来源:http://k.sina.com.cn/article_1655444627_62ac149302000xvt3.html
② 郭懿美,蔡庆辉. 电子商务法[M]. 厦门:厦门大学出版社,2004.

该个人在其活动中产生的信息（如个人位置信息、个人通话记录、个人浏览记录等）。

从信息的用途看，个人信息可以分为三类。第一类用于建立特定主体之间互动的渠道，如电话号码、电子邮箱、地址、IMEI号等。第二类用于认证特定个人的电子身份，如用户名密码、指纹、虹膜、Face ID等。一旦用于认证个人电子身份的个人数据被泄露、滥用、误用，与电子身份紧密相连的各种权益都将处于巨大的风险之中。第三类用于描述特定个人的某些方面的特征或情况，如浏览记录、婚史、行踪轨迹、教育经历、疾病史、宗教信仰、血型、基因信息等。这些个人数据一旦遭泄露或者被滥用、误用，他人可能利用这些信息勒索特定个人或迫使其违背意愿行事。①

我国《民法典》第一千零三十四条规定："自然人的个人信息受法律保护。"个人信息中的私密信息，适用有关隐私权的规定；没有规定的，适用有关个人信息保护的规定。

QQ浏览器侵犯隐私权案

许先生是一名法学博士，也是QQ浏览器的用户，在一次使用中，许先生发现用微信或QQ账号登录QQ浏览器之后，QQ浏览器在没有提示也未经许先生授权同意的情况下，就获取了许先生的微信好友关系，并展示在好友页面上。不仅如此，QQ浏览器还同步了许先生微信账号中的性别、地区等个人信息。许先生想删掉这些被违法收集的个人隐私信息，却发现QQ浏览器居然没有提供任何方式来取消个人信息的授权，也找不到任何能够删除个人隐私信息的地方。无奈之下，许先生在法院起诉了QQ浏览器的App运营方腾讯，并提起了行为保全申请（诉前禁令），要求腾讯立即停止侵犯其隐私权的行为，并立即停止在QQ浏览器的App上使用原告的微信、QQ账号信息以及好友关系。

最终，法院根据许先生的申请，裁定腾讯立即停止在QQ浏览器的App中获取用户微信账号中的头像、性别、生日、地区等个人信息，以及微信好友信息的行为。

（资料来源：https://www.sohu.com/a/403661053_119038?_f=index_pagefocus_1&_trans_=000014_bdss_dkqgadr）

▶▶ 7.3.3 电子商务中消费者隐私权的内容

电子商务的交易是以消费者个人信息的提供为基础的，在交易过程中，消费者必须主动向电子商务经营者提供真实的信息，如姓名、出生日期、身份证件号码、生物识别信息、住址、电话号码、电子邮箱、健康信息等基本信息，以及账号或密码等支付信息。此外，在大数据时代，电子商务经营者也可能会利用技术方法获取电子商务消费者更多的个人信息，这些信息可能包括上网习惯、消费者消费交易内容，甚至电子商务消费者计算机内存储的信息和资料。

在电子商务中，消费者的隐私权既有一般性，又有特殊性。一般性指电子商务消费者首先是自然人，其自然享有民法赋予自然人的隐私权。特殊性指在电子商务中，个人的隐私主要是以数据的方式呈现出来的，保护电子商务消费者个人信息成为电子商务隐私权保护的关键。所

---

① 资料来源：http://blog.sina.com.cn/s/blog_471ca21d0102z9u9.html

以，在电子商务中，消费者的隐私权主要指在电子商务环境下，消费者拥有网络私人生活安宁和私密空间、私密活动、私密信息不受侵犯的权利。换言之，电子商务消费者的隐私权就是消费者个人数据信息受到保护的权利。

在电子商务中，消费者的隐私权包括个人数据受到合法保护的权利和消费者的私人空间、私人活动受到合法保护的权利。

个人数据受到合法保护的权利。这指在电子商务中，消费者主动提供和被搜集的信息由消费者决定其保存、删除和转让，以及保证个人信息完整和不被篡改的权利。换句话说，电子商务消费者有权知悉其个人信息被谁收集，如何处理和利用，以及拥有对这些信息的收集、处理和利用的控制权。

消费者的私人空间、私人活动受到合法保护的权利。在电子商务中，消费者的私人数据存储空间可视为其私人空间，消费者有维护其终端使用系统和网络通信安全的权利。它包括禁止他人利用技术手段未经允许侵入网络用户储存于计算机系统、移动终端或网络上的个人信息，禁止他人利用技术手段对其网上活动进行跟踪定位或发送垃圾信息等权利。当上述权利遭受侵害时，消费者有要求侵权行为实施者如电子商务平台、商家或其他网络用户承担相应的法律责任并获得赔偿的权利。

▶▶ 7.3.4 电子商务中侵犯隐私权的表现形式

在电子商务环境中，消费者隐私权包括了在网络虚拟空间和现实物理空间的私人生活安宁和私密空间、私密活动、私密信息不被侵犯的权利。在传统的商务模式中，自然人的隐私权虽然也会受到不法之徒的侵害，但其侵害的范围和程度都远远不能与电子商务相比。电子商务经营者在取得消费者个人隐私信息后，往往会进行商业使用，如向电子商务消费者发送垃圾邮件进行商品或服务的销售，或将这些信息出售给第三方。电子商务经营者未经允许对电子商务消费者或网络用户的个人信息的收集和使用行为都侵犯了电子商务消费者或网络用户的隐私权。

1. 非法侵入网络用户的终端设备，非法截取、篡改网络用户的个人信息

个人网络用户的计算机终端系统和手机终端及其他终端设备在性质上属于系统所有者的私人空间，未经本人同意，利用技术手段非法侵入网络用户终端设备的行为侵犯了网络用户隐私控制权和隐私维护权。此外，某些非法侵入者还实施了对网络用户终端内储存的信息的删除、修改或伪造行为。

个人信息是重要的隐私内容之一，未经同意对电子商务消费者的个人信息进行截取或篡改，构成了对电子商务消费者隐私权的侵犯。

2. 对电子商务消费者个人信息的非法收集、利用和出售

在电子商务时代，大数据能够将人的行为以及选择、特征信息化，为人们的工作、学习、生活、购物和消费提供便利。不过个人信息的"数据化""网络化"，使个人信息被侵犯的风险大大增加，这严重地威胁了信息主体的财产安全，甚至人身安全。

除电子商务消费者主动提供的信息外，某些电子商务经营者还会利用技术手段取得电子商务消费者和网络用户的个人信息，构成了对网络用户个人信息的非法收集。收集网络用户信息的技术手段很多，其中最常使用的就是 Cookie（小甜饼）技术。Cookie 是某些网站为了辨别网络用户身份而储存在用户计算机硬盘上的一个程序，网站可以利用 Cookie 跟踪、统计用户访问该网站的习惯。在此种情况下，收集消费者的信息与跟踪消费者行为是同步进行的，由于这种对网络用户个人信息的利用不一定造成用户的直接损失，因此现在对于 Cookie 与用户隐私权的问题并没有相关法律约束。由于对网络用户个人信息的转让往往伴随着巨大的经济利益，经过对网络用户个人信息的处理，网站或电子商务经营者会将这些信息出售以从中牟利。

3. 骚扰信息、垃圾信息

垃圾信息和骚扰电话主要有以下几种类型：电子商务经营者发送的推销；不法分子以抽奖或中奖为诱饵的诈骗信息；各个平台办贷款。无一例外的是电子商务消费者的个人信息已经被肆意窃取传播，使之几乎都没隐私可言。此外，发送垃圾邮件的行为构成了对网络用户个人生活安宁权的侵犯。

▶▶ 7.3.5　国际上网络隐私权法律保护的主要模式

欧盟在保护网络隐私权和个人数据方面一直走在世界的前列。1981 年 1 月，欧洲理事会各成员国签署了《数据公约》，为个人数据的自动化处理制定了原则。1995 年 10 月，欧盟了通过《个人数据指令》。该指令要求欧盟成员国保护自然人在个人数据处理中的隐私权，各成员国不得限制或禁止成员国间个人数据的自由流动。该指令制定了欧盟成员国保证个人数据自由流动且适用于私人或商业领域的原则和规则，如数据质量原则、数据处理合法化的准则等，此外该指令还规定了个人数据保护的共同标准。2000 年 12 月，欧盟通过了《关于欧盟机构和团体处理个人数据及数据自由流动的个人保护规章》。该规章规定了个人数据处理合法性的一般性规则，即数据质量原则、合法处理数据的标准、数据处理的特殊分类、应向数据主体提供的信息、数据主体的权利、豁免与限制、数据处理的机密性与安全性等。2002 年 7 月，欧盟通过了《隐私指令》取代了《电信部门个人数据处理和隐私保护指令》。2010 年，欧盟建议创建一项网上"被遗忘权"，即用户有权告知网站永久性删除个人数据。该规定还要求，网络公司以任何方式使用或处理用户个人数据前，都必须得到用户的明确同意。通过上述立法措施，欧盟建立起了一套完备的网络隐私权保护的法律制度。

美国对网络隐私权的保护始于 1997 年 7 月美国政府颁布的《全球电子商务纲要》，要求数据搜集者须向消费者告知其搜集了消费者什么信息，以及将如何使用这些数据，并向消费者提供一种有意义的方式以限制使用和再使用其个人信息。如果数据搜集者对个人信息进行了不当利用，造成了消费者精神和财产损害，消费者应该得到补偿。2012 年，美国提出 FCC 网络用户隐私权保护法案，增加了用户对自己网络信息的控制权，但其实施目前仍严重有赖于谷歌和脸书等网络公司的自愿承诺。但是到了 2017 年，美国众议院投票废除 FCC 网络用户隐私权保护法案。这也标志着美国互联网政策将发生急剧变化，允许网络供应商收集和出售用户的网络浏览历史、位置信息、健康数据以及其他个人细节。从其立法过程和立法内容不难看出，美国倾向于通过网络行业自律的模式来实现对网上非法搜集个人隐私材料的控制。

欧盟和美国的网络隐私权保护分别代表了两种不同的模式，成为当今世界的主流模式。

7.3.6 我国对电子商务消费者隐私权的法律保护[①]

在电子商务充分发展的今天,一个不容回避的问题便是隐私权受到侵犯。为了保护消费者的合法权益,引导电子商务的健康发展,我国现在已经形成以《宪法》为基础,以《民法典》《消费者权益保护法》和《电子商务法》为主体,以其他相关法律为补充而构建的相对完善的电子商务消费者隐私权保护法律体系。

1. 电子商务消费者隐私权的宪法保护

作为母法,我国宪法以保护公民基本权利的方式体现对电子商务消费者隐私权的保护,《中华人民共和国宪法》第三十八条、第三十九条和第四十条对公民的人格尊严、住宅、通信自由和通信秘密提供了保护,这是我国法律对电子商务消费者隐私权进行保护的最根本的依据。

2. 电子商务中个人信息保护的一般规定

在我国所有保护隐私权的法律法规中,民法是保护最充分、最完整的法律,为完善我国保护隐私权的立法奠定了基础。我国《民法典》第一千零三十四条规定"自然人的个人信息受法律保护"。"个人信息中的私密信息,适用有关隐私权的规定;没有规定的,适用有关个人信息保护的规定"。

《电子商务法》第五条也明确要求电子商务经营者从事经营活动,应履行个人信息保护等方面的义务。

3. 个人信息的收集、利用和出售的法律规制

(1)《民法典》的相关规定。

在处理个人信息问题上,我国《民法典》第一千零三十五条规定,处理个人信息的,应当遵循合法、正当、必要原则,不得过度处理,并符合下列条件:

① 征得该自然人或者其监护人同意,但是法律、行政法规另有规定的除外;
② 公开处理信息的规则;
③ 明示处理信息的目的、方式和范围;
④ 不违反法律、行政法规的规定和双方的约定。

个人信息的处理包括个人信息的收集、存储、使用、加工、传输、提供、公开等。

此外,《民法典》为了保护个人信息,还规定了:

自然人可以依法向信息处理者查阅或者复制其个人信息;发现信息有错误的,有权提出异议并请求及时采取更正等必要措施。自然人发现信息处理者违反法律、行政法规的规定或者双方的约定处理其个人信息的,有权请求信息处理者及时删除。信息处理者不得泄露或者篡改其收集、存储的个人信息;未经自然人同意,不得向他人非法提供其个人信息,但是经过加工无法识别特定个人且不能复原的除外。

[①] 关于电子商务消费者个人信息保护方面,《中华人民共和国网络安全法》多有涉及,由于本教材在第 8 章对此问题进行了专门探讨,故在此章中不再赘述。

信息处理者应当采取技术措施和其他必要措施，确保其收集、存储的个人信息安全，防止信息泄露、篡改、丢失；发生或者可能发生个人信息泄露、篡改、丢失的，应当及时采取补救措施，按照规定告知自然人并向有关主管部门报告。

国家机关、承担行政职能的法定机构及其工作人员对于履行职责过程中知悉的自然人的隐私和个人信息，应当予以保密，不得泄露或者向他人非法提供。

（2）我国《电子商务法》的相关规定。

我国《电子商务法》第二十三条规定，电子商务经营者收集、使用其用户的个人信息，应当遵守法律、行政法规有关个人信息保护的规定。第二十四条规定，电子商务经营者应当明示用户信息查询、更正、删除以及用户注销的方式、程序，不得对用户信息查询、更正、删除以及用户注销设置不合理条件。《电子商务法》第十八条规定，电子商务经营者针对消费者个人特征提供商品、服务搜索结果时，要一并提供非针对个性推荐选项，通过提供可选信息保护消费者的知情权、选择权。

（3）我国《消费者权益保护法》的相关规定。

我国《消费者权益保护法》明确规定，经营者收集、使用消费者个人信息，应当遵循合法、正当、必要的原则，明示收集、使用信息的目的、方式和范围，并经消费者同意。经营者收集、使用消费者个人信息，应当公开其收集、使用规则，不得违反法律、法规的规定和双方的约定收集、使用信息。经营者及其工作人员对收集的消费者个人信息必须严格保密，不得泄露、出售或者非法向他人提供。经营者应当采取技术措施和其他必要措施，确保信息安全，防止消费者个人信息泄露、丢失。在发生或者可能发生信息泄露、丢失的情况时，应当立即采取补救措施。

（4）《中华人民共和国刑法》的相关规定。

2015年《刑法修正案（九）》将《刑法》第二百五十三条之一修改为："违反国家有关规定，向他人出售或者提供公民个人信息，情节严重的，处三年以下有期徒刑或者拘役，并处或者单处罚金；情节特别严重的，处三年以上七年以下有期徒刑，并处罚金。""违反国家有关规定，将在履行职责或者提供服务过程中获得的公民个人信息，出售或者提供给他人的，依照前款的规定从重处罚。""窃取或者以其他方法非法获取公民个人信息的，依照第一款的规定处罚。""单位犯前三款罪的，对单位判处罚金，并对其直接负责的主管人员和其他直接责任人员，依照各该款的规定处罚。"

4. 对非法入侵电子商务消费者私人空间和侵犯信息秘密的法律规制

我国《电子商务法》通过加强电子商务经营者的义务对非法入侵电子商务消费者私人空间和侵犯信息秘密的行为进行法律规制。其中，《电子商务法》第三十条规定："电子商务平台经营者应当采取技术措施和其他必要措施保证其网络安全、稳定运行，防范网络违法犯罪活动，有效应对网络安全事件，保障电子商务交易安全。"第三十一条规定："电子商务平台经营者应当记录、保存平台上发布的商品和服务信息、交易信息，并确保信息的完整性、保密性、可用性。商品和服务信息、交易信息保存时间自交易完成之日起不少于三年，法律、行政法规另有规定的，依照其规定。"

我国《消费者权益保护法》则规定："经营者未经消费者同意或者请求，或者消费者明确表示拒绝的，不得向其发送商业性信息。"

《中华人民共和国刑法》除对传统的自然人隐私权加以保护外，近年来还加大了计算机及网络中侵犯公民隐私权的内容。如 2009 年《刑法修正案（七）》在《刑法》第二百八十五条中增加两款作为第二款、第三款："违反国家规定，侵入前款规定以外的计算机信息系统或者采用其他技术手段，获取该计算机信息系统中存储、处理或者传输的数据，或者对该计算机信息系统实施非法控制，情节严重的，处三年以下有期徒刑或者拘役，并处或者单处罚金；情节特别严重的，处三年以上七年以下有期徒刑，并处罚金。""提供专门用于侵入、非法控制计算机信息系统的程序、工具，或者明知他人实施侵入、非法控制计算机信息系统的违法犯罪行为而为其提供程序、工具，情节严重的，依照前款的规定处罚。"《刑法》第二百八十六条规定："违反国家规定，对计算机信息系统功能进行删除、修改、增加、干扰，造成计算机信息系统不能正常运行，后果严重的，处五年以下有期徒刑或者拘役；后果特别严重的，处五年以上有期徒刑。违反国家规定，对计算机信息系统中存储、处理或者传输的数据和应用程序进行删除、修改、增加的操作，后果严重的，依照前款的规定处罚。"

此外，《商业银行法》《未成年人保护法》，以及中国人民银行颁布的《个人信用信息基础数据库管理暂行办法》《个人信用信息基础数据库金融机构用户管理办法》等法律和行业规章都为电子商务消费者的隐私权提供了保证。电子商务消费者隐私权的法律保护在我国已经开始呈现出部门化、独立化和特别化的趋势，制定旨在保护个人网络隐私权的单行法律法规将要走上议事日程。

案例与思考

微信朋友圈里埋陷阱，虚假宣传受处罚

2018 年 7 月 17 日，市场监督管理部门接到匿名举报，称有人在吉林省长春市，长江路某处从事违法经营行为，希望市场监督管理部门进行查处。经查：当事人汪某某以微信朋友圈、微信群、产品标签和纸质宣传资料为广告载体对外宣传，称其销售的普通袜子为"绅士磁疗袜"，含有"根治脚气、脚癣，深度刺激足部穴位，打通全身经络，缓解老寒腿症状，中老年人福音"等内容。另外经查，当事人还存在无照经营的违法行为，市场监督管理部门依据《无证无照经营查处办法》及《中华人民共和国广告法》第五十八条的规定，责令当事人停止发布违法广告，限期办理工商营业执照，并处罚款十万元。

当事人利用微信、产品标签、宣传材料等为载体发布广告，宣传其销售的商品具有治疗功能，广告内容不真实、具有欺骗性，其行为扰乱了社会经济秩序，损害了消费者的合法权益。

思考：
在本案中，违法者违反了《电子商务法》的哪项规定？

本章实践技能操作

二维码使用中保护个人信息的小技巧。[1]

---

[1] 资料来源：https://www.thepaper.cn/newsDetail_forward_9456431

1. 二维码的常见应用场景。

(1) 支付。

(2) 社交。

(3) 办公。

(4) 追溯。

(5) 服务。

2. "二维码"的安全风险。

(1) 以"实用助手"等吸引用户使用的"工具码":如微信清粉助手、抢红包助手、免费抢票助手等。

(2) 以"优惠抽奖"等吸引用户使用的"街边码":如优惠打折、即扫即送、扫码抽奖等。

(3) 以"趣味活动"等吸引用户使用的"游戏码":趣味测试、游戏福利、劲爆内容等。

(4) 以"贴纸假冒"等欺骗用户使用的"钓鱼码":钓鱼码亦是目前不法分子骗取钱财的惯用手段,通过在公共服务付款码上贴上个人账户收款码,或者设置假冒的二维码,以达到骗取钱财的目的。

3. 如何安全使用"二维码"。

(1) 不要因为蝇头小利,随意扫码。

(2) 确认扫码支付信息,安全支付。

(3) 利用安全检测软件,定期扫描。

(4) 学习隐私安全知识,提升意识。

本章知识自测

名词解释

1. 消费者　　2. 电子商务消费者　　3. 消费者的安全权　　4. 隐私权　　5. 个人信息

单选题

1. 在电子商务中,与电子商务消费者相对应的概念是（　　）。

A. 电子商务经营者　　B. 网络平台　　C. 政府　　D. 网络监管部门

2. （　　）的出台,标志着我国电子商务消费者权益保护法律建设已经走向体系化和成熟化的道路。

A. 《中华人民共和国民法典》　　　　B. 《中华人民共和国电子商务法》

C. 《中华人民共和国电子签名法》　　D. 《中华人民共和国宪法》

3. 消费者的（　　）,是指消费者在购买、使用商品和接受服务时享有人身、财产安全不受损害的权利。

A. 安全权　　B. 公平交易权　　C. 索赔权　　D. 知情权

4. 电子商务平台的"二选一"行为主要侵犯了消费者的（　　）。
   A．安全权　　　　　B．选择权　　　　　C．索赔权　　　　　D．知情权
5.《电子商务法》第五条明确要求电子商务经营者从事经营活动，应履行（　　）保护等方面的义务。
   A．财产安全　　　　B．人身安全　　　　C．个人信息　　　　D．国家秘密

多选题

1. 电子商务消费者权利包括（　　）。
   A．安全权　　　　　B．选择权　　　　　C．索赔权　　　　　D．知情权
2. 隐私权的客体是个人隐私，也就是自然人的（　　）和不愿为他人知晓的（　　）。
   A．私密空间　　　　B．私密活动　　　　C．私密信息　　　　D．私人生活安宁
3. 电子商务中，侵犯隐私权的表现形式包括（　　）。
   A．非法侵入网络用户的终端设备，非法截取网络用户的个人信息
   B．非法侵入网络用户的终端设备，非法篡改网络用户的个人信息
   C．对电子商务消费者个人信息的非法收集、利用和出售
   D．骚扰信息、垃圾信息
4. 违反国家有关规定，向他人（　　）公民个人信息，情节严重的，处三年以下有期徒刑或者拘役，并处或者单处罚金；情节特别严重的，处三年以上七年以下有期徒刑，并处罚金。
   A．出售　　　　　　B．提供　　　　　　C．炫耀　　　　　　D．开放
5. 我国《民法典》规定，处理个人信息的，应当遵循合法、正当、必要原则，不得过度处理，并符合下列条件（　　）。
   A．征得该自然人或者其监护人同意，但是法律、行政法规另有规定的除外
   B．公开处理信息的规则
   C．明示处理信息的目的、方式和范围
   D．不违反法律、行政法规的规定和双方的约定

简答题

1. 电子商务中，消费者权益保护难题主要包括哪几个方面？
2. 简答电子商务中侵犯隐私权的表现形式。
3. 我国如何对电子商务消费者隐私权进行法律保护？
4. 电子商务消费者的权利有哪些？

第 8 章

电子商务安全与网络犯罪

学习目标

通过本章的学习与技能训练,要求学生:
1. 掌握网络运行安全的法律保障,网络信息安全的法律保护,电子商务的交易安全的法律保护,电子商务犯罪及其类型;
2. 理解电子商务安全的基本要求,电子商务犯罪的法律规制;
3. 了解电子商务安全存在的问题,我国电子商务安全立法概况;
4. 熟悉网络犯罪的概念,网络犯罪的种类,网络犯罪的认定与处罚。

案例导读

朱某亮、朱某兵等人破坏计算机信息系统诈骗案

被告人朱某亮、朱某兵等人为骗取他人钱款,购买机票诈骗网站的源代码进行修改,制作了假"民航票务"网站,同时通过伪造资料等手段非法控制某网站部分推广账号,后将假"民航票务"网站自动链接到非法控制的推广用户网站,并将关键词修改为"特价机票"等内容后置顶推广。当被害人在某网页上搜索"机票"相关内容时就会优先出现假"民航票务"网站,在低价、特价机票的引诱下登录该网站购买机票,从而被骗钱款。为提高诈骗成功率,作案团伙在某酒店长期包房,安排人员冒充客服接听电话,引导被害人重复操作付款,并有专人对诈骗网站进行管理和维护,共计骗取 18 名被害人钱款共计人民币 56 563 元。

另外,涉案团伙还从网络上购买需要贷款人员的信息资料,冒充北京某融资公司的工作人员和贷款对象取得联系,以办理贷款为由获取被害人的身份证号、银行卡号、密码等信息,后再由专人冒充银行工作人员,以正式贷款需要 20%的准备金进行资金验证为名,让被害人将钱款打入事先已获知密码的银行卡,将钱款转走,通过这种手法得款 13 万余元。

根据《刑法》及相关司法解释规定,违反国家规定,对计算机信息系统中存储、处理或者传输的数据进行删除、修改、增加的操作,违法所得 5 千元以上或者造成经济损失 1 万元以上的,构成破坏计算机信息系统罪。常州市武进区人民法院经审理认定,被告人朱某亮、朱某兵等构成破坏计算机信息系统罪和诈骗罪，数罪并罚：分别判处 3~9 年有期徒刑，并处罚金；对已经退还的赃款人民币 123 210 元，发还各被害人。

辩证与思考：本案有何警示意义？

（资料来源：https://view.inews.qq.com/a/20200923A0BR0800）

8.1 电子商务安全概述

电子商务的发展给人们的工作和生活带来了新的尝试和便利性，但安全问题却成为阻碍电子商务发展的瓶颈。在网络侵权与网络犯罪日益猖獗的今天，如何建立一个安全、便捷的电子商务应用环境，对信息提供足够的保护，是网络平台提供者、使用者和有关部门关心的重大问题。

8.1.1 电子商务安全的基本要求

电子商务是依托计算机及网络进行货物贸易和服务交易并提供相关服务的商业形态。电子商务安全主要指电子商务平台和交易双方身份的真实性和交易信息质量的安全性。

1. 电子商务平台和交易双方身份的真实性

（1）服务器的真实性。服务器是电子商务交易平台的主要支撑。作为网络电子商务的节点，服务器存储、处理网络上 80% 的数据、信息，因此也称为网络的灵魂。TCP/IP 协议不能确认一个信息包是否确实来自用户指定的域名地址。当网络入侵者可以利用 IP 欺骗技术时，可以改变其他使用者的链接，使其进入网络入侵者所指定的网站服务器，但使用者却无法察觉这一改变。

（2）交易双方身份的真实性。电子商务交易双方通过虚拟网络进行接触，如果不进行身份真实性的识别，第三方就有可能假冒交易一方的身份，以破坏交易。

2. 交易信息质量需求

（1）交易信息的完整性。在电子商务中，信息的内容可能在传输中被更改或删除，所以应当保证交易信息的完整性。交易信息完整性指信息在传输过程中受到保护，没有在未经授权或偶然的情况下被更改或破坏。

（2）交易信息的保密性。交易信息的保密性包括交易信息的隐私问题和交易内容的保密性。

交易信息的隐私问题。这里所说的信息隐私，指用户在上网过程中所涉及的各种操作行为和事项，如日期、时间、浏览过的网页等。

交易内容的保密性。信息在传输过程中，只有发送者和接收者知道，保证信息不被他人截取或者即使截取了也无法知道真实内容。因此，需要对网上传输的信息先加密，再传输。

（3）交易信息的不可抵赖性。交易信息的不可抵赖性指在电子商务交易过程中，交易双方必须对他们发送的信息和接收到的信息进行认可。交易双方必须对自己的交易行为负责任，信息发送者和接收者都不能予以否认。进行身份识别后，如果出现抵赖的情况，就有了反驳的依据。其关键在于，对所有的信息进行"数字签名"，使得交易双方难以抵赖。

（4）交易信息的有效性。保证交易数据在确定价格、期限、数量，以及确定时刻、地点时是有效的。在电子商务中，由于电子形式取代了纸张，保证电子形式的交易信息的有效性，对于顺利开展电子商务非常重要。

▶▶ 8.1.2 电子商务安全存在的问题

从类型上看，电子商务的安全问题主要表现在三个方面：网络安全问题、信息安全问题和交易安全问题。

1. 网络运行安全

电子商务的网络安全主要指计算机和网络本身存在的安全问题，也就是保障电子商务平台的可用性和安全性的问题，其内容包括计算机的物理安全、系统安全、数据库安全、网络设备安全、网络服务安全问题等。

电子商务的快捷和便利使得其对网络的安全性提出了前所未有的要求，而网络的不安全性也构成了电子商务发展的最大障碍。网络的不安全主要包括黑客的袭击和计算机病毒的传递等。因此，安全的网络环境是电子商务发展的关键，同时电子商务的发展又对网络的安全、高效提出了更高的要求和挑战。

2. 信息安全问题

信息安全问题是电子商务信息在网络的传递过程中面临的信息被窃取、信息被篡改、信息被假冒和信息被恶意破坏等问题。比如，电子的交易信息在网络传输过程中，可能被他人非法地修改、删除，从而使信息失去了真实性和完整性；因网络硬件和软件的问题而导致信息传递的丢失与谬误，以及一些恶意程序的破坏而导致电子商务信息遭到破坏；交易双方进行交易的内容被第三方窃取或交易一方提供给另一方使用的文件被第三方非法使用，等等。因此，电子商务中对信息安全的要求就是要求信息传输的安全性、信息的完整性以及交易者身份的确定性。

3. 交易安全问题

交易安全问题指在电子商务虚拟市场的交易过程中存在的交易主体真实性、资金的被盗用、合同的法律效应、交易行为被抵赖等问题。比如，电子商务交易主体必须进行身份识别，如果不进行身份识别，第三方就有可能假冒交易一方的身份以破坏交易，损害被假冒一方的声誉或盗窃被假冒一方的交易成果，甚至进行欺诈。

▶▶ 8.1.3 我国电子商务安全立法概况

数字化转型时代下，网络及各种终端设备的深度应用得到进一步普及，网络也在广度及深度上与国家的政治、企业经济及个人生活相结合。至此,网络安全的重要性不言而喻。

我国的计算机及网络安全立法与IT技术发展同步,始于20世纪80年代,并逐步形成以《刑法》为统领的,打击计算机及网络犯罪的法律体系。1997年10月1日起我国《新刑法》开始实施,第一次增加了计算机犯罪的罪名,包括非法侵入计算机系统罪,破坏计算机系统功能罪,破坏计算机系统数据程序罪,制作、传播计算机破坏程序罪等。这表明我国计算机法制管理正在步入一个新阶段,并开始和世界接轨,计算机法的时代已经到来。此前,1991年5月24日,国务院第八十三次常委会议通过了《计算机软件保护条例》,这是我国颁布的第一个有关计算机的法律,为保护计算机软件设计人的权益,调整计算机软件在开发、传播和使用中发生的利益与法律关系,加快计算机软件的开发与流通过程,促进计算机应用事业的健康发展起了基础性作用。1994年《中华人民共和国计算机信息系统安全保护条例》(以下简称《条例》)得以实施,为保护计算机信息系统的安全,促进计算机的应用和发展,保障经济建设的顺利进行提供了法律保障。该《条例》既有安全管理,又有安全监察,以管理与监察相结合的办法保护计算机的资产。自1994年以来,国务院及其有关部委相继出台了一系列涉及网络安全的行政法规,如《中华人民共和国计算机信息系统安全保护条例》《中华人民共和国计算机信息网络国际联网管理暂行规定》《中国互联网络域名注册暂行管理办法》《计算机信息网络国际联网安全保护管理办法》《计算机信息系统网络国际联网出入口信道管理办法》和《中国公用计算机互联网国际联网管理办法》等。2016年6月1日起,《中华人民共和国网络安全法》(下文简称《网络安全法》)正式实施,作为电子商务基础的网络空间安全已经上升到国家发展层面上的战略方向,通过立法的方式维护网络安全,为网络强国战略提供制度保障。备受关注的网络安全问题将会正式进入"法制"时代。[①]我国《网络安全法》共七章七十九条,包含了一个全局性的框架,旨在维护国家网络空间主权安全、监管网络安全、保护个人隐私和敏感信息等。

8.2 电子商务安全的法律保护

8.2.1 网络运行安全的法律保护

《网络安全法》对于网络运行安全的一般规定是以网络运营商为主体展开的。

1. 网络安全等级保护制度

根据《网络安全法》规定,我国实行网络安全等级保护制度,也即网络运营商必须根据网络安全等级要求的不同,履行相应的安全保障义务。

国家实行网络安全等级保护制度。网络运营者应当按照网络安全等级保护制度的要求,履行下列安全保护义务,保障网络免受干扰、破坏或者未经授权的访问,防止网络数据泄露或者

---

① 资料来源:http://www.ccidnet.com/2017/0601/10277814.shtml

被窃取、篡改：

（1）制定内部安全管理制度和操作规程，确定网络安全负责人，落实网络安全保护责任；

（2）采取防范计算机病毒和网络攻击、网络侵入等危害网络安全行为的技术措施；

（3）采取监测、记录网络运行状态、网络安全事件的技术措施，并按照规定留存相关的网络日志不少于六个月；

（4）采取数据分类、重要数据备份和加密等措施；

（5）法律、行政法规规定的其他义务。

国家对公共通信和信息服务、能源、交通、水利、金融、公共服务、电子政务等重要行业和领域，以及其他一旦遭到破坏、丧失功能或者数据泄露，可能严重危害国家安全、国计民生、公共利益的关键信息基础设施，在网络安全等级保护制度的基础上，实行重点保护。关键信息基础设施的具体范围和安全保护办法由国务院制定。国家鼓励关键信息基础设施以外的网络运营者自愿参与关键信息基础设施保护体系。

2. 网络产品及服务的相关要求

网络产品、服务应当符合相关国家标准的强制性要求。网络产品、服务的提供者不得设置恶意程序，发现其网络产品和服务存在安全缺陷、漏洞等风险时，应当立即采取补救措施，按照规定及时告知用户，并向有关主管部门报告。网络产品和服务的提供者应当为其产品、服务持续提供安全维护，在规定或者当事人约定的期限内，不得终止提供安全维护。网络产品和服务具有收集用户信息功能的，其提供者应当向用户明示并取得同意；涉及用户个人信息的，还应当遵守本法和有关法律、行政法规关于个人信息保护的规定。

3. 关键信息基础设施的运行安全

（1）网络关键设备和网络安全专用产品应当按照相关国家标准的强制性要求，由具备资格的机构安全认证合格或者安全检测符合要求后，方可销售或者提供。国家网信部门会同国务院有关部门制定、公布网络关键设备和网络安全专用产品目录，并推动安全认证和安全检测结果互认，避免重复认证、检测。

（2）关键信息基础设施的运营者还应当履行下列安全保护义务：第一，设置专门安全管理机构和安全管理负责人，并对该负责人和关键岗位的人员进行安全背景审查；第二，定期对从业人员进行网络安全教育、技术培训和技能考核；第三，对重要的系统和数据库进行容灾备份；第四，制定网络安全事件应急预案，并定期进行演练；第五，法律、行政法规规定的其他义务。

（3）关键信息基础设施的运营者采购网络产品和服务，可能影响国家安全的，应当通过国家网信部门会同国务院有关部门组织进行国家安全审查。

（4）关键信息基础设施的运营者采购网络产品和服务，应当按照规定与提供者签订安全保密协议，明确安全和保密义务与责任。

（5）关键信息基础设施的运营者在中华人民共和国境内运营中收集和产生的个人信息和重要数据应当在境内存储。因业务需要，确需向境外提供的，应当按照国家网信部门会同国务院有关部门制定的办法进行安全评估；法律、行政法规另有规定的，依照其规定。

（6）关键信息基础设施的运营者应当自行或者委托网络安全服务机构对其网络的安全性和可能存在的风险每年至少进行一次检测评估，并将检测评估情况和改进措施报送相关负责关键信息基础设施安全保护工作的部门。

（7）国家网信部门应当统筹协调有关部门对关键信息基础设施的安全保护工作，并采取下列措施：第一，对关键信息基础设施的安全风险进行抽查检测，提出改进措施，必要时可以委托网络安全服务机构对网络存在的安全风险进行检测评估；第二，定期组织关键信息基础设施的运营者进行网络安全应急演练，提高应对网络安全事件的水平和协同配合能力；第三，促进有关部门、关键信息基础设施的运营者，以及有关研究机构、网络安全服务机构等之间的网络安全信息共享；第四，对网络安全事件的应急处置与网络功能的恢复等，提供技术支持和协助。

4. 网络运营者的网络运行安全保障义务

（1）网络运营者为用户办理网络接入、域名注册服务，办理固定电话、移动电话等入网手续，或者为用户提供信息发布、即时通信等服务，在与用户签订协议或者确认提供服务时，应当要求用户提供真实身份信息。用户不提供真实身份信息的，网络运营者不得为其提供相关服务。国家实施网络可信身份战略，支持研究开发安全、方便的电子身份认证技术，推动不同电子身份认证之间的互认。

（2）网络运营者应当制定网络安全事件应急预案，及时处置系统漏洞、计算机病毒、网络攻击、网络侵入等安全风险；在发生危害网络安全的事件时，立即启动应急预案，采取相应的补救措施，并按照规定向有关主管部门报告。

（3）开展网络安全认证、检测、风险评估等活动，向社会发布系统漏洞、计算机病毒、网络攻击、网络侵入等网络安全信息的时候，应当遵守国家有关规定。

（4）任何个人和组织不得从事非法侵入他人网络、干扰他人网络正常功能、窃取网络数据等危害网络安全的活动。不得提供专门用于从事侵入网络、干扰网络正常功能及防护措施、窃取网络数据等危害网络安全活动的程序、工具。明知他人从事危害网络安全活动的，不得为其提供技术支持、广告推广、支付结算等帮助。

（5）网络运营者应当为公安机关、国家安全机关依法维护国家安全和侦查犯罪的活动提供技术支持和协助。

▶▶ 8.2.2 网络信息安全的法律保护

网络信息的安全就是对信息的可靠性、完整性和可用性进行保护。电子商务是利用互联网网络实现的，互联网是全球性的网络，在互联网上开展电子商务，在服务、成本等方面具有很多优点，但由于互联网技术本身的特点，在信息安全方面存在很大的风险，欺骗、窃听、病毒和非法入侵都在威胁着电子商务，特别是网上支付和网络银行对信息安全的要求显得更为突出。所以，信息安全是电子商务发展的核心问题，也是涉及整个国家、单位和个人的问题。

1. 网络运营者的信息保护义务

网络运营者应当对其收集的用户信息严格保密，并建立健全用户信息保护制度。

网络运营者收集、使用个人信息，应当遵循合法、正当、必要的原则，公开收集、使用规则，明示收集和使用信息的目的、方式和范围，并经被收集者同意。网络运营者不得收集与其提供的服务无关的个人信息，不得违反法律、行政法规的规定和双方的约定收集、使用个人信息，并应当依照法律、行政法规的规定和与用户的约定，处理其保存的个人信息。

网络运营者不得泄露、篡改、毁损其收集的个人信息。未经被收集者同意，不得向他人提供个人信息。但是，经过处理无法识别特定个人且不能复原的除外。网络运营者应当采取技术措施和其他必要措施，确保其收集的个人信息安全，防止信息泄露、毁损、丢失。在发生或者可能发生个人信息泄露、毁损、丢失的情况时，应当立即采取补救措施，按照规定及时告知用户并向有关主管部门报告。

个人发现网络运营者违反法律、行政法规的规定或者双方的约定收集、使用其个人信息的，有权要求网络运营者删除其个人信息；发现网络运营者收集、存储其个人信息有错误的，有权要求网络运营者予以更正。网络运营者应当采取措施予以删除或者更正。

网络运营者应当加强对其用户发布的信息的管理，发现法律、行政法规禁止发布或者传输的信息的，应当立即停止传输该信息，采取消除等处置措施，防止信息扩散，保存有关记录，并向有关主管部门报告。

网络运营者应当建立网络信息安全投诉、举报制度，公布投诉、举报方式等信息，及时受理并处理有关网络信息安全的投诉和举报。网络运营者对网信部门和有关部门依法实施的监督检查，应当予以配合。

2. 个人和组织的信息保密义务

任何个人和组织不得窃取或者以其他非法方式获取个人信息，不得非法出售或者非法向他人提供个人信息。

任何个人和组织应当对其使用网络的行为负责，不得设立用于实施诈骗，传授犯罪方法，制作或者销售违禁物品、管制物品等违法犯罪活动的网站、通信群组，不得利用网络发布涉及实施诈骗，制作或者销售违禁物品、管制物品以及其他违法犯罪活动的信息。

任何个人和组织发送的电子信息、提供的应用软件，不得设置恶意程序，不得含有法律、行政法规禁止发布或者传输的信息。电子信息发送服务提供者和应用软件下载服务提供者，应当履行安全管理义务，知道其用户有前款规定行为的，应当停止提供服务，采取消除等处置措施，保存有关记录，并向有关主管部门报告。

3. 政府部门的监管职责

国家网信部门和有关部门依法履行网络信息安全监督管理职责，发现法律、行政法规禁止发布或者传输的信息的，应当要求网络运营者停止传输，采取消除等处置措施，保存有关记录；对来源于中华人民共和国境外的上述信息，应当通知有关机构采取技术措施和其他必要措施阻断传播。

依法负有网络安全监督管理职责的部门及其工作人员，必须对在履行职责中知悉的个人信息、隐私和商业秘密严格保密，不得泄露、出售或者非法向他人提供。

▶▶ 8.2.3 电子商务交易安全的法律保护

电子商务的交易安全就是对交易中涉及的各种数据的可靠性、完整性和可用性进行保护。当许多传统的商务方式应用在互联网上时，便会带来许多源于安全方面的问题，如传统的贷款和借款卡支付的保证方案及数据保护方法、电子数据交换系统、对日常信息安全的管理等。

1. 电子商务交易安全的制度安排

目前，涉及电子商务交易安全的制度有：

（1）市场准入制度。电子商务交易安全对市场准入提出较高的要求，即对经营者的资格，与网络建设密切相关的网络连接商、信息服务提供商、数字证书认证机构、密钥管理机构等服务机构应当实行严格的审查，确信其具有一定的资信条件、供货能力、运输能力以及健全的售后服务体系等，才允许进入市场交易。

（2）电子签名的安全。一项完善的电子签名一般应同时满足唯一性、不可能被伪造、容易被鉴定以及不可能被拒绝的特性，即电子签名的真正使用人无法否认真实的创制使用关系。

（3）电子认证安全制度。电子认证安全主要强调交易关系的信用安全、保证交易人的真实与可靠，是组织制度的保证。电子认证机构所提供的服务，包括交易相对人的身份、公开密钥、信用状况等情况。

（4）电子支付安全制度。电子支付安全是电子交易安全中最重要的环节，目前主要采用加密保护、线上认证等方式保证电子支付的安全。

2. 电子商务交易安全的法律保护体系

电子商务交易安全的法律保护问题，涉及两个基本方面：一方面，电子商务交易是不同于以往的商品交易，其安全问题应当通过专门法律加以保护；另一方面，电子商务交易是通过计算机及其网络而实现的，其安全性主要依赖于计算机及其网络的安全程度。虽然从20世纪80年代起，国家相关部门就已经开始着手制定涉及计算机安全的法律法规和维护电子商务经济秩序的相关法律法规，但至今上述法律制度尚未完善，我国目前仍未出台专门针对电子商务交易的法律法规。

我国现行的涉及交易安全的法律法规主要有以下四类：

（1）综合性法律，主要是《中华人民共和国民法典》《电子商务法》和《刑法》中有关保护交易安全的条文。

（2）规范交易主体的有关法律，如《公司法》《合伙企业法》《个人独资企业法》等。

（3）规范交易行为的有关法律，包括《中华人民共和国民法典》（合同法部分）、《电子签名法》《产品质量法》《财产保险法》《价格法》《消费者权益保护法》《广告法》《反不正当竞争法》等，还有规范电子支付方面的法律。

（4）监督交易行为的有关法律，如《会计法》《审计法》《票据法》《银行法》等。

我国目前还没有出台专门针对电子商务交易的法律法规，其主要原因是有关商品交易及计算机网络的法律制度尚不完善。所以，我们不能急于求成，应当充分利用现有的法律法规，保障电子商务交易的正常进行。

8.3 电子商务与网络犯罪

网络犯罪是一种新的犯罪现象，涉及商务、经济、文化等领域，严重威胁电子商务的发展。

8.3.1 网络犯罪的概念

网络犯罪指行为人运用计算机及网络技术对其他计算机系统或信息进行攻击、破坏或利用网络进行其他犯罪的总称。既包括行为人运用其编程、加密、解码技术或工具在网络上实施的犯罪，也包括行为人利用软件指令、网络系统或产品加密等技术及法律规定上的漏洞在网络内外交互实施的犯罪，还包括行为人借助于其居于网络服务提供者（即网站ISP，分为网络接入提供商IAP和网络内容提供商ICP）的特定地位或其他方法在网络系统实施的犯罪。简言之，网络犯罪是针对和利用网络进行的犯罪，网络犯罪的本质特征是危害网络及其信息的安全与秩序。

网络犯罪（Online Crime）一词并非法定概念，与"经济犯罪""青少年犯罪"一样都不是《刑法》中单独规定的罪名，而是犯罪学意义上对一种新型犯罪的统称。网络犯罪是伴随着计算机及网络技术的普及、发展而出现的一种高智商、高科技犯罪，是计算机与网络技术发展到高级阶段的产物。

网络犯罪可分为两种：一是以网络信息系统安全为侵害对象的犯罪，具体包括非法侵入计算机信息系统罪和破坏计算机信息系统罪，如传播病毒、特洛伊木马术、蠕虫、逻辑炸弹等；二是以网络为工具的犯罪，罪犯以网络为犯罪手段，视其为工具，这类罪犯称为网络工具犯。

8.3.2 网络犯罪的种类

随着信息时代的到来，网络犯罪成为一个刑法范畴。根据网络犯罪所具有的某些属性，可以将犯罪划分成为若干相互对应的类别。由于社会制度、刑事立法和法律文化背景的差异，产生了不同的划分根据和标准，出现了不同的分类结果。概括可以分为两大类：以互联网信息系统为对象进行的犯罪和以互联网信息为工具进行的犯罪。

1. 以互联网信息系统为对象进行的犯罪

这类犯罪指针对互联网信息系统进行的犯罪。主要罪名有：

（1）非法侵入互联网信息系统罪。主要指非法侵入国家事务、国防建设、尖端科学技术领域的互联网信息系统。

（2）破坏互联网信息系统罪。指故意制作、传播计算机病毒等破坏性程序，攻击互联网信息系统及通信网络，致使互联网信息系统及通信网络遭受损害。

（3）擅自中断互联网信息系统罪。违反国家规定，擅自中断互联网信息系统或者通信服务，造成互联网系统或者通信系统不能正常运行。

（4）制作、传播计算机病毒等破坏计算机程序罪。

2. 以互联网信息为工具进行的犯罪

（1）利用互联网信息实施危害国家安全罪：利用互联网实施煽动分裂国家、颠覆国家政权罪；利用互联网窃取、泄露国家秘密、情报或者军事秘密罪；利用互联网破坏民族团结罪；利用互联网组织邪教罪。

（2）利用互联网危害公共安全罪：利用互联网组织、实施恐怖活动罪；利用互联网买卖枪支弹药罪。

（3）利用互联网破坏市场经济秩序罪：利用互联网销售伪劣产品罪；利用互联网对商品、服务做虚假宣传罪；利用互联网损害他人商业信誉和商品声誉罪；利用互联网侵犯著作权罪；利用互联网操纵证券交易价格罪；利用互联网编制传播虚假证券信息罪。

（4）利用互联网破坏社会管理秩序罪：利用互联网传播淫秽物品罪；利用互联网实施传授犯罪方法罪；利用互联网实施赌博罪；利用互联网非法行医罪。

（5）利用互联网实施侵犯公民人身权利、民主权利罪：利用互联网诱骗实施故意伤害罪；诱骗实施故意杀人罪。

（6）利用互联网实施侵犯财产罪：利用互联网进行盗窃罪；利用互联网进行诈骗罪；利用互联网进行敲诈勒索罪。

8.3.3 网络犯罪的认定与处罚

网络犯罪是一类复杂的犯罪，目前我国新修订的《刑法》在第二百八十五条、二百八十六条、二百八十七条当中对之加以了规定。由于这类犯罪是高科技手段的犯罪，因此在司法实践中处理这类问题也比较复杂。

1. 网络犯罪的犯罪构成

网络犯罪作为一个犯罪概念，有着明确的内涵。它是一类特殊的犯罪，和其他犯罪相比具有独特的一面，因此它不论在形式上，还是在内容上都与其他犯罪有着很大的差异。我们必须研究网络犯罪的犯罪构成，才能从更深的层次揭示其本质特征，准确地将它与其他犯罪区分开来。

犯罪构成是刑法规定的，决定某一行为的社会危害性，并为成立犯罪所必需的客观要件和主观要件的总和。其中客观要件包括犯罪的客体和犯罪的客观方面，主观要件包括犯罪的主体和主观方面。

（1）犯罪客体方面。

犯罪客体指受危害行为侵害或威胁的，为刑法所保护的社会利益，它包括：侵害他人与网络有关的知识产权所构成的侵犯知识产权的社会关系；实施侵入破坏互联网信息系统，利用网络实施诈骗、盗窃等行为所构成的侵害社会公共秩序的社会关系等。

网络犯罪行为之所以被认为是犯罪，根本原因在于它具有社会危害性，也就是说这种行为对一定的社会利益造成了危害。从犯罪客体来说，网络犯罪侵犯的是复杂客体，这就是说，网络犯罪是对两种或者两种以上的直接客体进行侵害的行为。非法侵入网络信息系统犯罪，一方面侵害了网络系统中所有人的权益，另一方面则对国家的网络信息管理秩序造成了破坏，同时还有可能对受害的网络信息系统当中数据所涉及的第三人的权益造成危害。这也是网络犯罪在理论上比较复杂的原因之一。

（2）犯罪客观方面。

犯罪客观方面是犯罪的客观外在表现，特指侵犯某种客体的危害行为，以及犯罪行为所产生的危害社会的后果和犯罪行为与危害社会的后果之间的因果联系。

在网络犯罪中，绝大多数危害行为都是作为，即通过完成一定的行为，从而使得危害后果发生。还有一部分是不作为，构成网络犯罪的不作为指由于种种原因，行为人担负有排除网络信息系统危险的义务，但行为人拒不履行这种义务的行为。例如，由于意外，行为人编制的程序出现错误，对网络信息系统内部数据造成威胁，但行为人对此放任不管，不采取任何补救和预防措施，导致危害后果的发生，这种行为就是构成网络犯罪的不作为。

从犯罪构成的客观方面来看，网络犯罪是单一危害行为。即只要行为人进行了威胁或破坏网络信息系统内部的数据的行为，就可以构成网络犯罪。

（3）犯罪的主体方面。

网络犯罪主体指实施网络犯罪行为、承担相应法律责任的人，自然人、法人都可以成为网络犯罪的主体。

从事网络犯罪的自然人主体，具有多样性，各种年龄、各种职业的人都可以进行网络犯罪。一般来说，进行网络犯罪的主体必须是具有一定计算机知识水平的行为人，而且这种水平还比较高，甚至是计算机高手。

我国《刑法》规定那个法人可以是犯罪主体，同样网络犯罪的主体也可以是法人。在网络犯罪中有相当一部分是法人指示个人来进行的，也有一些是犯罪人故意成立企业法人以更好地进行网络犯罪。实践中，对法人网络犯罪的问题比较难于处理，尤其是法人的行为属于侵权还是犯罪的问题。

（4）犯罪的主观方面。

犯罪的主观方面，指行为人在其实施的严重危害社会的行为及其造成的危害结果时的心理状态，犯罪人在犯罪时的心理状态包括故意和过失两种情况。故意包括直接故意和间接故意。过失包括疏忽大意的过失和过于自信的过失。

网络犯罪中的故意，表现在行为人明知其行为会造成网络系统内部信息的破坏，或者利用网络信息的行为会造成社会危害，但是他由于各种动机而希望或是放任这种危害后果的发生。所谓明知，指行为人在表现出来的认知水平上所应该知道自己的行为会产生什么样的后果。只有行为人确实知道行为的后果，故意才能构成；如果行为所产生的危害后果是行为人所不能预见的，那么故意就不能构成。

网络犯罪中的过失则表现为行为人应当预见到自己行为可能会发生破坏系统数据的后果，或者利用网络信息的行为会造成社会危害，但是由于疏忽大意而没有预见，或是行为人已经预见到这种后果，但轻信能够避免这种后果而导致系统数据的破坏。

在网络信息系统的使用过程中，有时会出现这样的情况：行为人对计算机的有些问题不了解，仅就其知识水平而言，其操作是无害的，但是他在操作过程中错误地使用了一些未公开的或是自己不了解的参数，结果导致系统数据的破坏。从理论上来说，这样的行为不应该构成犯罪，应当是属于意外事件。

由此可见网络犯罪在主观方面也比较难以认定，究竟是故意，还是过失，还是意外，在实践中需要仔细地研究。对这个问题应该从以下几个方面来加以分析：

① 行为人的计算机水平，这种水平不是由行为人自己来衡量的，而是从行为人平日使用计算机的表现和周围人的评价当中体现出来的。行为人的计算机水平决定了他对行为的后果是否能够或者是已经预见。

② 行为人是否严格遵守有关网络信息系统使用的规章制度。

③ 行为人对其行为导致的危害后果的态度。他对自己行为的危害后果的态度是希望发生的，还是放任发生的，还是尽力避免的。

2. 网络犯罪的量刑与处罚

从网络犯罪的社会危害性来看，这是一类后果严重的犯罪：一方面，它可以直接造成严重的社会经济损失；另一方面，则严重地危害到整个国家的计算机网络系统的安全。从罪行相适应原则出发，对这类具有严重的社会危害性的犯罪应当处以重刑。

就目前的《刑法》条文而言，对网络犯罪的量刑相当轻。例如，侵入网络信息系统罪，法定最高刑为三年，而这类犯罪对国家的重要机密的安全性的破坏是非常严重的，即使我们按照窃取国家秘密罪的轻罪来处罚也应处五年以下有期徒刑。虽然对于构成窃取国家秘密罪的侵入行为，我们可以按照有关条文来处罚，但是许多侵入行为是很难认定其主观目的的，如果不能证明行为人主观上是出于故意而窃取秘密的，那么就不能构成窃取国家秘密罪。因此，就出现了罪行和处罚不一致的情况。

对网络犯罪，我国《刑法》并没有规定财产刑，这也是和网络犯罪的特点不适应的。网络犯罪造成的直接经济损失相当大，其中许多犯罪行为也是出于谋取利益的动机。因此，也应当在这类犯罪之中规定财产刑，使犯罪人在自由刑和财产刑的同时威慑下必须重新考虑自己的行为后果，这样才能真正地发挥刑法的威慑、预防作用。

因此，对《刑法》中有关网络犯罪的量刑规定应该加重，把法定刑提高，并且增加财产刑，对造成严重经济后果的处以重罚或是没收财产。

▶▶ 8.3.4 电子商务犯罪及其类型

1. 电子商务犯罪罪名的界定

电子商务犯罪是类罪名，指的是行为人为了牟取非法利益，利用科技手段在电子商务活动中所实施的侵犯他人权益，依照刑法应当受到刑罚处罚的一系列犯罪行为的总称。

在对电子商务犯罪进行界定时，应考虑三个方面：一是犯罪行为的发生领域；二是犯罪过程中使用的工具，实施犯罪采用的手段；三是犯罪行为侵害的对象。其中，犯罪行为的发生领域及犯罪所使用的工具、手段是犯罪的外在特征，是直观的、具体的；而犯罪行为的侵害对象，即犯罪客体的不同，则概括出了犯罪的本质特征，把电子商务犯罪和传统犯罪区别开来。因此，电子商务犯罪应当是发生在电子商务领域中，以网络为工具危害电子商务活动秩序和安全的各种犯罪行为。①

2. 电子商务犯罪的类型

（1）盗用、窃取电子商务信息。不法分子采用非法手段入侵电子商务系统，并非法采集和使用电子商务信息的行为。如窃取电子商务经营者和消费者的密钥、信息认证程序、数字签名

---

① 资料来源：https://baike.baidu.com/item/%E7%94%B5%E5%AD%90%E5%95%86%E5%8A%A1%E7%8A%AF%E7%BD%AA/50921888?fr=aladdin

或者商业秘密，给被害人造成严重损失的行为。例如，网上盗窃，通常电子商务中的支付保护措施一般是设置密码、口令、配套公私密钥、身份认证等手段，但这些保护措施常会由于用户自身的疏忽或犯罪人精心的设计而被破解，从而致使账户里资金被盗用。

（2）伪造、篡改电子商务信息。不法分子采取非法手段破坏电子商务信息的真实性、完整性和可信赖性，进而造成信息使用者无法使用信息或得到虚假信息，从而给其造成安全危害及利益损失等。例如，网上诈骗，犯罪分子伪造身份及认证密码、营造虚假交易网站以欺骗交易对象的情况。还有就是通过窃听、截流数据交易信息，冒充其中一方，利用时间差和双向蒙骗的手法，骗取非法利益。这类犯罪最本质的一点就是伪造身份，骗取对方信任。由于网上交易的时空间隔，交易信誉的基础有所改变，在交易中严格的身份认证过程至关重要。另外认证机构自身或其内部人员的诈骗行为也要加以防范。

 学而思：现在针对年轻人的电子商务诈骗犯罪主要是哪几种？

（3）破坏电子商务计算机信息系统。

电子商务系统是一个完整的体系，其中任何一个组成部分发生故障都会影响整个商务活动的顺利进行，而电子商务计算机信息系统是电子交易的物质基础，如果行为人利用计算机网络技术，非法侵入电子商务的计算机信息系统，删除、修改其中的应用程序和数据，破坏系统安全防护措施，将直接造成整个电子商务秩序的混乱，给交易各方造成严重损害。

（4）侵犯知识产权犯罪。

电子商务中可能涉及的侵犯知识产权犯罪包括：利用网络销售侵犯知识产权的实体商品和数据商品。数据商品包括计算机软件、数据库和服务信息等。数据商品在互联网上交易传输的过程中，可能被他人非法截获或者复制，给知识产权人造成严重的损失。目前网络上存在着许多未经许可的"网络书屋""音乐节目""网上影院"等，这种举止无论是将传统作品搬上网络，还是直接转用他人网上作品，在未经著作权人许可的情况下，均属侵权行为。

（5）涉税犯罪。

电子商务活动通过网络完成商务协议，而后进行货物交付，使税收征管和监控失去直接的实物对象，难以进行征税。电子商务的便捷性、保密性使纳税人身份与交易细节的确定极为困难，也造成了传统的监控手段失灵，无法有效地进行税收监管。

▶▶ 8.3.5 电子商务犯罪的法律规制

面对日益猖獗的网络犯罪，我们除了在技术手段和管理手段上控制和预防网络犯罪，还应当用法律手段，加强对电子商务犯罪的法律规制。

1. 非法侵入计算机信息系统罪

我国《刑法》第二百八十五条规定："违反国家规定，侵入国家事务、国防建设、尖端科学技术领域的计算机信息系统的，处三年以下有期徒刑或者拘役。违反国家规定，侵入前款规定以外的计算机信息系统或者采用其他技术手段，获取该计算机信息系统中存储、处理或者传输的数据，或者对该计算机信息系统实施非法控制，情节严重的，处三年以下有期徒刑或者拘役，并处或者单处罚金；情节特别严重的，处三年以上七年以下有期徒刑，并处罚金。提供专门用于侵入、非法控制计算机信息系统的程序、工具，或者明知他人实施侵入、非法控制计算机信息系统的违法犯罪行为而为其提供程序、工具，情节严重的，依照前款的规定处罚。单位犯前三款罪的，对单位判处罚金，并对其直接负责的主管人员和其他直接责任人员，依照各该款的规定处罚。"

2. 破坏计算机信息系统罪

我国《刑法》第二百八十六条规定："违反国家规定，对计算机信息系统功能进行删除、修改、增加、干扰，造成计算机信息系统不能正常运行，后果严重的，处五年以下有期徒刑或者拘役；后果特别严重的，处五年以上有期徒刑。违反国家规定，对计算机信息系统中存储、处理或者传输的数据和应用程序进行删除、修改、增加的操作，后果严重的，依照前款的规定处罚。故意制作、传播计算机病毒等破坏性程序，影响计算机系统正常运行，后果严重的，依照第一款的规定处罚。单位犯前三款罪的，对单位判处罚金，并对其直接负责的主管人员和其他直接责任人员，依照第一款的规定处罚。"

3. 拒不履行信息网络安全管理义务罪

我国《刑法》第二百八十六条还规定："网络服务提供者不履行法律、行政法规规定的信息网络安全管理义务，经监管部门责令采取改正措施而拒不改正，有下列情形之一的，处三年以下有期徒刑、拘役或者管制，并处或者单处罚金：（一）致使违法信息大量传播的；（二）致使用户信息泄露，造成严重后果的；（三）致使刑事案件证据灭失，情节严重的；（四）有其他严重情节的。"

4. 非法利用信息网络罪

我国《刑法》第二百八十七条规定："利用信息网络实施下列行为之一，情节严重的，处三年以下有期徒刑或者拘役，并处或者单处罚金：（一）设立用于实施诈骗、传授犯罪方法、制作或者销售违禁物品与管制物品等违法犯罪活动的网站、通信群组的；（二）发布有关制作或者销售毒品、枪支、淫秽物品等违禁物品、管制物品或者其他违法犯罪信息的；（三）为实施诈骗等违法犯罪活动发布信息的。单位犯前款罪的，对单位判处罚金，并对其直接负责的主管人员和其他直接责任人员，依照第一款的规定处罚。有前两款行为，同时构成其他犯罪的，依照处罚较重的规定定罪处罚。"

5. 帮助信息网络犯罪活动罪

我国《刑法》第二百八十七条还规定："明知他人利用信息网络实施犯罪，为其犯罪提供互联网接入、服务器托管、网络存储、通信传输等技术支持，或者提供广告推广、支付结算等帮助，情节严重的，处三年以下有期徒刑或者拘役，并处或者单处罚金。"

6. 利用计算机实施犯罪的提示性规定

我国《刑法》第二百八十七条指定了针对电子商务犯罪的兜底条款，也就是利用计算机实施金融诈骗、盗窃、贪污、挪用公款、窃取国家秘密或者其他犯罪的，依照刑法有关规定定罪处罚。

如电子商务中的非法集资犯罪，适用于我国《刑法》第一百九十二条中所规定的集资诈骗罪："以非法占有为目的，使用诈骗方法非法集资，数额较大的，处五年以下有期徒刑或者拘役，并处二万元以上二十万元以下罚金；数额巨大或者有其他严重情节的，处五年以上十年以下有期徒刑，并处五万元以上五十万元以下罚金；数额特别巨大或者有其他特别严重情节的，处十年以上有期徒刑或者无期徒刑，并处五万元以上五十万元以下罚金或者没收财产。"

再如电子商务中的偷逃税款犯罪则适用于我国《刑法》第二百零一条逃税罪："纳税人采取欺骗、隐瞒手段进行虚假纳税申报或者不申报，逃避缴纳税款数额较大且占应纳税额百分之十以上的，处三年以下有期徒刑或者拘役，并处罚金；数额巨大并且占应纳税额百分之三十以上的，处三年以上七年以下有期徒刑，并处罚金。"

案例与思考

敲诈勒索电商平台商家案

用恶意投诉方式对平台商家进行敲诈勒索，山东男子迟某得手至少6次，获利至少1 400元，被判处有期徒刑8个月。

这起针对平台商家的敲诈勒索案，日前入选2019年度浙江省互联网十大检察案例。记者获悉，上述十大案例系浙江省人民检察院于11月24日在"2019年互联网法律大会检察论坛"上发布，全国首例全链条打击制贩大麻网站案、全国首例互联网公益诉讼案、全国首例技术修改抖音靓号案等多起具有司法标杆性意义的互联网领域新型犯罪案例入选。

现年21岁的山东青岛男子迟某在2017年10月至2018年1月期间，以店铺让其承担信用卡手续费、店铺拒绝其使用信用卡等为由，以恶意投诉方式敲诈勒索他人至少6次，至少获利人民币1 400元。温州市鹿城区人民检察院于2019年5月24日向被告人迟某提起公诉，指控其犯敲诈勒索罪。检方观点得到法院采纳，鹿城区人民法院一审认定迟某犯敲诈勒索罪，判处有期徒刑8个月，并处罚金人民币2 000元，并责令迟某退赔各被害人损失。

检方人士表示，利用平台规则对网店卖家恶意投诉、实施敲诈勒索屡见不鲜，此案的办理对区分敲诈勒索与合法维权具有指导意义，并为净化网络营商环境保驾护航。

（资料来源：https://www.sohu.com/a/357111894_197955）

思考：
1. 在本案中，违法者违反了《电子商务法》的哪项规定？
2. 《电子商务法》是如何保护电子商务经营者的利益的？

本章实践技能操作

1. 利用压缩软件（winzip）对文件进行加密，保护文件信息安全。

操作步骤：

（1）选中要加密的文件或文件夹，点击鼠标右键，点击"添加到压缩文件"。

（2）在"常规"选项卡中选择"压缩文件格式"（zip 或 rar）。

（3）点击"高级"选项卡，点击"设置密码"按钮，输入密码，并再次输入。

（4）点击确定，即可完成对该文件或文件夹的加密。

2．防止手机信息被窃取的实用方法。[①]

（1）安装使用正规途径的手机软件，不要安装使用来源不明的软件。来源不明的软件很可能隐藏有木马病毒，安装这样的软件后，手机将被打开后门，语音通话内容、短信内容、即时通信内容、手机银行账号等一切信息，都可能被木马程序发送到犯罪分子预先设定的地方。

（2）手机软件权限管理。现在很多手机系统都有自定义软件权限设置功能。用这个功能，我们可以管理安装每一个软件的权限，如联系人读取权限、通信记录读取权限、联网权限、通知权限等。当然，有些手机系统目前并不支持自定义管理软件权限，那么可以借助第三方软件，如腾讯手机管家、360 手机卫士等，对软件进行权限管理。

（3）给手机设置密码锁。使用此功能可以给手机增加一道安全门槛。

（4）保持良好的手机使用习惯：不访问不安全的网站；不随意在公共场合使用免费的 Wi-Fi；不随意透露自己的个人真实资料；不随意在手机上存储银行卡密码信息、支付信息；不随意刷机；随时保管好自己的手机，以防丢失。

本章知识自测

名词解释

1．电子商务安全　　2．网络运行安全　　3．信息安全　　4．交易安全

5．网络犯罪　　　　6．电子商务犯罪

单选题

1．用户不提供真实身份信息的，网络运营者（　　）为其提供相关服务。

A．必须　　　　　　B．不得　　　　　　C．可以　　　　　　D．能够

2．（　　）应当为公安机关、国家安全机关依法维护国家安全和侦查犯罪的活动提供技术支持和协助。

A．网络运营者　　　　　　　　　　B．电子商务经营者

C．平台内经营者　　　　　　　　　D．商户

3．（　　）是电子商务发展的核心问题，也是涉及整个国家、单位和个人的问题。

A．网络运营安全　　　　　　　　　B．电子商务安全

C．信息安全　　　　　　　　　　　D．网络安全

[①] 资料来源：http://zhuanti.cww.net.cn/tech/html//2015/1/14/20151141511395447.htm

4. 个人发现网络运营者违反法律、行政法规的规定或者双方的约定，收集、使用其个人信息的，有权要求（　　）删除其个人信息。

A. 公安机关　　　　B. 网络监察部门　　　C. 网络运营者　　　D. 平台内经营者

5. 下列不属于电子商务犯罪进行界定时应考虑的问题的是（　　）。

A. 犯罪行为的发生领域

B. 犯罪过程中使用的工具，实施犯罪采用的手段

C. 犯罪行为侵害的对象

D. 犯罪嫌疑人所在的地域

多选题

1. 电子商务的安全问题主要表现在（　　）等问题上。

A. 网络安全　　　　B. 信息安全　　　　C. 交易安全　　　　D. 人身安全

2. 关键信息基础设施的运营者还应当履行安全保护义务包括（　　）。

A. 设置专门安全管理机构和安全管理负责人

B. 定期对从业人员进行网络安全教育、技术培训和技能考核

C. 对重要系统和数据库进行容灾备份

D. 制定网络安全事件应急预案

3. 网络安全风险包括（　　）。

A. 系统漏洞　　　　B. 计算机病毒　　　C. 网络攻击　　　　D. 网络侵入

4. 国家网信部门和有关部门依法履行网络信息安全监督管理职责，发现法律、行政法规禁止发布或者传输的信息的，应当要求网络运营者（　　）。

A. 停止传输

B. 采取消除等处置措施

C. 保存有关记录

D. 对来源于境外的禁止类信息采取措施，阻断传播

5. 以互联网信息系统为对象进行的犯罪有（　　）。

A. 非法侵入互联网信息系统罪

B. 破坏互联网信息系统罪

C. 擅自中断互联网信息系统罪

D. 制作、传播计算机病毒等破坏计算机程序罪

简答题

1. 网络运营者应当如何履行网络安全等级保护制度？
2. 我国现行的涉及交易安全的法律法规主要有哪几类？
3. 简述以互联网信息为工具进行的犯罪。
4. 电子商务犯罪的类型有哪些？

第9章

电子商务税收法律制度

学习目标

通过本章的学习与技能训练,要求学生:
1. 掌握电子商务环境下,我国现行的税法体系;
2. 了解电子商务对税收基本理论的冲击,电子商务对税种和税收征收的影响;
3. 理解电子商务中课税对象的变化,电子商务税收法律制度的基本前提;
4. 熟悉比特税方案,电子商务中的税收原则。

案例导读

游某走私普通货物偷逃税款案

2013年,游某设立了名为"T进口女装店"的淘宝店用于销售进口高档服装,并租用珠海市凤凰北路2072号某公寓作为该淘宝店的工作室及仓库。同年5月起,被告人游某开始在香港向多家服装公司通过刷卡支付的方式,大量采购各种服饰,其在香港所购服饰全部通过快递邮寄、雇请"水客"偷带及自行携带等方式走私进境,并由其网店"T进口女装店"在境内销售牟利。经统计,被告人游某在香港刷卡购买并走私进境的服饰金额共计人民币11 400 558.93元。经核定,上述服饰偷逃税款共计人民币3 005 187.33元。

广东省珠海市中级人民法院一审判决认为,被告人游某违反国家法律、法规,走私普通货物进境后在国内销售牟利,偷逃应缴税额特别巨大,其行为已构成走私普通货物罪。游某归案后如实供述自己的犯罪事实,依法可以从轻处罚。根据游某的犯罪事实、情节和悔罪态度,依法做出判决:(一)被告人游某犯走私普通货物罪,判处有期徒刑十年,并处罚金人民币五百五十万元。(二)随案移交的犯罪工具手机两部及走私货物,依法予以没收。扣押的其他货物、物品,折价后作为被告人游某违法所得予以追缴。

一审宣判后,被告人游某不服,提出上诉。广东省高级人民法院审理后,维持广东省珠海市中级人民法院(2017)粤04刑初159号刑事判决第一项对上诉人游某的定罪量刑部分。

(资料来源:http://www.gdcourts.gov.cn/index.php?v=show&cid=236&id=54541)

辩证与思考：请说明法院判处被告人游某犯走私普通货物罪，判处有期徒刑十年，并处罚金人民币五百五十万元的判决法律依据。

9.1 电子商务对现行税收体制的挑战

电子商务以其高科技性、无形性和交易虚拟化等特性，使传统的纳税主体、客体的认定以及纳税环节、地点等基本概念均陷入困境。同时，电子商务也加大了税收征管和稽查的难度，对常设机构概念提出了挑战，各国国家税收管辖权受到严重冲击。

9.1.1 电子商务对税收基本理论的冲击

在电子商务交易模式下，网上交易使传统的税收原则变虚拟化，并且，由于网上交易商品形态的变化，使电子商务的课税对象具有较大的不确定性，进而使纳税人、纳税环节等税法要素随之发生变化。

1. 电子商务对传统税法原则的冲击

税法原则是制定税收政策和设计税收制度的指导思想，一经确定，就成为一定时期内一个国家据以制定、修改和贯彻执行税收法令制度的准则。通行观点认为，我国现行税法的基本原则包括税收中性原则、税收法定原则、税收公平原则和税收效率原则。而电子商务交易的虚拟性、高技术性动摇了传统税法存在的实践基础，使税法原则受到不同程度的冲击。

（1）电子商务对税收法定原则的冲击。

税收法定是税法的最高法律原则，它是民主和法治原则等现代宪法原则在税法上的体现。税收法定原则一般包括：税收要素法定原则、税收要素明确原则、征税合法性原则。税收法定原则的基本要求就是税收的征纳必须有法律明确的规定，没有法律的明确规定不得进行征纳。在我国，无论是理论界还是实务界，都认为必须对电子商务征税。然而，在电子商务税收的实践中，却无法律依据，电子商务交易征税至今还存在法律空白，特别是在纳税人、纳税义务等课税要素上，没有可以适用的法律规范，这就导致在实践上对电子商务进行征税，缺乏合法的征税依据，致使我国的电子商务税收问题处于一种不确定的状态。

（2）电子商务对税收公平原则的冲击。

税收公平原则包括普遍征税和平等征税两个方面：普遍征税要求在税收管辖权之内的所有具有纳税能力的人都应毫无例外地纳税；平等征税要求国家征税的比例或数额与纳税人的负担能力相称。电子商务作为一种商业贸易形式，与传统贸易没有本质的区别。但现行税制是以有形贸易为基础的，税法中缺少对电子商务征税的内容，从事网络交易的纳税人可以轻易避免纳税义务，所以，现行税制往往会因没有对电子商务交易征税的合法依据和有效手段而出现税负不公的问题。

（3）对税收效率原则的冲击。

税收效率原则要求在税务行政方面减少费用支出，尽可能地减少税务支出占税收收入的比重。而在电子商务中，交易结构性的变化会使原来面对这些中间环节征税的税收征管格局发生结构性的变化，使得原来从中间商及代扣代缴人取得的税收，变成要向广大的网上交易者及消费者征收税金，目前的税收征管手段还无法实现这一要求，必须建立基于互联网的新的征管体系。这一体系的建立需要大量人力、物力、财力的支持以及各个政府部门的统筹合作，税收成本的提高是不可避免的，从而影响了税收征收效率和增加了税收征收成本。

2. 电子商务对税法要素的影响

由于电子商务是以无形方式在虚拟市场中进行的交易活动，其无纸化操作的快捷性、交易参与者的流动性等特点，使纳税主体、客体、纳税环节以及纳税地点等按照传统税法进行界定变得困难。

（1）电子商务带来纳税主体的不确定性。

纳税人又称纳税义务人，指税法上规定的负有直接纳税义务的单位和个人，包括自然人和法人。传统税制规定，凡从事商务活动的单位和个人，都要办理税务登记。税法要解决对谁征税的问题，也就是纳税义务由谁来完成的问题。我国的增值税、所得税、消费税等各税种，都对纳税主体的范围进行了规定，确定纳税主体比较容易。而在电子商务中，由于网络对所有交易主体都是开放的，任何人都可以成为交易主体；传统的中介人、中介环节不复存在，交易双方可以隐匿姓名、居住地等，造成电子商务下的纳税主体呈现多样化、模糊化和边缘化，具有不确定性。

（2）电子商务使纳税地点的确认失去基础。

纳税义务发生地的确定，是实施税收管辖的重要前提。现行税法规定的纳税地点主要包括机构所在地、经济活动发生地、财产纳税地点所在地、报关地等。在目前电子商务交易中主要涉及的有买方所在地、服务器所在地、网络服务商所在地、卖方所在地等，它们一般都处在不同的地方，而且行政划分很可能也不同。电子商务的无国界性和无地域性特点，导致无法确定贸易的供应地和消费地，常设机构的概念变得模糊，从而无法正确行使税收管辖权，使传统纳税地点变得难以确定，从而使偷漏税及重复征税行为的发生难以避免。

（3）电子商务中传统纳税环节难以适用。

现行税法对纳税环节的规定是基于有形商品的流通过程和经营业务活动的，主要适用于对流转税的征税，而在电子商务中，由于交易对象不易认定，因而原有的纳税环节难以适用。

在传统交易中，商品要经历生产、批发、零售和进出口等环节才能从生产者到消费者手中，纳税环节就是要解决在哪些环节征税的问题。它关系到税收由谁负担，税款是否及时足额入库以及纳税是否便利等问题。电子商务简化了传统商品流转过程的多个环节，往往是从生产者直接到消费者，中介环节的消失导致相应的课税点消失，加重了税收流失的现象，其中以流转税为甚。

9.1.2 电子商务中课税对象的变化

课税对象指征税的目的物，规定对什么征税。课税对象作为税收法律制度的核心构成要素，表明国家征税的具体界限,是区分不同税种的主要标志,也是决定税收属性的主要依据。在电子商务中,虚拟的数字化产品与服务对传统课税对象划分方式提出挑战,并对税收征管产生影响。

1. 电子商务中新型的交易对象

(1) 电子商务商品的表现形态。

电子商务具有的数字化特征,使得许多传统的商品交易变成了数字化信息的交易,这在一定程度上改变了产品的性质,使商品、劳务和特许权难以区分。

(2) 电子商务的交易模式。

电子商务交易活动不是在传统的物理交易场所进行的,而是在虚拟的交易场所(网上商店)进行的,买者与卖者互不谋面,直接进行交易,减少了商务活动的中间环节,提高了交易效率。

(3) 电子商务中的财产。

虚拟财产作为网络空间中虚拟社会的产物,产生于网络空间,却已蔓延进入真实的社会层面,不仅在整个现实社会具有不容忽视的重要地位,而且已经成为一类全新的财产,已无法纳入传统财产的范畴。

2. 电子商务改变了原有课税对象的形态,使现行税法的相关内容受到冲击

电子商务的出现,改变了产品的流转方式,使以有形货物方式存在的商品可以转化为以数字形式存在的商品,使交易商品与劳务转化为信息流,并通过网络来传递,这就改变了传统所得、传统财产的形式,而且电子商务产生了新的信息资源,这些都导致传统的税法不敷使用。例如,原来以有形商品形式出现的书籍、报刊和软件等,现在都可以以数字化的信息形式从互联网上直接下载使用,还可以通过复制方式进行传播,其性质是提供商品还是提供服务或特许权使用,界限模糊。对于这种交易行为是否应该按销售货物征收增值税,按照何种税率征收增值税,都存在着较大的争议。并且,由此而获得的应纳税所得额,应视为生产经营所得,还是提供劳务或特许权使用费所得,其标准也很难确定。

因此,由于电子商务环境下的交易对象的数字化,导致了课税对象性质认定上的困难,并进一步引发了税法使用上的不确定性。

▶▶ 9.1.3 电子商务对税种和税收征收的影响

在电子商务中,增值税、关税和印花税课税对象与征收方式的变化极具代表性,下面仅以这几种实体税课税对象的变化来探讨电子商务对课税对象的影响。

学而思:我国现行的税种主要有哪些?

1. 电子商务对我国现行增值税的影响

增值税是以商品和劳务价值中的增值额为课税对象而征收的一种流转税,为世界各国普遍采用,也是我国税制结构中居首位的主体税种。

《中华人民共和国增值税暂行条例》规定,在中华人民共和国境内销售货物或者加工、修理修配劳务（以下简称劳务），销售服务、无形资产、不动产以及进口货物的单位和个人，为增值税的纳税人，其课税对象为销售货物或者加工、修理修配劳务，销售服务、无形资产、不动产以及进口货物而产生的增值额。在间接电子商务交易情况下，使用现时增值税规定毫无疑问，而在直接电子商务交易情况下，对无形的数字化商品是否征收增值税以及如何征收却难以套用现行税法。这样，纳税人在电子商务情况下销售产品和提供劳务的界限就变得十分模糊。而在税务处理中，交易性质的不同，适用的税种和税率也会不同，对交易性质的认定更是直接影响到税种的应用及税负的大小。对于在直接电子商务下的数字化产品交易，究竟是将其视为特殊的版权使用费转让，纳入无形资产转让的范畴，还是将其视为商品交易及劳务提供，从而纳入增值税的征收范围，我国至今尚未有明确的说法。

2. 电子商务对我国现行关税的影响

关税本指进出口商品经过一国关境时，由政府所设置的海关向进出口商所征收的一种流转税。简而言之，关税是对进出口一国边境的货物和物品征税，属于间接税。

传统的关税制度是以属地原则和属人原则为基础建立起来的，征税和行使征税管理的传统依据是通过能够控制的要素来确定的。但在电子商务中，由于虚拟化的交易方式、数字化和无形性产品的出现，使纳税主体复杂化、边缘化和模糊化，具有不确定性。电子商务中跨地区、跨国界交易的发生概率加大，数字化产品无须经过传统国界，即可进入他国，所有这些，最终弱化了属地管辖权。特别是美国政府发布的《全球电子商务纲要》，在有关电子贸易税收问题上主张"互联网零关税"。如果全球网上贸易实行零关税，那么发展中国家的关税堤防将不攻自破。随着在线交易数量逐年增大，大量数字化产品会以在线交易方式通过网络从国外进入国内，目前，尽管国际上普遍认同对在互联网上完成的在线交易免征关税，但电子商务对我国关税的影响也将逐步增大。

3. 电子商务对我国现行印花税的影响

印花税是以经济活动中签订的各种合同、产权转移书据、营业账簿、权利许可证照等应税凭证文件为对象所课征的税。这里的应税凭证文件原指书面文件，但在电子商务中，由于数据电文与电子签名被承认与书面文件功能等同，所以，导致许多新形式应税凭证文件的产生。

电子商务中为提高业务洽谈的效率，交易双方以互联网为平台，通过数据电文来订立合同。虽然电子合同形式上具有不同于传统纸质书面合同的特点，但其性质和意义并没有发生改变，仍然是为了规范交易，确定交易方各自的权利和义务，以保证经济交往迅捷、正常地进行，功能仍等同于书面凭证。

随着会计电算化的日益成熟，财务网上处理已经成为必然趋势。在电子商务中主要采取的是会计软件记账、核算收入，产生的账簿和凭证是以网络数字信息的形式存在的，没有传统的纸质账本。

按照我国《电子商务法》的规定，电子商务经营者必须取得营业执照或经营特许权证照。而这些网上商店多数不具有实体性，且多数网络消费者也不可能再沿用传统的方式鉴定网店或经营许可的真实性与合法性，所以其营业执照只能采用数字方式或电子方式，悬挂于网上商店之中。

电子商务的数字化、无纸化交易将传统交易方式下的合同、凭证隐匿于无形，印花税原有的课税对象——合同、账簿、产权转移书据、结算凭证等不复存在。由于法律的缺失,电子商务的出现使印花税的征收大量流失。

4. 电子商务对现行税收程序法的冲击

税收征管一般包括税务登记(征税主体对纳税义务主体的确认)、纳税申报审核(征税主体对纳税义务数额的确认)、税款征收(征税主体对纳税义务完成的确认)、税务稽查(征税主体对纳税主体履行纳税义务质量的确认)四个环节。电子商务课税对象的变化导致现行税收程序法的适用出现困境。

9.2 比特税及国际税收立法概况

电子商务引发的税收问题已经引起国际社会的足够重视,各大国际经济组织、各国政府及理论界、企业界人士纷纷采取相应的对策。

9.2.1 比特税方案(Bit Tax)

比特税是根据网络中流通信息的最小信息单位比特(bit)而征收的税。同时适用于增值的数据交易,如数据收集、传输、图像或声音的传递。

比特税方案最早在1994年,由加拿大税收专家阿瑟·科德尔提出,后经荷兰教授卢·苏特加以完善,其主要特点是对全球信息传输的每一个数字单位(bit)征税,不仅对网上数字化产品的交易和服务要征税,而且对所有的数据交换都要征税。这两位学者认为征收比特税的理由有三个:第一,信息时代经济模式的改变要求税收基础的转换,对"字节"征税是最直接和最符合逻辑的;第二,字节税是对信息传输征税,较之传统的对价值征税的模式,字节税意味着征税环节的根本改变,这符合信息流的本质;第三,字节税能够切实减少网络信息污染和拥挤。

应该说比特税既具有合理性,又具有矛盾性。从合理性来看,它是以电子商务的税基——信息流为征税对象的,因而它在理论上最符合电子商务的运行特征。而且,它也具有征管简便易行的可操作性。从矛盾性来看,信息流与资金流的非统一性将使该税面临两个矛盾:第一,商业信息流与非商业信息流同时负税的矛盾。由于比特税是对互联网上的所有信息流量均要征税,因而必然造成商业信息流与非商业信息流(如网上提供一些免税服务)同时负税的矛盾。第二,信息流量与税负成正比变化的矛盾。由于比特税是以信息流量为计税依据的,因而信息流量就与税负成同方向变化关系。信息流量越大,税负越高;信息流量越小,税负越小。但是信息流量并不完全与商品价值量成正比关系,因此在比特税下,有可能出现数字化产品的价值量与税负相背离的矛盾,从而违背税收公平原则与量能负担原则。

9.2.2 经济合作与发展组织（OECD）的税收立法

OECD 自 1960 年成立以来，致力于通过世界经济合作的方式服务于其成员国，以实现稳定财政金融、促进经济增长和扩大贸易等目标。为了应对电子商务带来的税收问题，1996 年以来，OECD 多次召开部长级会议进行磋商，并成立了专门致力于解决电子商务税收问题的工作组。在 1997 年芬兰的特尔库部长级会议上，OECD 确认了电子商务带来的主要税收问题，在 1998 年渥太华会议上，OECD 讨论了电子商务税收问题及相应对策，签署了《电子商务税收框架条件》等文件，并于 2001—2003 年发布了《电子商务税收框架》《电子商务税收框架执行报告》等文件。

OECD 虽赞同对直接电子商务免征关税，但在其他税种方面却持征税观点。OECD 认为，如果对电子商务免税将会对经济运行产生扭曲作用，因为现实中不同贸易形式的征免税并存将势必导致大量应税税源转向免税方面。因此，其在 1998 年的渥太华会议和 1999 年的巴黎会议上，对电子商务税收达成如下共识：

（1）保持税制的中性、高效、确定、简便、公平和灵活；
（2）明确电子商务中消费税的概念和国际税收规范；
（3）对电子商务不开征新税，而是采用现有的税种；
（4）提供数字化产品（作为劳务）要与提供一般商品区别开来；
（5）在服务消费发生地征收消费税；
（6）要确保在各国间合理分配税基，保护各国的财权，并避免双重征税；
（7）在定义常设机构时，要区分计算机设备的硬件与软件，只有前者构成常设机构。

9.2.3 欧盟的电子商务税收立法

电子商务的迅猛发展，改变了原有课税对象，使欧盟原有增值税体系受到严重冲击。为此，欧盟各国坚决反对电子商务交易免征增值税。

2000 年 6 月，欧盟委员会正式推出了对互联网电子商务征收增值税法案。该法案的主要课税对象包括：未来通过互联网提供的软件、音乐、录像等数字化商品。这些商品将和目前的服务行业一样征收增值税。

自 2003 年 7 月 1 日起，欧盟成员国开始实施电子商务增值税的新指令（Directive 2002/38/EC）。这使欧盟成为世界上第一个对电子商务征收增值税的地区，开创了对电子商务征税的先河。该指令规定，电子商务增值税课税对象为非欧盟企业面向欧盟个人消费者提供的直接电子商务所取得的收入。纳税人为向欧盟个人消费者提供直接电子商务的非欧盟企业。电子商务增值税征税范围涉及信息、文化、艺术、体育、科学、教育、娱乐领域，包括软件、电脑游戏及计算机服务（包括网络集成、网络设计和类似服务）和以电子方式提供的服务两大类。根据欧盟增值税法规定，只有存在有效对价的服务才应缴纳增值税，而不收取任何费用的互联网服务，如免费接入互联网或免费下载软件等，则无须缴纳增值税。

欧盟开征此税的目的并不是增加财政收入，其真正用意在于消除现行增值税体系对欧盟企业的不利影响。欧盟企业在欧盟之外取得的电子商务收入就不必缴纳增值税了，而非欧盟企业却要就其在欧盟获取的电子商务收入缴纳增值税。

2019年，法国为了打击国内偷税漏税的现象，出台了新的增值税法案：从2020年1月起，要求各大电子商务平台核实使用其平台的外国卖家的增值税状况。此举在于要求在线电子商务平台承担起监督卖家缴纳增值税的责任，通过平台追踪和收集外国卖家向法国消费者所销售的商品信息和缴税信息，并且反馈给法国税局。

9.2.4 美国的电子商务税收立法

作为电子商务贸易发源地的美国，1997年发布了题为《全球电子商务框架》的报告，报告建议将互联网宣布为免税区，凡无形商品（如电子出版物、软件、网上服务等）经由网络进行交易的，无论是跨国交易还是在美国内部的跨州交易，均应一律免税，对有形商品的网上交易，其赋税应按照现行规定办理。该法案首次将有形商品与数字化商品网上交易作为不同的课税对象，在征税过程中区别对待。美国是电子商务应用面广、普及率高的国家，其电子商务交易的顾客遍布全球，如果全世界对此项交易免税，美国就成了最大的赢家，所以美国是一个坚定的电子商务免税的主张者，美国提出免税的主张是为了保护美国人自己的利益。不过，时过境迁，2018年，美国最高法院大法官以5∶4的票数判决"各州有权对互联网电子商务公司的跨州销售征税"。这意味着电子商务税收红利在美国的结束，力争线上线下公平竞争。截至2019年1月1日，全美共有31个州制定并生效了有关电子商务销售税的法案，要求在线零售商即使在没有实体店的情况下也要缴纳在线订单的相应税费。

9.2.5 其他国家对电子商务征税的政策

广大发展中国家普遍反对美国提出的《互联网免税法案》，智利曾经提出了一个折中方案：对电子商务征5%的交易税，由出售国和购买国各分摊一半。但此方案由于交易性质、交易地区的不同会造成新的不公，未被通过。大多数国家认为免征增值税会减少税基，增加税收流失，削弱其政府财政实力，从而进一步扩大贫富差距。例如，印度认为，对境外使用计算机系统，由印度公司向美国公司支付的款项均应视为来源于印度的特许权使用费，并在印度征收预提税。发展中国家大多主张对电子商务征收关税，希望从这些最具活力的增长引擎中获得税收收入。

9.3 我国现行电子商务税收法律体系及其完善

电子商务以其虚拟化、无形化、无界化、无纸化以及电子支付的特点对以实物交易为基础的现行税收法律制度和原则造成了冲击，突显出了许多法律的空白和漏洞，传统的税法体系对其无法适用。那么，确定电子商务税收的基础、构建和完善电子商务税法体系是税法研究的重要内容。

9.3.1 电子商务税收法律制度的基本前提

良好的诚信体系、法律环境、技术环境和与电子商务相适应的税收原则是构建完善的电子商务税收体系的基本前提。

1. 诚信基础

诚信是市场经济发展的基石。我国电子商务诚信体系已初具规模，但仍存在诸多问题，如信用评价和监管机制不健全，全社会的诚信意识还没有建立等。由于失信成本较小，所以给商业交易带来了很高的交易成本，也制约了传统商业走向电子商务的步伐。构建电子商务诚信体系是实施电子商务税收的前提之一，同时电子商务税收诚信也是电子商务信用体系的有机组成部分。其具体包括：构建电子商务诚信评估机制、中介机制；培养电子商务企业诚信经营与纳税意识和消费者诚信消费习惯；建立完善的电子商务税收信用评价体系；建立完善的电子商务税收信用监督体系。

2. 法律基础

现行的税收法律法规对新兴的网络贸易的约束已显得力不从心，应及时对由于电子商务的出现而产生的税收问题有针对性地进行税法条款的修订、补充和完善。

（1）修订相关的法律、法规。

电子商务与传统商务在交易方式上存在明显的差异，因而要对传统的相关法律、法规中不适应或有碍电子商务发展的法律条款进行必要的修订。如修订《刑法》，界定电子商务活动中的犯罪与刑罚；修订《会计法》，承认电子完税凭证的法律效力；修订《著作权法》《商标法》《计算机软件保护条例》等，以适应电子商务时代对法制环境的要求。

（2）制定新法。

电子商务广泛应用于经济领域，必然会出现诸多传统法律不能解决的问题，所以制定与之相适应的法律规范也就成了必然。在制定相关法律、法规时，应充分考虑是否涉及电子商务部分。

（3）修订原有税法，并制定新的电子商务税收法律、法规。

修订原有税法。在电子商务交易中，原有税法的部分内容已不能满足需要。为此，对该部分应加以修订，增加涉税电子商务部分，完善电子商务涉税程序法与实体法，使电子商务主体的权利得以充分保障，其义务得以顺利完成。

制定新税法。随着电子商务活动的发展，电子商务税收法制必然成为税法中的重要组成部分。制定新的与电子商务相适应的税法已经势在必行。并且，电子商务中出现新的网络信息商品，继续采用传统的税收法律、法规，显然已不适用，为此应制定新的《电子商务网络信息商品税法》，并制定相关实施细则。

3. 技术基础

（1）完善电子商务技术的国家标准。

完善电子商务技术的国家标准体系是电子商务发展的关键，鼓励企业联合高校和科研机构研究制定物品编码、电子单证、信息交换、业务流程等电子商务关键技术标准和规范，参与国际标准制定工作，完善电子商务国家标准体系。

（2）电子商务实施技术。

着力解决制约电子商务应用的重大科技问题，重点突破电子商务交易技术、加密与电子认证、在线支付、信用管理、供应链管理、系统集成等关键技术。加大无线射频识别、智能终端等技术与装备的研发力度，发展自主知识产权的技术装备与软件，推进综合集成应用，加快产业化进程。

鉴于对电子商务征税的难点在于信息流的性质的区分问题，所以应当改进网络信息技术，对于网络信息，特别是进行网络工商登记制度和税务登记制度的企业所流出的信息是否具有商务性进行区分，同时能够准确地计量其信息流量。

（3）电子商务中的税收征收技术。

为了提高税收征收效率，减少税款的流失，应加快税务机关的信息化建设，建立电子税务，研制开发电子化的税务票证系统和电子征税软件。电子化的税务票证系统的研制开发主要包括电子发票、电子税票、电子报表等税务票证的研制和开发。建立网络税务平台和网络税务认证中心。通过网络税务认证中心识别电子交易双方身份的真实性和有效性，进而确定纳税人，掌握有关交易信息，从而进行科学合理的税收征管活动。

▶▶ 9.3.2 明确电子商务中的税收原则

电子商务的到来对税收从理论到实务都产生了重大的冲击，动摇了传统税收理论的基础，给税收实务带来了从未经历的问题。但是，仍须坚持如下原则：

1. 坚持税收法定主义原则

在电子商务税收法律制度的具体内容中也应包括：开征新税，应在法律规定范围进行课征；税收构成要素和征管程序必须由法律加以限定；法律对税收要素和征管程序的规定应当尽量明确，以避免出现漏洞和歧义；征税机关必须严格依照法律的规定征收，不得擅自变更法定税收要素和法定征收程序；纳税人必须依法纳税，同时也应享有法律规定的权利。

2. 坚持税收公平原则

所谓税收公平原则就是国家征税要使各个纳税人承受的负担与其经济状况相适应，并使各个纳税人之间的负担水平保持均衡的原则。电子商务作为一种新兴的贸易方式，虽然是一种数字化的商品或服务的贸易，但它并没有改变商品交易的本质，仍然具有商品交易的基本特征。因此，按照税法公平原则的要求，电子商务和传统贸易应该适用相同的税法，担负相同的税收负担。确立税法公平原则的目的在于支持和鼓励商品经营者采取电子商务的方式开展贸易，但并不强制推行这种交易的方式。

3. 坚持税收效率原则

税收效率原则主要指税法的制定和执行必须有利于社会经济运行效率和税收行政效率的提高，税法的调整也必须有利于提高社会经济效率和减少纳税人的纳税成本。电子商务税收也应当坚持效率原则。为此，在制定电子商务税收政策时，一方面，应当以我国现有的电子商务发展水平和税收征管水平为前提，确保税收政策能被准确地贯彻执行；另一方面，力求将纳税人利用电子商务进行偷税与避税的可能性降到最小。同时，对电子商务立法应贯彻肯定、明确、简洁、易于操作的原则，将纳税人的纳税成本和税务机关的征税成本控制在最低限度，提高税收效率。

9.3.3 科学界定电子商务中的课税对象

电子商务是经济发展的产物，是新型的经济交易模式。电子商务的出现，特别是网络信息商品的出现，使传统税法无法完成对课税对象的认定，造成国家税收的大量流失。早在电子商务出现初期，国家税务总局即表态"支持电子商务发展，但该征的税还是要征的"。所以，研究解决电子商务税收问题的关键在于如何确定电子商务中的课税对象。

1. 电子商务的出现使课税对象难以确定

在传统的商务交易模式下，课税对象主要包括物、财产和行为。电子商务是网络化的新型经济活动，发展速度迅猛，以其所具有的活动虚拟化、支付手段隐匿化、操作无纸化等特点，将原先以有形财产提供的商品和服务转变为在虚拟的网络空间以数字形式提供。这种以数字化方式提供商品和服务方式很难再用传统的物与行为进行认定，使得电子商务的课税对象界限变得模糊，这种状况不利于税务处理。

2. 确定电子商务的课税对象应区分电子商务交易模式

电子商务的出现改变了传统商品交易模式中物流、资金流与信息流之间的关系，形成了新的交易模式。由于电子商务交易是在网络中完成的，也就是说，只要在网络中完成某个交易环节就可以认为是电子商务。

所以，按照物流、资金流与信息流在网络中完成环节的不同，电子商务可以分为直接电子商务和间接电子商务。在直接电子商务状况下，交易过程全部实现了网络化，使物流、资金流与信息流合为一体，同步在网络中完成，称之为完全电子商务。其交易的产品具有数字化、无形性的性质。所以在课税对象的认定上，无法再采用传统的方法进行。直接电子商务中出现了新的课税对象。而间接电子商务则无法完成物流、资金流与信息流同步化，其具体包括两种情形：一是只有资金流与信息流在网络中交易完成，而物流活动则必须通过传统的物流渠道来完成，在网络中只有商品信息的传递与资金的传递；二是只有信息流在网络中传递，网络只起到了宣传作用。从中不难看出，间接电子商务未脱离传统的交易模式，通过网络只能完成部分交易过程，其课税对象仍是物与行为。

3. 电子商务课税对象的界定

从电子商务的交易内容中可以看出，电子商务交易商品既包括商品信息在网络空间传递、实物流转仍需通过传统渠道的间接电子商务，也包括采用虚拟方式在网络空间传递数字化产品与服务的直接电子商务。而现行税法与间接电子商务关系密切，传统税法只需稍加改动，即可与之配套使用。而直接电子商务则与现行税制之间严重脱节。

（1）间接电子商务中的课税对象。

间接电子商务只是借用网络完成部分交易，物流或资金流的完成仍有赖于传统的渠道，并未改变交易的实质。所以，其课税对象并未发生实质改变，即便出现与传统税法的冲突，也是较小的，传统的税收法制的框架完全能够加以解决。对该种交易模式应仍采用传统的课税对象的认定方式，即按课税对象的性质不同，可分为流转税、所得税、资源税、财产税、行为税，并可按照传统的税法进行税收征收。

（2）直接电子商务中的课税对象。

电子商务改变传统交易模式的实质原因在于科技进步，出现了新的商品和交易行为，并改变了传统的物流传递方式，使物流（含服务与劳务）与信息流合为一体。但是对网络中传递的所有信息都应当认定为交易对象吗？那么是不是应该对网络中所有的信息都应该课税呢？网络是信息的海洋，但并非所有的信息都与商业有关。即便与商业有关，也不应不加区分地都认为是交易对象或课税对象。所以，在研究电子商务课税对象时，只应将有价值的商业信息列入其中，即网络商品和网络商品信息。

网络商品指网络上用于交换的劳动产品，既包括实物商品、劳务，也包括网络信息商品。网络信息商品指依托网络所进行交换的各种信息商品和服务，包括网络信息商品、在线服务和其他网络劳务。而网络商品信息指所有在网络空间传递的商品信息，既包括网络信息商品信息，又包括传统商品信息，还包括其他网络商品信息。对于网络信息商品是不应征税的（有偿网络信息服务和网络广告服务除外）。

▶▶ 9.3.4 电子商务环境下我国现行税法体系及其完善

根据《电子商务法》的规定，电子商务经营者应当依法履行纳税义务，并依法享受税收优惠。不需要办理市场主体登记的电子商务经营者在首次纳税义务发生后，应当依照税收征收管理法律、行政法规的规定申请办理税务登记，并如实申报纳税。所以，我国电子商务并非免税，电子商务经营者应当依法纳税。

1. 税收基本法的制定

税收基本法作为统率各单行税收法律、法规的母法，是介于宪法和各单行税法之间的一部法律，主要规定税收的基本法律制度和原则，是税收法律中的上位法，对各单行税法的制定具有统领和指导作用。

我国的税收基本法尚未出台，所以，在制定税收基本法时，应考虑电子商务税收的定义、功能、税收法律制度的基本原则、税收法律关系中当事人的权利义务等内容，使税收基本法适应电子商务这一新兴经济形式的需要。

2. 开征电子商务新税——网络信息商品税

在电子商务飞速发展的今天，对电子商务是否征税仍存在两种截然不同的认识，即对电子商务不应开征新税和对电子商务必须开征新税。

（1）电子商务应否征收新税的论说。

对电子商务应否开征新税，其中一种观点是不开征电子商务新税，其依据是：经济发展是税制变化的决定性因素，开征新税的前提应是经济基础发生实质性的变革。[①]电子商务的交易本质上同传统的交易相同，只是形式随着科技的发展改变了，但并没有改变买卖本身的性质。从交易内容上并无差异，甚至可以说电子商务只是分割了商业企业和服务业的某些业务。因此可以认定电子商务的经济基础仍然是商品经济，电子商务并未使经济基础发生实质性变革，不应当对其开征新税。

相反的观点则认为对电子商务必须开征新税，理由是：反对开征电子商务新税的理由过于片面，对电子商务认识不足。这是因为，网上交易的税种是由交易的内容，即课税对象来决定的，而不是由电子商务的形式来决定的。电子商务是建立在计算机和互联网技术基础之上的，该种经济模式应当一分为二地来进行剖析：一是电子商务是传统商业贸易与交易行为在网络中的延续，交易商品与服务仍为传统的产品与服务，未发生本质性的变化，计算机与互联网络对传统产品只起到宣传和销售功能，持反对开征电子商务新税的认识仅限于此。二是电子商务中产生了数字化、电子化的新型商品与服务，该商品具有虚拟化与无形化的特性，其生成、销售、传递等所有过程完全依赖于计算机与互联网络，网络经济以其虚拟化市场、个性化产品定制等新特点冲击了传统的经济基础，带来税基的变化，继而使税种发生变化。因此，必须开征新税。

（2）电子商务新税——网络信息商品税征收方案。

对电子商务开征新税，只是对直接电子商务中产生的新型的网络信息商品、在线服务和其他网络劳务征收，而不是对所有通过电子商务交易的产品全部征收。

在直接电子商务中，物流、资金流与信息流均在网络中实现，特别是物流与信息流趋于相同状态，一并在网上进行传递。而这种所谓的"物"又与传统的"物"的概念完全不同，再按照传统税制收税，确定课税对象显然是不适宜的。由于交易对象的变化，必然导致课税对象的变化。

国际流行观点认为，"比特税"是电子商务开征新税种的倾向性选择。但该方案受到大多数人的反对，主要原因是比特税难于区分信息流的性质，从而不符合税收的公平原则。比特税的征收也没有考虑到网络信息商品的价值问题，网络中传递的相同流量的信息，其价格可能是完全不同的。这样就违背了税收的实质课税原则。

为此，由于在电子商务中网络信息商品的出现，使计税计量单位发生了变化。从而也使课税对象发生了变化，此时既要考虑到网络信息商品的价值性，同时也要考虑到比特税的合理性。如果只对其征收比特税，无法体现出网络信息商品的价值，如果只对其征收从价税，则无法体现出税收的公平性。所以，为了既符合税收原则，同时又能解决电子商务造成国家税收的大量流失的问题，建议采取既征比特税又征从价税的方式来解决该问题。但是，毕竟电子商务是新生事物，在现阶段进行双重征税的前提是采用较轻的税率，比特税只是按照信息流量进行象征性征收，以便体现网络商品交易的可税性。

[①] 郝琳琳. 税法基本原则不因电子商务条件而改变[J]. 税务研究，2005（1）：91.

另外，对于注册地在我国的公司，无论其服务器或网址注册地是否在本国，进行网络信息商品销售的，均由其自行缴纳网络信息商品税。对于注册地在外国的公司，无论其服务器或网址注册地是否在本国，对我国进行网络信息商品销售时，由消费者缴纳网络信息商品税和关税。

3. 增值税

开征电子商务新税后，对于传统税种受到电子商务的冲击可以不予考虑，只对其征收内容和征收管理手段上进行调整。

（1）增值税的概念。

增值税是以商品（含应税劳务）在流转过程中产生的增值额作为计税依据而征收的一种流转税。从计税原理上说，增值税是对商品生产、流通、劳务服务中多个环节的新增价值或商品的附加值征收的一种流转税。实行价外税，也就是由消费者负担，有增值才征税，没增值不征税。

（2）增值税一般纳税人和小规模纳税人。

增值税一般纳税人指年应征增值税销售额超过财政部规定的小规模纳税人标准的企业和企业性单位。增值税纳税人，年应税销售额超过财政部、国家税务总局规定的小规模纳税人标准的，应当向主管税务机关申请一般纳税人资格认定。

（3）增值税税率。

第一，一般纳税人。

一般纳税人适用增值税税率。销售或者进口货物（另有列举的货物除外）、销售劳务，税率为13%。

销售或者进口货物适用税率9%，情形如下：粮食等农产品、食用植物油、食用盐；自来水、暖气、冷气、热水、煤气、石油液化气、天然气、二甲醚、沼气、居民用煤炭制品；图书、报纸、杂志、音像制品、电子出版物；饲料、化肥、农药、农机、农膜；国务院规定的其他货物。

第二，小规模纳税人的适用增值税税率，情形如下。

目前征收税率为3%的有：小规模纳税人销售货物或者加工、修理修配劳务，销售应税服务、无形资产；一般纳税人发生按规定适用或者可以选择适用简易计税方法计税的特定应税行为，但适用5%征收率的除外。

目前征收税率为5%的有：销售不动产；符合条件的经营租赁不动产（土地使用权）；转让营改增前取得的土地使用权；房地产开发企业销售、出租自行开发的房地产老项目；符合条件的不动产融资租赁；选择差额纳税的劳务派遣、安全保护服务；一般纳税人提供人力资源外包服务。

个人出租住房，按照5%的征收率减按1.5%计算应纳税额。

纳税人销售旧货、小规模纳税人（不含其他个人）以及符合规定情形的一般纳税人销售自己使用过的固定资产，可依3%征收率减按2%征收增值税。

第三，电子商务企业的适用增值税税率。

依据《增值税暂行条例》的要求，电子商务企业的增值税税率需要根据企业的经营业务范围和企业的性质来确认，如果是商贸类的企业，则一般纳税人的税率为13%，小规模的税率为3%；如果是提供服务类的企业，则一般纳税人的税率是6%，小规模的税率为3%。另外，2020

年 12 月 31 日之前，小规模企业税率为优惠税率 1%。

> **相关链接**
>
> **电子商务企业提供电子商务平台进行商品销售，如何缴纳增值税？**
>
> 电子商务企业提供电子商务网络平台，其他企业把商品展示在电子商务网络平台，个人或企业（以下称客户）可以在电子商务网络平台购买这些商品，客户在电子商务网络平台通过网上银行支付货款给电子商务企业，电子商务企业一定时间支付给商品销售企业。在实务中，电子商务平台销售有两种模式：
>
> 一是代销模式，电子商务经营者向厂家收取佣金。例如，电子商务经营者成功销售售价为 500 元的货物后，厂家开具 500 元发票给客户，电子商务经营者收取 10% 的代销服务手续费，同时开具 50 元发票给厂家。《财政部、国家税务总局关于全面推开营业税改征增值税试点的通知》（财税〔2016〕36 号）、《销售服务、无形资产、不动产注释》规定，经纪代理服务，指各类经纪、中介、代理服务。因此，电子商务企业取得的佣金、奖励和劳务费等相关收入，应按提供经纪代理服务缴纳增值税。
>
> 二是一次性购销模式，电子商务经营者批量购入厂家商品，直接发售给客户。例如，100 元的货物，电子商务经营者以 450 元价格向厂家购买，以 500 元卖给客户。那么厂家开具 450 元发票给电子商务经营者，电子商务经营者开具 500 元发票给客户。电子商务企业购买货物后再销售的行为，属于销售货物，应当按照销售货物的适用税率或征收率计算缴纳增值税。
>
> （资料来源：http://zwgs.shiyan.gov.cn/zcdy/201812/t20181229_1636279.shtml）

4. 关税

对于间接电子商务进行的货物交易，现行法律政策应延续适用。对于涉及关税的在线交易，考虑到电子商务的发展前景，中国当前应积极组织有关力量来研究制定全面的电子商务关税政策，根据关税主权原则和便利征收原则，科学制定既符合我国利益又不违反目前国际通行做法的电子商务关税法律政策。

（1）反对零关税。

中国的电子商务尚处于初级发展阶段，在很长一段时间内仍将是数字化商品净进口国，不对电子商务征收关税的零关税政策必将造成进口关税的大量损失，适度的保护性关税政策是带动和促进中国经济发展的必然选择。因此，在解决电子商务关税征收问题时，要注意公平原则的问题，也就是说，应保持电子商务与传统贸易的税负一致。比较好的方法是"发展优先，兼顾公平"。既要发展又要纳税，既要扶持又要征税。

（2）完善电子商务的税收征管体系。

第一，加快税收部门自身的网络建设，尽早实现与国际互联网、网上用户、银行、海关等相关部门的连接，从支付体系入手解决网上交易是否实现及交易内容、数量的确认问题，实现真正的网上监控和稽查，并加强与各国网上的合作，防止税款流失，打击偷税、逃税现象；第二，组织技术力量与金融机构、网络技术部门及公证部门紧密配合，开发出统一、实用、高效的自动征税软件和稽核软件；第三，对开展电子商务的公司、企业进行电子商务状况登记，海关对其申报交易进行准确、及时的审查和稽核。

5. 印花税

首先，强调印花税电子完税凭证与传统的书面完税凭证"功能等同"。凡符合书面形式要求的数据电文及电子签名，如果能够可靠地保证所载信息自首次以最终形式生成时起，始终保持完整、未做改变，该数据电文与电子签名即具有法律规定的原件效力。

早在 2006 年，财政部、国家税务总局发布的《关于印花税若干政策的通知》中就规定：对纳税人以电子形式签订的各类应税凭证按规定征收印花税。在这里，国家明确将《印花税暂行条例》中原有 12 类印花税税目的电子形式纳入征税范畴。下一步更为艰巨的任务是如何改进税收征收模式，设计"电子印花税"系统，以应对电子商务模式产生的印花税难题。

6. 我国现行电子商务税收优惠政策

我国财政部、海关总署、税务总局 2018 年出台《关于完善跨境电子商务零售进口税收政策的通知》，明确表示"（1）将跨境电子商务零售进口商品的单次交易限值由人民币 2 000 元提高至 5 000 元，年度交易限值由人民币 20 000 元提高至 26 000 元；（2）完税价格超过 5 000 元单次交易限值但低于 26 000 元年度交易限值，且订单下仅一件商品时，可以自跨境电子商务零售渠道进口，按照货物税率全额征收关税和进口环节增值税、消费税，交易额计入年度交易总额，但年度交易总额超过年度交易限值的，应按一般贸易管理；（3）已经购买的电子商务进口商品属于消费者个人使用的最终商品，不得进入国内市场再次销售。原则上不允许网购保税进口商品在海关特殊监管区域外开展'网购保税+线下自提'模式"。

▶▶ 9.3.5 税收程序法

目前，我国关于税收征管工作最重要的法律是 2001 年修订并实施的《中华人民共和国税收征收管理法》，它确定了我国税收征管的内容体系，包括税务登记、发票管理、纳税申报、税款征收及账簿凭证管理，以及税务检查和纳税服务等内容。电子商务是以无形的方式在虚拟的市场中进行的商务交易活动，其交易的无纸化、虚拟化、高科技性等使建立在传统税收征收和缴纳行为基础之上的《中华人民共和国税收征收管理法》的实施出现很大的困难。

为了应对电子商务对税收征收的挑战，在坚持电子商务可税性的前提下，在遵循税收征管"法治、公平、效率"原则的基础上，结合电子商务交易的新特点，对《中华人民共和国税收征收管理法》予以适当修订，设计一整套具有前瞻性、可行性、针对性、可操作性的电子商务税收征管程序法律制度，以处理电子商务所引发的税收征管问题。

1. 修订《中华人民共和国税收征收管理法》，以适应电子商务税收需求应坚持的原则

强调电子商务税收的征收与缴纳必须以法律为基础，确立和充实了一批新的、与电子商务相配套的法律法规，以完善电子商务税收征纳法律关系为目标，进一步明确电子商务税收中征税的法定主体，为建立和维护良好的电子商务税收法律秩序做出了关键性的规定。增强对电子商务纳税人合法权益的研究保护，重视依法调整国家和纳税人之间的利益关系，培育电子商务中纳税人依法纳税的自觉性。提高电子商务税收程序规范化的水平，从规范基础工作开始，到征收管理的主要环节，都补充和增添了与电子商务有关行为规则的内容，强调按法定程序征税。

有力地推进电子商务税收执法行为的规范化，在推进规范化的基础上，提高执法水平，加强执法监督，实现秉公执法，严格执法。

2. 对电子商务税收程序法的完善

（1）修订《中华人民共和国税收征收管理法》及其实施细则，对从事电子商务的企业实施专门的税务登记管理。

要求所有网上交易的企业必须进行工商登记。从事电子商务的企业或个人进行申报时，税务机关可以要求纳税人申报相应的电子商务资料，并由税务机关指定的网络服务商出具有效证明以保证资料的真实性。上网企业通过网络提供的劳务、服务及产品销售业务应单独建账核算，以便税务机关核定其申报收入是否属实。税务机关应当对纳税人登记的有关网上交易的事项进行严格审查，逐一登记并建立电子商务税务登记档案和纳税资料备案制。这样，即使纳税人在网上是匿名交易的，对税收也不构成威胁。另外，当其网址或者网站等登记内容发生变更、注销的时候，应当在一定期限内到税务机关办理变更和注销登记。从法律上将电子商务企业税务登记制度确定下来，便于税收征收、管理和稽查，从源头上堵塞网上逃税的漏洞。

在完善现行税法的过程中，针对电子商务对税收征管提出的挑战，应该重点补充有关运用电子商务纳税的税法条文，要求从事电子商务活动的单位和个人，在办理电子商务交易手续之后，必须同时办理电子商务的税务登记，填写《电子商务纳税登记表》，并提供有关电子商务的业务范围等相关材料，以便税务机关掌握管辖地从事电子商务的纳税人户表以及电子商务交易纳税人的活动情况。通过明确该交易行为的纳税义务、发生时间、纳税期限、纳税地点和应纳税额等资料申报制度，加强对电子商务活动的税法约束。

（2）修订税收征收管理法对账簿、凭证、发票的管理规定，增加要求从事电子商务的纳税人以可以阅读的电子方式保存记录的规定。

在《中华人民共和国税收征收管理法》和《发票管理办法》及其实施细则中明确数字化发票作为记账核算及纳税申报凭证的法律效力，规范电子发票的申领、填写及传递等相关程序。《中华人民共和国电子签名法》赋予数据电文与电子签名以法律效力，为此，税务部门应在该法的基础上设计出成套的电子发票，供网络交易者购买和使用，以配合纳税人凭证、账簿、报表及其他交易信息载体的电子一体化。纳税人可以在线领购、在线开具、在线传递电子发票。但必须达到以下要求，以确保电子发票发挥其应有的效用：税务机关可以对申请领购的发票的有关项目进行预填，以防止电子发票被转移使用，并对电子发票设置防伪标识，保证发票的真实性，开具完毕的电子发票在确认后只能进入"只读"状态，拒绝纳税人的任何修改，并自动生成备份以供税务机关查询核对。

（3）纳税申报与税款征收。

在电子商务中，纳税义务人仍需自行按照税法的规定向税务机关申报纳税。为适应网络经济的"无纸化"，必须尽快建立电子纳税申报制度。电子申报指纳税人利用通信网络系统，将申报资料以数据电文方式发送给税务部门。数据电文申报方式中的网络传输方式因具有直接、便捷、成本低廉的优越性，符合电子商务的内在需要，必将成为电子商务纳税人进行纳税申报的主要选择。电子申报不仅减少了数据库录入所需的庞大的人力、物力，也降低了输入的错误率，实现了申报的"无纸化"。对于申报有效的，税务机关将数据信息传输至银行数据交换系统和国库，由银行进行资金划拨，并向纳税人发送银行收款单。税务机关对网络申报系统应安排专人维护，而且对每一项操作都应设置相应的密码，未经授权的人员不能进入网络申报系统，确保系统安全，避免因管理不善而造成纳税人资料丢失。

（4）网络发票、电子发票与加强增值税管理。

为加强普通发票管理，保障国家税收收入，规范网络发票的开具和使用，2013年，国家税务总局制定了《网络发票管理办法》。网络发票指符合国家税务总局统一标准并通过国家税务总局及省、自治区、直辖市税务局公布的网络发票管理系统开具的发票。国家积极推广使用网络发票管理系统开具发票。网络发票是规范发票使用和税收征管，以及防控发票类违法犯罪的手段，而非针对网络购物和电子商务征税。电子发票指纸质发票的电子映像和电子记录，是网络发票的电子形态或者说无纸化形式。网络发票的推行为使用电子发票奠定了基础。

（5）建立有效的电子商务税务稽查。

在电子商务模式下实施有效的税务检查，可以从以下几个方面考虑充分发挥税务检查的监督功能，从税务登记开始，独立运用一整套监督工作程序软件，建立网络用户的基础资料，掌握税务检查的主动性，抓住电子商务活动中的关键环节——货币流动。该制度要求税务机关将自身网络与国际互联网及财政、银行、海关、国库、网上商业用户全面连接，实现各项业务的网上操作，达到网上监控与稽查的目的，堵塞网上交易的税收漏洞。此外，还需要建立完善的税务稽查电子系统，基于税务系统的广域网，实施办公自动化与征管、税务稽查、大面额专用发票防伪系统，出口退税专用票证系统，丢失被盗增值税专用发票报警系统，电子邮件等系统的系统集成，实现跨部门、跨地区之间的涉税信息的快速传递、发票函件调查和相互协调。

案例与思考

全国首例网店偷税案店主获刑

淘宝网一店主张某，通过网上交易半年，销售近290万元的商品，但为偷逃国家税款，张某采用不开具发票、不记账的方式，不向税务机关申报纳税，偷税11万多元。昨天，上海普陀区法院对这起全国首例网店偷税案做出宣判，被告张某因犯偷税罪，被判处有期徒刑二年，缓刑二年，并处罚金6万元；被告单位上海某市场策划有限公司犯偷税罪，并处罚金10万元。

张某于1999年1月19日注册成立了上海某市场策划有限公司，自己是法定代表人兼经理，全面负责公司经营管理。一开始，张某主做礼品生意。2006年6月，张某怀孕期间在网上订购奶粉、尿布等婴儿用品，发现网上交易价格比商场便宜得多，于是也转行销售奶粉和尿片。张某用公司名义在淘宝网上开了家商铺，给货物一一拍照后，将商品挂到了网上。

后来，张某的生意越做越红火，她开始不满足于仅在淘宝网上做生意。累积了一定的客户群后，张某又用公司名义自建了一个销售婴儿用品的网站，生意也越做越大，仅在2006年6—12月的半年时间内，就销售了价值近290万元的商品。但在互联网上经营婴儿用品的过程中，张某为偷逃国家税款，采用不开具发票、不记账的方式，不向税务机关申报纳税。

她的行为很快就被相关部门发现了。案发后，经上海市普陀区国家税务局税务核定：上海某市场策划有限公司于2006年6—12月销售货物，含税金额2 895 430元，不含税销售金额2 784 067.31元，应缴增值税111 362.69元，已缴增值税0元，少缴增值税111 362.69元，少缴比例为100%。

2007年1月下旬，张某在接受公安机关调查时如实交代了犯罪事实，又主动交代了公安机关尚未掌握的上海某市场策划有限公司偷税的上述犯罪事实。据了解，在法院审理期间，上海某市场策划有限公司向税务机关补缴了全部税款。

（资料来源：https://www.thea.cn/member/szacc/143010.html）

思考：
在本案中单位和法人分别构成什么罪行？其判决依据是什么？

本章实践技能操作

1. 通过互联网登录广东电子税务局，体会用户注册流程。

此功能允许任何自然人注册，主要是让个人用户拥有自己的电子税务局账号。用户注册的基本信息包括用户名、密码、手机号码、地址、邮箱等。

操作步骤：

（1）打开广东省电子税务局网站，点击网页右上角"注册"。

（2）填写注册基本信息，包括用户名、密码、邮箱、地址等信息，填写手机号，点击发送验证码，输入手机验证码，勾选同意协议并注册，提交注册，网页显示注册成功。

（3）注意事项。

① 该用户为个人用户，用户名不可修改，请勿使用公司名称作为用户名。

② 一个手机号只能注册一个用户。

③ 因短信验证时间较短，请先填写其他注册信息，后填写手机号获取短信验证。

④ 用户名最少需包含 4 个字符，最多可包含 12 个字符，可以使用数字、中文及字母，且前四个字符必须为字母或中文。

⑤ 密码长度为 8~16 位，可以使用数字及大、小写字母，其中数字和大、小写字母都至少要有一位。

⑥ 带"*"标识的字段不能为空。

2. 登录广东电子税务局，体会实名验证流程。

根据实名办税的相关规定，自然人首次完成电子税务局用户注册之后，需进行实名信息采集、认证后，方可办理涉税（费）业务。实名认证是对已经注册的电子税务局用户进行实名信息关联的过程。

操作步骤：

在广东省电子税务局网页端注册用户，注册成功后将跳出提示，可以选择扫码登录广东税务微信公众号办理实名认证或下载广东税务 App 办理实名认证，也可以前往附近的办税服务厅办理实名认证。

关注"广东税务"微信公众号办理实名认证。

（1）进入广东税务微信公众号，点击"微办税"，点击"个人业务""实名认证"功能，进入实名认证页面，选择"刷脸实名认证"，进入刷脸实名认证提示页面，点击"确定"按钮。

（2）进入上传居民身份证页面，上传身份证正、反面照片，点击"提交"按钮。

（3）进入实名认证页面，带出用户身份证信息，输入手机号码、验证码，点击"确定"按钮。

（4）进入人脸识别验证页面，刷脸验证成功后，提示实名认证已成功。

（5）如果选择的是"银联银行卡实名认证"，进入银联银行卡实名认证页面，在文本框中输入相关信息，点击发送"验证码"按钮。

本章知识自测

名词解释

1．税收法定　　2．纳税人　　3．课税对象　　4．增值税

5．小规模纳税人　　6．一般纳税人　　7．比特税

单选题

1．（　　）作为税收法律制度的核心构成要素，表明国家征税的具体界限，是区分不同税种的主要标志，也是决定税收属性的主要依据。

A．税率　　　B．税法原则　　　C．纳税环节　　　D．课税对象

2．（　　）是根据网络中流通信息的最小的信息单位比特（bit）而征收的税。

A．比特税　　　B．信息税　　　C．电子商务税　　　D．增值税

3．（　　）美国最高法院大法官以5∶4的票数判决"各州有权对互联网电子商务公司的跨州销售征税"。这意味着电子商务税收红利在美国的结束。

A．2000年　　　B．2002年　　　C．2018年　　　D．2020年

4．2020年12月31日之前，小规模电子商务企业税率为优惠税率（　　）。

A．3%　　　B．5%　　　C．11%　　　D．1%

5．2018年出台《关于完善跨境电子商务零售进口税收政策的通知》，明确表示将跨境电子商务零售进口商品的单次交易限值由人民币2 000元提高至（　　）元。

A．8 000　　　B．3 000　　　C．5 000　　　D．10 000

多选题

1．增值税的课税对象是为（　　）而产生的增值额。

A．销售货物　　　　　　　　　　B．加工、修理修配劳务

C．销售服务、无形资产、不动产　　D．进口货物

2．电子商务的数字化、无纸化交易将传统交易方式下的合同、凭证隐匿于无形，印花税原有的课税对象——（　　）等不复存在。

A．合同　　　　　　　B．账簿　　　　　　　C．产权转移书据　　　D．结算凭证

3．销售或者进口下列哪些货物适用增值税税率9%？（　　）。

A．粮食等农产品、食用植物油

B．自来水、暖气、冷气、热水

C．图书、报纸、杂志、音像制品、电子出版物

D．饲料、化肥、农药、农机、农膜、国务院规定的其他货物

4．增值税小规模纳税人销售货物或者加工、修理修配劳务，销售应税服务、无形资产目前不适用的征收税率是（　　）。

A．3%　　　　　　　B．5%　　　　　　　C．11%　　　　　　　D．9%

5．下列关于网络发票说法正确的是（　　）。

A．2013年国家税务总局制定的《网络发票管理办法》

B．国家积极推广使用网络发票管理系统开具发票

C．网络发票针对网络购物和电子商务征税

D．网络发票的推行为使用电子发票奠定了基础

简答题

1．简述电子商务对传统税法原则的冲击。

2．简述电子商务对税法要素的影响。

3．简述电子商务环境下我国现行税法体系及其完善。

第 10 章

电子商务争议解决

学习目标

通过本章的学习与技能训练,要求学生:
1. 掌握在线争议解决机制的概念、特征和优点,在线投诉与在线调解,互联网法院的含义、职能范围,互联网法院诉讼流程;
2. 理解电子商务争议解决的法律依据及方法,传统诉讼,在线诉讼;
3. 熟悉证据与电子证据、在线仲裁;
4. 了解电子商务争议中的证据责任、在线协商和解。

案例导读

广东法院疫期在线诉讼服务全面铺开

2020 年春节假期一结束,广东多家法院纷纷在微信公众号、新闻客户端等平台发布网上立案宣传指引,引导当事人和诉讼代理人通过在线诉讼服务平台办理诉讼事项,减少人员聚集流动。

当事人只需登录广东法院诉讼服务网或广东移动微法院,点击立案选项,完善申请人和案件信息,上传电子版诉讼材料,即可提交网上立案申请。

网上立案传得快、立得上、立得快,还得益于强大的在线诉讼服务平台:广东法院诉讼服务网、广东移动微法院、"粤公正"小程序等。这些平台为广东法院打造 24 小时"不打烊"的诉讼服务提供了技术支持。

依托在线平台,广东法院网上立案、网上开庭、网上保全、网上缴费、网上阅卷、网上调解、电子送达等在线诉讼服务全面同步铺开。数据显示,截至 2020 年 3 月 18 日,网上立案 22.12 万件,同比增长 47%,网上开庭 6 066 场,同比增长 935%,网上缴费 21.43 万笔,同比增长 13%,电子送达 5.60 万次,同比上升 126%,网上调解 3.77 万件。

(资料来源 https://www.chinacourt.org/article/detail/2020/03/id/4857484.shtml)

辩证与思考:互联网审理案件的优势是什么?

10.1 电子商务争议解决概述

近年来,我国电子商务得到了长足的发展,不过,电子商务的发展必然带来相应的纠纷,而在对这类纠纷进行处理的时候,不仅需要相应的实体法,还需要相应的程序法。

10.1.1 电子商务发展带来的纠纷

电子商务交易方式的优越性彰显无疑:便捷、高效和成本低廉。但是人们在轻松享受这种交易的同时,发现虚假广告、网络欺诈、域名争议、侵犯著作权、损害名誉权和隐私权的纠纷充斥着媒体版面和周围的生活。电子商务中骤然增多的形形色色的争议、纠纷若得不到及时解决将大大损害人们对电子商务的信心,成为制约电子商务发展的瓶颈之一。如何及时、有效地解决这些争议,增强人们对电子商务的信心,促进电子商务的健康发展,是企业、政府共同关心的话题。

根据《2020年(上)中国电子商务用户体验与投诉监测报告》显示,2020年上半年,国内网购依旧为电子商务行业投诉"重灾区",占比为58.09%。商家与平台间的纠纷其次,占比为11.72%,跨境网购排名紧跟其后,占比为8.00%。广东省、江苏省、浙江省、山东省、上海市、北京市为投诉用户最密集的地区,与当地的网购消费热度有直接联系,占比达到46.22%。同比去年上半年期间,河北省、辽宁省跻身投诉用户最多地区前十名。福建省、湖北省却掉出前十名,现分别排名第11、12位。排名前三的用户投诉金额区间分布在100~500元、1 000~5 000元、0~100元,占比分别为26.22%、21.02%、18.35%。投诉男性、女性占比分别为44.814%、55.144%。在6月期间,因"6·18"大促的到来,优惠力度大,刺激了经济消费市场,男女网购之间比例差距缩小。2020年上半年受疫情影响,直播带货、地摊经济成冲破经济增长困局的"黑马"。异军突起的直播带货,的确为我国经济的发展以及脱贫攻坚按下"快进键"。但也因直播平台在内容审核机制、监督管理上的不够完善,让不少商家以及带货主播"钻空子",出现商品与实际宣传不符(虚假宣传)、商品性能被夸大、全网最低价不实、商品质量难保障、假冒伪劣商品层出不穷、售后服务不到位等问题,严重侵害了消费者的合法权益。[1]

从以上数据中我们不难看出,时下我国电子商务争议包括经营者之间的争议、经营者和消费者之间的争议、经营者和其他主体(如知识产权人)之间的争议,还包括平台内经营者或者其他主体与平台经营者之间的争议。

---

[1] 资料来源: https://www.sohu.com/a/408180774_120491808?_trans_=000019_hao123_pc

▶▶ 10.1.2 我国《电子商务法》中关于纠纷解决的规定

《电子商务法》兼容传统和新型争议解决方式,第六十条规定:"电子商务争议可以通过协商和解,请求消费者组织、行业协会或者其他依法成立的调解组织调解,向有关部门投诉,提请仲裁,或者提起诉讼等方式解决。"此规定中,虽没有规定所列举的争议解决方式必须在线运行,但是最高人民法院已经提出创新在线纠纷解决方式、推广现代信息技术在多元化纠纷解决机制中运用的要求。第六十三条规定:"电子商务平台经营者可以建立在线争议解决机制,制定并公示争议解决规则,根据自愿原则,公平、公正地解决当事人的争议。"这种规定的在线解决机制即为电子商务争议解决的创新和重要补充,并具有自愿性、中立性和在线性三个突出特征。

1. 商品、服务质量担保机制和先行赔偿责任

国家鼓励电子商务平台经营者建立有利于电子商务发展和消费者权益保护的商品、服务质量担保机制。

电子商务平台经营者与平台内经营者协议设立消费者权益保证金的,双方应当就消费者权益保证金的提取数额、管理、使用和退还办法等做出明确约定。

消费者要求电子商务平台经营者承担先行赔偿责任以及电子商务平台经营者赔偿后向平台内经营者的追偿,适用《中华人民共和国消费者权益保护法》的有关规定。

2. 电子商务经营者的投诉举报机制

针对实践中消费者投诉举报困难的问题,我国《电子商务法》第五十九条规定:"电子商务经营者应当建立便捷、有效的投诉、举报机制,公开投诉、举报方式等信息,及时受理并处理投诉、举报。"

3. 电子商务争议的五种解决方式

电子商务争议可以通过协商和解,请求消费者组织、行业协会或者其他依法成立的调解组织调解,向有关部门投诉,提请仲裁,或者提起诉讼等方式解决。

4. 协助维权义务

消费者在电子商务平台购买商品或者接受服务,与平台内经营者发生争议时,电子商务平台经营者应当积极协助消费者维护合法权益。

5. 电子商务经营者提供原始合同和交易记录的义务

在电子商务争议处理中,电子商务经营者应当提供原始合同和交易记录。因电子商务经营者丢失、伪造、篡改、销毁、隐匿或者拒绝提供前述资料,致使人民法院、仲裁机构或者有关机关无法查明事实的,电子商务经营者应当承担相应的法律责任。

6. 电子商务平台在线争议解决机制

电子商务平台经营者可以建立在线争议解决机制，制定并公示争议解决规则，根据自愿原则，公平、公正地解决当事人的争议。

10.2 电子商务争议中的证据与证据责任

计算机"芯片"的产生，宣告了信息时代的来临。计算机和网络技术的巨大变革，突破了信息固定与传递的传统模式，进而改变了信息取得的方式、买卖的方式、交易和交往的方式。由于计算机及其网络大行其道，网上购物、网上挂号、网上咨询、网上订票、网上通信等电子商务行为的促进，证据的形式正在发生深刻的变化。

▶▶ 10.2.1 证据与电子证据概述

1. 证据的概念及分类

所谓证据，指用以证明某一事物客观存在或某一主张成立的有关事实材料。证据可分为一般证据和诉讼证据。诉讼证据有三个最基本的特征：客观性、关联性和合法性。

学而思：你知道法律上规定的证据有哪些？

2. 电子证据

（1）电子证据的概念。

电子证据，也称为电子数据，是通过电子邮件、电子数据交换、网上聊天记录、博客、微博客、手机短信、电子签名、域名等形成或者存储在电子介质中的信息。

（2）电子证据的内容。

根据2019年最高人民法院出台的《关于民事诉讼证据的若干规定》第十四条的规定，电子数据包括下列信息、电子文件：

① 网页、博客、微博客等网络平台发布的信息；
② 手机短信、电子邮件、即时通信、通信群组等网络应用服务的通信信息；
③ 用户注册信息、身份认证信息、电子交易记录、通信记录、登录日志等信息；
④ 文档、图片、音频、视频、数字证书、计算机程序等电子文件；
⑤ 其他以数字化形式存储、处理、传输的能够证明案件事实的信息。

▶▶ 10.2.2　电子证据的调查收集及真实性判定

当事人以电子数据作为证据的，应当提供原件。电子数据的制作者制作的与原件一致的副本，或者直接来源于电子数据的打印件或其他可以显示、识别的输出介质，被视为电子数据的原件。

1. 人民法院调查收集视听资料、电子数据，应当要求被调查人提供原始载体

提供原始载体确有困难的，可以提供复制件。提供复制件的，人民法院应当在调查笔录中说明其来源和制作经过。人民法院对视听资料、电子数据采取证据保全措施的，适用前款规定。

2. 电子证据真实性的判定

对于电子数据的真实性，应当结合下列因素综合判断：
（1）电子数据的生成、存储、传输所依赖的计算机系统的硬件、软件环境是否完整、可靠。
（2）电子数据的生成、存储、传输所依赖的计算机系统的硬件、软件环境是否处于正常运行的状态，或者不处于正常运行状态时对电子数据的生成、存储、传输是否有影响。
（3）电子数据的生成、存储、传输所依赖的计算机系统的硬件、软件环境是否具备有效的防止出错的监测、核查手段。
（4）电子数据是否被完整地保存、传输、提取，保存、传输、提取的方法是否可靠。
（5）电子数据是否在正常的往来活动中形成和存储。
（6）保存、传输、提取电子数据的主体是否适当。
（7）影响电子数据完整性和可靠性的其他因素。

▶▶ 10.2.3　电子商务争议中的证据责任

电子商务纠纷中，举证是个难题，证据不好保存，也不便让当事人采取律师见证、公证机关公证、外交机构认证、市场监督管理部门鉴证以及利用先进的电子设备制成视听资料等方式保存证据。

为了最大限度地保护电子商务消费者的合法权益，我国《电子商务法》第六十二条规定："在电子商务争议处理中，电子商务经营者应当提供原始合同和交易记录。因电子商务经营者丢失、伪造、篡改、销毁、隐匿或者拒绝提供前述资料，致使人民法院、仲裁机构或者有关机关无法查明事实的，电子商务经营者应当承担相应的法律责任。"

这就是说，当消费者与电子商务经营者发生纠纷时，是由电子商务经营者这一方提供交易证据。这可以避免一些消费者因各种原因无法提供有关证据、造成投诉困难的局面。

10.3 在线争议解决机制

伴随着电子商务交易量的快速增长,交易纠纷也随之大量产生。这些纠纷常常发生在地理位置相距遥远的交易当事人之间。这些纠纷如果通过传统的方法,如消协的调解和法院诉讼等解决,在很大程度上是不经济的,如往来的差旅费、律师费、诉讼费,还要浪费大量的时间和精力。这意味着只有那些数额较大的索赔补救才能通过法院制度得以实现,否则将得不偿失。

10.3.1 在线争议解决机制概述

1. 在线争议解决机制的概念

鉴于电子商务纠纷急需一种有效、公平、快捷、低成本的纠纷解决机制,人们会很自然地想到用非诉讼方式保护自己的权益,并解决纠纷。于是,替代性争议解决方式(ADR)被引入网络,产生了在线 ADR,即 ODR 这一非诉讼纠纷解决的新形式。

在线争议解决机制(ODR)是建立在替代性争议解决方式(ADR)的基础之上的。替代性争议解决方式(ADR)起源于美国,在我国通常翻译为替代性争议解决方式或可选择性争议解决方式。在线争议解决机制(ODR)指利用互联网进行全部或主要程序的各种争议解决方式的总称,主要包括在线仲裁(Online Arbitration)、在线调解(Online Mediation)和在线和解(Online Negotiation)等方式。仅利用网络技术实现文件管理功能,程序的其他部分仍用传统离线方式进行,不属于 ODR 范畴。

2. 在线争议解决机制的特征

ODR 将网络资源充分引入争议解决方法中来,具有自身的优势,即利用全球任何地方的人力资源、计算机处理程序以及实现信息交流传播的电子速率传输,这就使 ODR 可以在任何国家、聘用任何国籍的仲裁员或者调解员、通过任何语言解决争议,具有快速、费用低廉、便利等网络空间争议解决所必需的各类重要价值因素。在网络虚拟世界,ODR 对于建立互联网中的信赖关系是非常必要的,是有利于实现双赢的争议解决方式,越来越受到国际组织和世界各国的重视。

ODR 的目标是追求和谐、共赢,具有灵活性、协商性、低成本等优势。其通过网络,为当事人提供了便捷的争议解决途径,节省了纠纷解决的成本,给当事人以最大限度的自主权,体现出"虚拟世界"自主、自愿、自律、诚实信用和符合实际的基本理念,极大地支持了电子商务的发展。

3. ODR 的优点

网络空间具有全球性、虚拟性、管理的非中心化和高度的自治性的特点,网络空间争议的解决也具有不同于离线争议的特殊要求,效率、成本和便利性成为网络空间争议解决方式的首要价值因素。ODR 将网络资源充分引入争议解决方法中来，网络资源具有下列三种新的因素：利用全球任何地方的人力资源、计算机处理程序以及实现信息交流传播的电子速率传输。这就使 ODR 可以在任何国家、聘用任何国籍的仲裁员或者调解员、通过任何语言来解决争议，具有快速、费用低廉、便利等网络空间争议解决所需要的各类重要价值因素。

▶▶ 10.3.2　电子商务争议解决的法律依据及方法

我国《电子商务法》第六十三条规定："电子商务平台经营者可以建立在线争议解决机制，制定并公示争议解决规则，根据自愿原则，公平、公正地解决当事人的争议。"电子商务消费者和电子商务经营者发生纠纷的，可以通过下列途径解决：与电子商务经营者协商和解；请求相关组织或平台进行调解；向有关行政部门投诉；根据仲裁协议提请线上仲裁机构仲裁；向人民法院提起诉讼，既可以提起传统诉讼，也可以进行线上诉讼，也可以向互联网法院提起诉讼（仅限于北京、杭州和广州地区）。在以上途径中，基于诉讼的特殊性，将在 10.4 中做专门介绍。

 学而思：电子商务消费者维权的路径有哪些？

▶▶ 10.3.3　在线协商和解

和解是争议当事人在没有第三方介入的情况下，协商谈判解决其争议，而在线和解则是争议当事人通过网络平台，在没有第三方介入的情况下，协商谈判解决其争议的和解方式。

在线和解具有借助于互联网络平台、只有双方当事人自己参加、和解没有强制力、和解协议不具有强制执行力等特点。

▶▶ 10.3.4　在线投诉与在线调解

1. 在线投诉

电子商务纠纷的在线投诉，指电子商务消费者为生活消费需要购买、使用商品或者接受服务，与电子商务经营者发生消费者权益争议，请求市场监管部门解决该争议的行为。

下面以全国"12315"平台为例，说明在线投诉的内容和规则。投诉流程见课后"本章实践技能操作"部分。

第一，在线投诉人填写的投诉内容应当符合平台要求的格式，事实清楚、实事求是，并根据平台和处理单位要求提供电话号码和其他有效的联系方式，以便市场监管部门在处理时可以及时与投诉人取得联系。

第二，对电子商务平台经营者、通过自建网站、其他网络服务销售商品或者提供服务的电子商务经营者的投诉，由其住所地县级市场监管部门处理。对平台内经营者的投诉，由其实际经营地或者平台经营者住所地县级市场监管部门处理。

第三，按《市场监督管理投诉举报处理暂行办法》规定，具有处理权限的市场监管部门，将自收到投诉之日起七个工作日内做出受理或者不予受理的决定，并告知投诉人。

第四，投诉有下列情形之一的，市场监管部门不予受理：

（1）投诉事项不属于市场监管部门职责，或者本行政机关不具有处理权限的；

（2）法院、仲裁机构、市场监管部门、其他行政机关、消费者协会或者依法成立的其他调解组织已经受理或者处理过同一消费者权益争议的；

（3）不是为生活消费需要购买、使用商品或者接受服务，或者不能证明与被投诉人之间存在消费者权益争议的；

（4）除法律另有规定外，投诉人知道或者应当知道自己的权益受到被投诉人侵害之日起超过三年的；

（5）未提供《市场监督管理投诉举报处理暂行办法》规定的材料的；

（6）法律、法规、规章规定不予受理的其他情形。

第五，市场监管部门经投诉人和被投诉人同意，采用调解的方式处理投诉，但法律、法规另有规定的，依照其规定。鼓励投诉人和被投诉人平等协商，自行和解。

第六，投诉对象在 ODR 企业名录内的，投诉人选择处理单位时，平台会自动显示"绿色通道企业"选项。投诉人勾选后，即表示投诉人同意与被投诉人进入和解程序，直接通过平台在线争议解决机制（ODR）投诉，适用平台在线争议解决机制（ODR）的有关规定。被投诉人将在十个工作日内与投诉人进行协商和解。投诉人和被投诉人双方和解的时间不计入市场监管部门的处理时限。和解不成的，投诉人还可以向市场监管部门进行投诉。

第七，投诉事项一事一单，请勿就同一事项重复投诉，请勿在一个投诉单中对不同被投诉人提出诉求。由于投诉、举报的处理程序不同，请勿在投诉中含有举报内容。

2. 在线调解

调解指中立的第三方在当事人之间调停疏导，帮助交换意见，提出解决建议，促成双方化解矛盾的活动。一般而言，调解包括法院在诉讼过程中的调解（诉内调解）、行政机关在执法过程中的调解、仲裁机关在仲裁过程中的调解和人民调解等。

在电子商务中用于解决纠纷的调解，通常指在线调解，即调解从程序的发起至争议解决协议的达成全部在线进行。在线调解机制的纠纷解决过程必须由中立的第三方主持，双方当事人并不直接接触，减少了进一步冲突和对抗的可能性。在本质上，在线调解仍然遵循传统的第三方调解模式，在线调解中的中立第三方多为一些电子商务平台或电商建立的社会组织。

下面以"在线矛盾纠纷多元化解平台"为例，说明在线投诉与在线调解流程。

（1）在线矛盾纠纷多元化解平台简介。

"在线矛盾纠纷多元化解平台"（以下简称"多元平台"）是在线纠纷解决方式的一体化服务平台，旨在通过在线方式为人民群众提供咨询、调解、仲裁、评估、诉讼等服务。

（2）申请在线调解的一般要求。

申请人可在平台申请调解服务，申请人登记调解案件时需填写纠纷详情（包括纠纷描述、我的诉求、纠纷发生地信息、选择的相应调解机构），申请人和被申请人的信息。

① 平台支持自然人、法人、非法人组织三种当事人类型；

② 平台允许多个当事人参与调解；

③ 平台支持当事人的代理人上传证据、参与调解、签署文书等。

（3）申请在线调解的步骤（见图 10-1）。

1. 注册账号	2. 调解申请	3. 在线调解	4. 调解成功	5. 申请司法确认
输入手机号码，并根据提示完成注册	描述纠纷并上传资料	调解员介入，三方在线视频调解	调解成功，在线确认调解协议	在线申请法院确认调解协议效力

图 10-1　申请在线调解的步骤

▶▶ 10.3.5　在线仲裁

在线争议解决机制并不是某种单一的争议解决方式，在线仲裁是其最常用的形式之一。

1. 在线仲裁的概念

在线仲裁（Online Arbitration）指仲裁协议的订立、仲裁申请的提交与受理、仲裁庭的审理以及仲裁裁决的做出等仲裁程序的主要环节都在互联网上进行，充分利用现代互联网技术解决网上争议的国际商事仲裁新方式。

从在线仲裁的概念上可以看出，在线仲裁能快捷、经济地解决争议，尤其是能给当事人提供极大的便利，适应了网络环境的要求。

2. 在线仲裁的基本程序

在线仲裁的方法与程序因仲裁机构的不同而不同。但其基本程序大都包含如下步骤：
（1）提交在线仲裁申请书。

首先，应当由仲裁申请人以适当的格式向在线仲裁机构提出申请，要求在线仲裁，仲裁机构随之发放固定格式的仲裁申请书，由申请方进行填写与提交。仲裁机构一般以收到仲裁申请的日期为仲裁开始日期，在收到仲裁申请书并经审查后的固定期间内，仲裁机构应通知申请人所涉争议是否属于裁判庭的管辖范围。随后传送仲裁申请确认通知，同时向被申请人传送申请人的仲裁申请书及相关通知。在被申请人答辩之前，有的在线仲裁机构会邀请双方进行网上调解，但调解不是必经程序。

（2）由在线仲裁机构组成仲裁庭。

在线仲裁机构受理申请后，调阅案件的卷宗，并在仲裁程序正式开始后，双方当事人应在限期内共同指定仲裁员组成仲裁庭。对于仲裁员的选定，如果当事人未能达成一致，或没有明示约定，仲裁员将由中心指定。仲裁庭由一人或三人组成，但仲裁员必须经申请人与被申请人确认。

（3）由申请人与被申请人提交相关证据。

在线仲裁要求当事人双方提交有利于自己的证据及证人证言，这些均应通过电子形式提供。其他书面材料和物证可以通过计算机扫描转换成电子文本提交，同时允许线下方式传送。

（4）在线审理。

在线庭审时，仲裁庭可决定举行在线听证会，利用多媒体技术通过网上电话会议或语音视频系统开庭审理案件。网上开庭审理需要案件各方参与人具备技术设备。在线审理可以不受时间和地点的限制，事实上的审理地点不影响裁决地的确定。

(5) 做出在线裁决。

在线审理后，仲裁庭以多数意见做出裁决。裁决需附有仲裁员的电子签名，经加密邮件传递给双方当事人，并存入案件的专用网址，保存在仲裁机构的电子档案数据库。裁决的结果（除非当事人一方反对）应公布，并要求双方当事人共同遵守。

10.4 在线诉讼和互联网法院

基于网络空间的特性，电子商务与传统民商事活动有很大的差别，由此决定了电子商务案件诉讼管辖与传统民商事案件的诉讼管辖存在很大的不同，传统诉讼管辖的理论已不能完全有效地应对电子商务案件诉讼面临的问题。线上诉讼和互联网法院成为解决电子商务诉讼问题的有效方法。

10.4.1 传统诉讼概述

电子商务诉讼属于经济诉讼，经济诉讼一般适用于民事诉讼法。

1. 民事诉讼法基本制度

公开审判制度，指人民法院的审判活动除合议庭评议案件外，还应向群众和社会公开的制度。所谓公开：一是向群众公开，即允许群众旁听法院对案件的审判；二是向社会公开，即允许新闻记者对案件审理的情况进行报道，将案情公布于众。依照法律的规定，除不予公开和可以不公开审理的案件外，一律依法公开审理。

合议制度是相对于独任制而言的，指由三名以上单数审判人员组成合议庭对民事案件进行审理的制度。

回避制度，指审判人员和其他有关人员遇到法律规定不宜参加案件审理的情形时，退出案件审理活动的制度。

两审终审制度，指一个民事案件经过两级法院的审判，案件的审判即宣告终结的制度。根据该制度，一个民事案件经第一审人民法院审判后，当事人如果不服，有权依法向上一级人民法院提出上诉，上一级人民法院对上诉案件审理后做出的判决和裁定，是终审判决、裁定，当事人不得再提起上诉。

2. 民事诉讼管辖

民事诉讼管辖指各级法院之间和同级法院之间受理第一审民事案件的分工和权限。诉讼管辖是一国民事诉讼法的重要内容。我国的民事诉讼管辖分为级别管辖和地域管辖。

所谓级别管辖指各级法院之间受理第一审民事案件的分工和权限。通常基层人民法院管辖第一审民事案件，但重大涉外案件、在本辖区有重大影响的案件和最高人民法院确定由中级人民法院管辖的案件由中级人民法院受理。高级人民法院管辖在本辖区有重大影响的第一审民事案件。在全国有重大影响的案件，被认为应当由最高人民法院审理的案件作为最高人民法院管辖的第一审民事案件。我国对民事案件实行两审终审制。

地域管辖指同级人民法院间在各自辖区受理第一审民事案件的分工和权限。在地域管辖问题上一般采用"原告就被告"的原则，即通常由被告住所地人民法院管辖，被告住所地与经常居住地不一致的，由经常居住地人民法院管辖。

3. 第一审普通程序

第一审普通程序是人民法院审理第一审民事案件所适用的最基本的程序。它具体包括起诉、受理、审理前的准备、开庭审理。

（1）起诉。起诉必须具备的条件是：原告是与本案有直接利害关系的公民、法人或其他组织；有明确的被告；有具体的诉讼请求和事实、理由；属于人民法院受理民事诉讼的范围和受诉人民法院管辖。

（2）受理。人民法院收到民事诉状或者口头起诉，经审查，符合起诉条件的，应当在七日内立案，并及时通知当事人；认为不符合起诉条件的，应当在七日内裁定不予受理。原告对裁定不服的，可以提起上诉。

（3）审理前的准备。审理前的准备主要有以下几项：送达起诉状副本和提出答辩状；告知当事人诉讼权利义务及合议庭组成人员；审阅诉讼材料，调查收集必要的证据；追加当事人。

（4）开庭审理。开庭审理主要包括：开庭准备、法庭调查、法庭辩论和评议及宣判。

▶▶ 10.4.2 在线诉讼[①]

近年来，人民法院充分运用信息化成果，不断推进智慧法院建设，促使互联网与司法深度融合。特别是新冠肺炎疫情发生以来，各地法院积极转变工作方式，纷纷推行在线诉讼，确保疫情防控与执法办案两不误。一时间，掌上立案、远程调解、隔空开庭、云端执行等线上司法服务风生水起。[②]

1. 在线诉讼的概念

在线诉讼指依托中国移动微法院、诉讼服务网、"12368诉讼服务热线"等在线诉讼平台，全面开展的网上立案、调解、证据交换、庭审、宣判、送达等在线诉讼活动。在线诉讼能够有效满足人民群众的司法需求，确保人民法院审判工作平稳有序地运行。

2. 是否采用在线诉讼适用尊重当事人意愿原则

采取人民法院推进在线诉讼，既要充分考虑案件类型、难易程度、轻重缓急等因素，又要切实维护当事人的合法诉讼权益，尊重当事人对案件办理模式的选择权，全面告知其在线诉讼的权利义务和法律后果。当事人同意案件在线办理的，应当在信息系统确认、留痕，确保相关诉讼活动的法律效力。当事人不同意案件在线办理，依法申请延期审理的，人民法院应当准许，

[①] 本部分主要内容参见《最高人民法院关于新冠肺炎疫情防控期间加强和规范在线诉讼工作的通知》。
[②] 资料来源：https://www.chinacourt.org/index.php/article/detail/2020/04/id/4952162.shtml

不得强制适用在线诉讼。案件符合诉讼法律关于中止审理有关规定的,人民法院可以中止诉讼。

各级人民法院在线办理案件,要确保各方诉讼参与人的身份的真实性,通过证件证照比对、生物特征识别、实名手机号码关联等方式在线完成身份认证,提供给各方诉讼参与人诉讼平台专用账号,实现"人、案、账号"匹配一致。

3. 在线诉讼的立案环节

当事人及其诉讼代理人通过在线方式提交立案申请的,人民法院应当在收到起诉材料后七日内进行审核,符合法律规定起诉条件的,应当登记立案;提交材料不符合要求的,人民法院应当通过在线诉讼平台及时要求补正,并一次性告知其应当补正的内容和期限,逾期未补正的,起诉材料做退回处理;不符合起诉条件,经人民法院释明后,原告坚持继续起诉的,裁定或者决定不予受理、不予立案。

当事人及其诉讼代理人在线提交立案材料确有困难的,可以选择就近的一家法院提交立案材料。相关人民法院应当按照跨域立案的工作机制和程序,及时办理立案手续。

4. 在线诉讼的庭审环节

采取在线庭审,综合考虑技术条件、案件情况和当事人意愿等因素,确定是否采取在线庭审方式。民商事、行政案件一般均可以采取在线方式开庭,但案件存在双方当事人不同意在线庭审、不具备在线庭审技术条件、须现场查明身份、核对原件、查验实物等情形的,不适用在线庭审。刑事案件可以采取远程视频方式讯问被告人、宣告判决、审理减刑、假释案件等。对适用简易程序、速裁程序的简单刑事案件、认罪认罚从宽案件,以及妨害疫情防控的刑事案件,可以探索采取远程视频方式开庭。

在线庭审活动应当遵循诉讼法律及司法解释的相关规定,充分保障当事人申请回避、举证、质证、陈述、辩论等诉讼权利。在线庭审应当以在线视频方式进行,不得采取书面或者语音方式。

当事人明确同意在线庭审,但不按时参加或者庭审中擅自退出的,除经查明确属网络故障、设备损坏、电力中断或者不可抗力等原因外,可以认定为"拒不到庭"和"中途退庭",分别按照诉讼法律及相关司法解释的规定处理。

人民法院应当积极运用语音识别技术同步生成庭审电子笔录,由审判人员、法官助理、书记员、当事人及其他诉讼参与人等在线确认,确保在线庭审活动效力。在线庭审过程中,应当按照《最高人民法院关于人民法院庭审录音录像的若干规定》,全程录音录像并存储归档。

5. 送达环节

人民法院可以采取电子送达。经受送达人同意,可以通过中国移动微法院、中国审判流程信息公开网、全国统一送达平台、传真、电子邮件、即时通信账号等电子方式送达诉讼文书和当事人提交的证据材料。

6. 人民法院应保证全方位诉讼服务

人民法院推进一站式多元解决纠纷机制和一站式诉讼服务中心建设,升级在线诉讼服务平台,拓展在线诉讼服务功能,向当事人和社会公众在线提供诉讼咨询、交费退费、信息查询、联系法官、申诉信访、举报投诉等全方位诉讼服务,保障当事人足不出户即可获取司法信息、办理诉讼事项，切实减少人员出行和聚集，服务疫情防控工作。

7. 在线诉讼的发展方向

依托互联网法院的司法实践，最高人民法院还将进一步理顺诉讼流程，明确操作规范，在2020年年底前出台适用于全国法院的在线诉讼司法解释。研究制定电子诉讼平台技术标准和数据安全标准，加大诉讼统一平台的建设和监督管理力度。指导互联网法院加强与政府机关、互联网企业交流合作，打通数据共享渠道，建立数据共享平台，实现内外网数据安全交互。积极协调相关部门在人员编制、机构设置、技术支持、专门人才培养等方面的配套支持，推动互联网法院建设迭代升级。

▶▶ 10.4.3 互联网法院

互联网法院是新生事物，我国在这方面做出了有益的探索，2018年9月3日，最高人民法院审判委员会第1747次会议审议通过了《最高人民法院关于互联网法院审理案件若干问题的规定》（以下简称《规定》），成了规范互联网法院诉讼活动，保护当事人及其他诉讼参与人合法权益，确保公正高效审理案件的主要依据。

1. 互联网法院的含义及其发展状况[①]

互联网法院指采取在线方式审理案件，案件的受理、送达、调解、证据交换、庭前准备、庭审、宣判等诉讼环节一般应当在线上法院完成。当然根据当事人申请或者案件审理需要，互联网法院可以决定在线下完成部分诉讼环节。

2017年8月，最高人民法院在杭州设立了全球首家互联网法院，2018年9月，又先后增设北京、广州互联网法院。三家互联网法院设立以来，审理了一大批具有重大影响的案件，探索了一系列"网上案件网上审理"的审判工作机制。互联网法院主要集中管辖全市辖区内特定类型涉互联网第一审案件，探索建立与互联网时代相适应的审判模式，推动起诉、调解、立案、庭审、判决、执行等诉讼环节全程网络化。创新顺应互联网审判的程序规则，建立全类型案件标准化、智能化审理模式。适应信息化时代要求，发挥跨地域审理优势，方便当事人参与诉讼。

据2020年9月召开的互联网法院工作座谈会介绍：截至2020年8月31日，杭州互联网法院受理案件51 882件，审结48 227件，在线立案申请率98.2%，在线庭审率96.7%，平均庭审时长32分钟。北京互联网法院受理案件73 095件，审结62 887件，在线立案申请率100%，在线庭审率99.8%，平均庭审时长33分钟。广州互联网法院受理案件97 496件，审结83 583件，在线立案申请率99.9%，在线庭审率99.8%，平均庭审时长21分钟。

2. 互联网法院的管辖范围

互联网法院的管辖范围包括：
（1）通过电子商务平台签订或者履行网络购物合同而产生的纠纷；
（2）签订、履行行为均在互联网上完成的网络服务合同纠纷；

---

① 资料来源：https://baijiahao.baidu.com/s?id=1678725379605655502&wfr=spider&for=pc

（3）签订、履行行为均在互联网上完成的金融借款合同纠纷、小额借款合同纠纷；

（4）在互联网上首次发表作品的著作权或者邻接权权属纠纷；

（5）在互联网上侵害在线发表或者传播作品的著作权或者邻接权而产生的纠纷；

（6）互联网域名权属、侵权及合同纠纷；

（7）在互联网上侵害他人人身权、财产权等民事权益而产生的纠纷；

（8）通过电子商务平台购买的产品，因存在产品缺陷，侵害他人人身、财产权益而产生的产品责任纠纷；

（9）检察机关提起的互联网公益诉讼案件；

（10）因行政机关做出互联网信息服务管理、互联网商品交易及有关服务管理等行政行为而产生的行政纠纷；

（11）上级人民法院指定管辖的其他互联网民事、行政案件。

3. 互联网法院的互联网诉讼平台建设

互联网法院应当建设互联网诉讼平台（以下简称诉讼平台），作为法院办理案件和当事人及其他诉讼参与人实施诉讼行为的专用平台。通过诉讼平台做出的诉讼行为，具有法律效力。

互联网法院审理案件所需涉案数据，电子商务平台经营者、网络服务提供商、相关国家机关应当提供，并有序接入诉讼平台，由互联网法院在线核实、实时固定、安全管理。诉讼平台对涉案数据的存储和使用，应当符合《中华人民共和国网络安全法》等法律法规的规定。

当事人及其他诉讼参与人使用诉讼平台实施诉讼行为的，应当通过证件证照比对、生物特征识别或者国家统一身份认证平台认证等在线方式完成身份认证，并取得登录诉讼平台的专用账号。使用专用账号登录诉讼平台所做出的行为，视为被认证人本人行为，但因诉讼平台技术原因导致系统错误，或者被认证人能够证明诉讼平台账号被盗用的除外。

4. 互联网法院诉讼流程

（1）案件受理。

互联网法院在线接收原告提交的起诉材料，并于收到材料后七日内，在线做出以下处理：

符合起诉条件的，登记立案并送达案件受理通知书、诉讼费交纳通知书、举证通知书等诉讼文书。

提交材料不符合要求的，及时发出补正通知，并于收到补正材料后次日重新起算受理时间；原告未在指定期限内按要求补正的，起诉材料做退回处理。

不符合起诉条件的，经释明后，原告无异议的，起诉材料做退回处理；原告坚持继续起诉的，依法做出不予受理裁定。

（2）开庭前的准备。

互联网法院受理案件后，可以通过原告提供的手机号码、传真、电子邮箱、即时通信账号等，通知被告、第三人通过诉讼平台进行案件关联和身份验证。

被告、第三人应当通过诉讼平台了解案件信息，接收和提交诉讼材料，实施诉讼行为。

互联网法院组织在线证据交换的，当事人应当将在线电子数据上传、导入诉讼平台，或者将线下证据通过扫描、翻拍、转录等方式进行电子化处理后上传至诉讼平台进行举证，也可以运用已经导入诉讼平台的电子数据证明自己的主张。

（3）开庭审理。

互联网法院采取在线视频方式开庭。存在确需当庭查明身份、核对原件、查验实物等特殊情形的，互联网法院可以决定在线下开庭，但其他诉讼环节仍应当在线完成。

互联网法院根据在线庭审特点，适用《中华人民共和国人民法院法庭规则》的有关规定。除经查明确属网络故障、设备损坏、电力中断或者不可抗力等原因外，当事人不按时参加在线庭审的，视为"拒不到庭"，庭审中擅自退出的，视为"中途退庭"，分别按照《中华人民共和国民事诉讼法》《中华人民共和国行政诉讼法》及相关司法解释的规定处理。

（4）判决文书及送达。

经当事人同意，互联网法院应当通过中国审判流程信息公开网、诉讼平台、手机短信、传真、电子邮件、即时通信账号等电子方式送达诉讼文书及当事人提交的证据材料等。

当事人未明确表示同意，但已经约定发生纠纷时在诉讼中适用电子送达的，或者通过回复收悉、做出相应诉讼行为等方式接受已经完成的电子送达，并且未明确表示不同意电子送达的，可以视为同意电子送达。

经告知当事人权利义务，并征得其同意，互联网法院可以电子送达裁判文书。当事人提出需要纸质版裁判文书的，互联网法院应当提供。

互联网法院向受送达人主动提供或者确认的电子地址进行送达的，送达信息到达受送达人特定系统时，即为送达。

（5）上诉。

当事人对互联网法院审理的案件提起上诉的，第二审法院原则上采取在线方式审理。第二审法院在线审理规则参照适用《规定》。

当事人对北京互联网法院做出的判决、裁定提起上诉的案件，由北京市第四中级人民法院审理，但互联网著作权权属纠纷和侵权纠纷、互联网域名纠纷的上诉案件，由北京知识产权法院审理。

当事人对广州互联网法院做出的判决、裁定提起上诉的案件，由广州市中级人民法院审理，但互联网著作权权属纠纷和侵权纠纷、互联网域名纠纷的上诉案件，由广州知识产权法院审理。

当事人对杭州互联网法院做出的判决、裁定提起上诉的案件，由杭州市中级人民法院审理。

案例与思考

平台调处过程中商家起诉，调处程序应当中止

蔡某系某公司运营的电子商务平台内商家，2017年因商品材质问题与消费者发生纠纷。电子商务平台介入调处纠纷后，根据检测报告认定商品材质与描述不符，冻结了蔡某店铺的保证金并告知如蔡某未按期向平台提交与买家进行司法处理的函件证明，将根据平台规则进行退赔。蔡某将该平台公司诉至法院，要求解冻保证金并向平台公司提交了法院受理通知书。嗣后，平台未中止调处，扣划了蔡某的保证金向消费者进行了赔付。蔡某诉请该平台公司对划扣款项进行赔偿。

法院经审理认为：在蔡某对平台公司起诉后，平台调处服务应当中止。本案平台公司在蔡某提供法院受案通知书后继续扣划冻结款项，有损蔡某权益，亦有损司法权威。平台未及时中止调处服务，致使蔡某本应处于冻结的钱款被划扣，鉴于货款及赔偿金已支付至交易相对方，故平台应当采取补救措施，使用自有资金将等额款项返还至蔡某账户并恢复至冻结状态。至于钱款何时解冻及实际归属应视蔡某后续维权结果而定。遂判决该平台公司返还扣划款至蔡某账户并恢复至冻结状态。某平台公司不服上诉，双方二审达成和解。

案件点评：

电子商务平台经营者，作为网络平台服务提供商为平台交易各方提供争议调处服务，该服务性质与人民调解类似，在当事方自愿选择并接受调处服务的前提下，其快速厘清责任、化解纠纷的社会功能应予肯定。但电子商务平台提供的争议调处服务始终带有民间性、自治性，是非官方的亦非终局性的，调处服务本身亦属于司法评价的对象，应对司法机关的介入给予充分尊重。同时，此类因买卖合同纠纷衍生的网络服务合同纠纷，其纠纷根源仍在于买卖合同基础法律关系中权利义务的争议，从诉讼选择来说，当事人应直接对交易相对方提起诉讼，以便在买卖合同纠纷中确定双方权利义务关系，进而定分止争。

思考：
1. 电子商务争议适用哪些方法进行解决？
2. 说明本案平台调处服务中止的法律依据。

本章实践技能操作

1. 通过互联网登录全国"12315"平台，了解一下网上投诉流程。

操作步骤：

（1）打开浏览器，输入网址：http://www.12315.cn。

（2）点右上角的"请登录"，点击"注册新账号"，填写相关信息进行实名认证。

（3）点右上角的"请登录"，填写账号信息后点击"登录"，点击"我要投诉"。

（4）阅读投诉须知，点击"同意"。

（5）选择要投诉的商家公司名称或个体工商户名称，如果是没有营业执照的个人店铺就选择购物平台的公司名称（关键字搜索可实现）。找到要投诉的商家后点击"选择企业"。

（6）选择企业之后会核对商家的相关信息，确认无误点击"确认"。

（7）确认消费者信息，点击"确认"。

（8）填写投诉事项信息后，点击"提交"，等待相关人员的处理反馈信息。

2. 通过互联网登录互联网法院，了解互联网法院诉讼流程（以北京互联网法院为例）。

操作步骤：

（1）打开浏览器，输入网址：https://www.bjinternetcourt.gov.cn/。

（2）点击进入北京互联网法院电子诉讼平台，点击页面右侧"注册"按钮，填写身份信息并上传身份证或营业执照等证明材料的电子版。在完善个人信息并设置登录密码后，平台将自动生成二维码，诉讼当事人可以用手机扫描二维码，通过人脸识别系统进行实名认证。认证成功后，会在互联网法院拥有自己的专属账号。

（3）申请登录专属账号在网上立案。登录后，点击"我要立案"选项，选择案件类型，输入案件标的额并填写送达地址(为了便于第一时间接收案件信息并进行相应处理,建议当事人勾选并提供多种电子送达方式)。尽可能详细地填写被告信息,上传已经写好的起诉状或在线填写起诉信息,一键生成起诉状。在线提交起诉证据电子版。勾选是否同意调解。确认起诉信息无误后,点击"获取二维码"选项,用手机微信"扫一扫"扫描二维码后,在弹出的页面框上手写确认签名。至此,立案申请完成。

(4)北京互联网法院的立案法官会对立案申请进行在线审核,并将审核结果通过短信告知。立案申请通过审核后,诉讼平台会向被告送达案件关联码,被告需使用收到的案件关联码注册并登录电子诉讼平台,并凭借该关联码参与到诉讼中。

(5)原告在电子诉讼平台完成网上缴费。

(6)诉讼双方提交电子材料(平台会提示诉讼双方提交证据)。

(7)诉讼双方可在平台上查阅对方证据、约定网上庭审时间、联系法官。

(8)确定开庭时间,电子诉讼平台将根据当事人填写的送达方式送达传票。

(9)收到传票后,当事人务必在平台登录页面右侧下载远程开庭客户端,并使用专属账号登录。开庭前,当事人需在网络畅通的环境下打开客户端并完成庭前设备检测。

(10)庭审后,案件审理结果也会通过当事人填写的送达方式进行送达。

(11)如果当事人对互联网法院做出的判决书、裁定书不服,可以在上诉期限内在线提交上诉状。对于已经生效的法律文书,也可以在网上申请执行,申请执行人需要提供被执行人的财产线索。

本章知识自测

名词解释

1. 电子证据　　2. 在线争议解决机制　　3. 在线调解　　4. 在线仲裁
5. 民事诉讼管辖　　6. 在线诉讼　　7. 互联网法院

单选题

1. 在电子商务争议处理中,(　　)应当提供原始合同和交易记录。
   A. 电子商务经营者　　B. 消费者　　C. 税务机关　　D. 市场监督管理部门
2. 下列不属于诉讼证据最基本特征的是(　　)。
   A. 客观性　　B. 关联性　　C. 合法性　　D. 公开性
3. 在线争议解决机制(ODR)指利用互联网进行全部或主要程序的各种争议解决方式的总称,不包括(　　)。
   A. 在线仲裁　　B. 在线调解　　C. 在线和解　　D. 离线仲裁
4. 人民法院收到民事诉状或者口头起诉,经审查,符合起诉条件的,应当在(　　)日内立案。
   A. 3　　B. 7　　C. 10　　D. 15

5. 互联网法院审理案件时，除经查明确属网络故障、设备损坏、电力中断或者不可抗力等原因外，当事人不按时参加在线庭审的，视为（   ）。

   A．拒不到庭　　　　B．中途退庭　　　　C．放弃出庭　　　　D．拒不执行判决

多选题

1. 时下我国电子商务争议包括（   ）。
   A．经营者之间的争议
   B．经营者和消费者之间的争议
   C．经营者和其他主体（如知识产权人）之间的争议
   D．平台内经营者或者其他主体与平台经营者之间的争议
2. 电子商务争议可以通过（   ），或者提起诉讼等方式解决。
   A．协商和解　　　　B．调解　　　　　　C．投诉　　　　　　D．仲裁
3. 电子商务平台经营者可以建立在线争议解决机制，制定并公示争议解决规则，根据（   ）地解决当事人的争议。
   A．自愿原则　　　　B．公平　　　　　　C．公正　　　　　　D．迅速
4. 民事诉讼法基本制度包括（   ）。
   A．公开审判制度　　B．合议制度　　　　C．回避制度　　　　D．两审终审制度
5. 关于人民法院调查收集视听资料、电子数据，下列说法正确的有（   ）。
   A．应当要求被调查人提供原始载体
   B．提供原始载体确有困难的，可以提供复制件
   C．提供复制件的，人民法院应当在调查笔录中说明其来源和制作经过
   D．以上说法均正确
6. 我国现有的互联网法院有（   ）。
   A．上海互联网法院　　　　　　　　　B．杭州互联网法院
   C．北京互联网法院　　　　　　　　　D 广州互联网法院

简答题

1. 我国《电子商务法》中关于纠纷解决的规定有哪些？
2. 简述在线仲裁的基本程序。
3. 简述在线投诉的主要特征。
4. 简述互联网法院的管辖范围。

第11章 跨境电子商务法律法规

学习目标

通过本章的学习与技能训练，要求学生：

1. 重点掌握跨境电子商务的概念，跨境电子商务的特点，我国现行跨境电子商务的立法体系；
2. 掌握跨境电子商务对中国的意义，跨境电子商务的模式与分类，我国跨境电子商务的立法过程；
3. 了解跨境电子商务的模式与分类。

案例导读

跨境电商刷单第一案

2015年年初，李某（已另案处理）指使广州A供应链管理有限公司（以下简称A公司）的经理被告人冯某某、业务主管江某某、兼职人员刘某某利用志都公司可从事跨境贸易电子商务业务，对外承揽一般贸易的进口货物，再以跨境电子商务贸易形式伪报为个人海外购进口商品，逃避缴纳或少缴税款；同时，李某指使被告人程某某为广州B科技有限公司（以下简称B公司）申请跨境贸易电子商务业务海关备案、开发正路货网，用于协助A公司跨境贸易制作虚假订单等资料。

从2015年9—11月期间，A公司及冯某某、江某某、梁某某、刘某某、李某、王某、程某某利用上述方式走私进口货物共19 085票，偷逃税款共计人民币2 070 384.36元。

经过法庭审理，2018年4月，广州市中级人民法院对本案依法公开判决：A公司，被告人冯某某、江某某、刘某某为A公司的其他直接责任人员，伙同被告人梁某某、李某、王某、程某某逃避海关监管，伪报贸易方式报关进口货物，偷逃应缴税额，其行为均已构成走私普通货物罪。A公司在共同犯罪中处重要地位，是主犯，依法应承担全部罪责。

冯某某、江某某、王某、梁某某、刘某某、李某、程某某在共同犯罪中起次要或辅助作用，是从犯，应当从轻或减轻处罚。最终，涉案人员均被判处有期徒刑和罚金，涉案A公司没收违法所得及罚金300余万元。

（资料来源：http://www.yidianzixun.com/article/0J3Dxeq6）

辨证与思考：该案对跨境电子商务行业有何影响？

11.1 跨境电子商务概述

随着计算机网络技术和电子商务的发展，当前正处于数字经济发展的黄金时代，在各种信息技术革命的驱动下，社会经济各个环节均产生深刻变革。跨境电子商务作为数字经济的重要组成部分，以独有的优势助力中国外贸逆势发力，实现量的稳定增长和质的稳步提升。

11.1.1 跨境电子商务的含义

跨境电子商务是全球化时代的产物，随着互联网的飞速发展，跨境贸易已经从线下交易上升为线上交易，各种基于互联网商务网站的电子商务业务和网络公司开始涌现。跨境电子商务一时之间花开遍地，呈"井喷式"发展。

1. 跨境电子商务的概念

跨境电子商务指分属不同关境的交易主体，通过电子商务平台达成交易、进行支付结算，并通过跨境物流送达商品、完成交易的一种国际商业活动。换言之，跨境电子商务属于电子商务应用中一种较为高级的形式，不同国家或地区的交易主体以互联网为载体通过邮件或者快递等形式通过海关，将传统贸易中的环节网络化、简易化，从而实现产品出售的新型贸易方式。

也有学者认为，跨境电子商务指分属不同关境的交易主体，通过电子商务平台达成交易、进行支付结算，并通过跨境物流送达商品、完成交易的电子商务平台和在线交易平台。

2. 跨境电子商务的特征

跨境电子商务是基于网络发展起来的，短短的几十年中，电子交易经历了从EDI（Electronic Data Interchange）到电子商务零售业的兴起的过程，而数字化产品和服务更是花样出新，不断地改变着人类的生活。

（1）直接性。

对于跨境电子商务而言，通过B2B、B2C平台就能够实现境内外企业间、市场间的直接买卖沟通，实现交易。像中国最大的跨境出口电商，全球速卖通就是采用B2C的模式，这就彻底改变了过去传统的国际贸易要通过国内出口商和国外进口商、批发商、零售商，以及境内和境外企业分段流通，多交易环节后，才能到达消费者手中的传统交易模式，这样，不仅是缩短了交易时间，还减少交易环节，使交易成本大大降低。

（2）无边界交易。

互联网本身无国界，不受传统的地理因素限制，借助于互联网的跨境电子商务，势必具备交易无边界的特征。跨境电子商务实现了交易双方无须考虑地理因素限制,能把产品和服务直接提交到消费者面前。跨境电子商务能够实现最大程度的信息共享的同时,由于政治、法律差异的存在,交易双方也承担着一定的风险。

(3) 无形交易。

互联网时代,基于数字传输技术产生的数字化产品具有天然的无形性。这种无形的产品天然适用于跨境电子商务。跨境电子商务打破了传统贸易的国家界限和以实物交易为主的模式,部分数字化的无形产品替代了实物产品,消费者购买该商品的数据权,就可以使用或获得该商品。为此,诸如跨境税收问题和知识产权保护问题成为跨境电子商务的法律难题。

3. 跨境电子商务对中国的意义[①]

跨境电子商务的发展对中国的经济转型、经济结构、经济发展和消费促进有着深远的影响:

(1) 创造新的经济增长点。

跨境电子商务是互联网时代的产物,是"互联网+外贸"的具体体现,必将成为新的经济增长热点。随着信息技术的快速发展,规模已经不再是对外贸易的决定性因素,多批、小批的对外贸易订单需求将取代传统的对外贸易大宗交易,为促进对外贸易稳定和便利化注入了新动力。

(2) 提高国内消费者的福利水平。

跨境电子商务是消费时代的产物。它响应了国内消费者对更高生活质量的需求,必将改善消费者的福利。2019 年,我国人均国民总收入(GNI)上升至 70 892 元(10 410 美元)[②],首次突破 1 万美元,高于中等偏上收入国家 9 074 美元的平均水平。国内消费者对更高质量、更安全和更多样化商品的需求更加旺盛。消费在促进经济增长方面发挥着越来越明显的作用。中国的消费时代已经悄然到来。

(3) 提高我国对外开放水平。

跨境电子商务是全球化时代的产物,是世界市场资源配置的重要载体。这必将促进中国的全面开放。跨境电子商务平台将进一步打破全球市场壁垒,促进跨境商业流通。

(4) 提升我国经济发展的质量。

跨境电子商务是推动产业结构升级的新动力,跨境电子商务为企业打造国际品牌提供了新的机遇。电商已经成为未来跨境贸易的必然趋势,具有巨大的产业发展潜力。跨境电子商务有利于传统外贸企业的转型和升级,对维持我国对外贸易的稳定增长具有深远的意义。大力发展跨境电子商务,有助于在成本效率方面加强我国进出口竞争优势,提高外贸企业利润率。

11.1.2 跨境电子商务的模式与分类

我国跨境电子商务主要分为企业对企业(即 B2B)和企业对消费者(即 B2C)的贸易模式。B2B 模式下,企业运用电子商务以广告和信息发布为主,成交和通关流程基本在线下完成,本质上仍属传统贸易,已纳入海关一般贸易统计。B2C 模式下,我国企业直接面对国外消费者,

---

① 资料来源:http://news.winshang.com/html/056/4379.html

② 资料来源:http://www.stats.gov.cn/tjsj/zxfb/202002/t20200228_1728913.html

以销售个人消费品为主，物流方面主要采用航空小包、邮寄、快递等方式，其报关主体是邮政或快递公司，2019年大多未纳入海关登记。①跨境电子商务基本分类如下：

1. 跨境 B2B、B2C、G2G、C2C 等电子商务模式

跨境电子商务的类型划分不同，因此跨境电子商务根据主体种类的不同，可以将交易分成三类：政府、企业以及个人。首先，个人就指作为消费者在跨境电子商务平台上购买的人群，企业指对于一些团队购买的公司，目前跨境电子商务并未涉及政府这一主体。具体电子商务模式包括跨境电子商务 B2B、跨境电子商务 B2C、跨境电子商务 G2G 模式、跨境电子商务 C2C 模式等。

学而思：你知道哪些比较知名的跨境电子商务 B2C 平台？

跨境电子商务划分有利于价值链的划分，根据买卖双方的种类也能够将跨境电子商务分为不同种类，将现有的分类方式成功地引入到跨境电子商务的交易中。因此交易主体种类在跨境电子商务中占据一定位置。

2. 专项型与综合型跨境电子商务

按照跨境贸易的电子商务网进行物品品类的划分，跨境电子商务分为综合型以及专项型两种，其中专项型跨境电子商务主要针对特定的领域、特定的需求进行服务，提供在专项型跨境电子商务里的全部信息与服务。

综合型跨境电子商务与专项型跨境电子商务正相反，综合型跨境电子商务不像专项型跨境电子商务针对特定的领域或是需求进行服务，综合性跨境电子商务展示的商品种类很多、很杂，涉及很多行业。

3. 跨境出口电商与跨境进口电商

跨境电子商务本身的商品流动性较大，它跨越了国家的空间范畴。按照物品的流动性进行划分，可分为两大类，一是跨境进口电商，二是跨境出口电商。首先，跨境贸易进口电商指从事跨境进口电子商务的服务，其次，跨境出口电商指从事跨境出口电子商务的服务。

从事跨境电子商务进口业务具体是将国外的物品通过各种渠道在我国的电子市场上销售，出口跨境电子商务具体指将我国的物品通过各种渠道在国外的电子市场销售。以往想要达到此目的就要通过代购方式，跨境电子商务的出现就是把以往的代购与现代的网络营销相结合，通过跨境电子商务的电子平台得以展示，从而进行交易、支付、送达商品，以此保证消费者权益。

跨境电商零售进口与跨境电商零售出口

1. 跨境电商零售进口

跨境电商零售进口，指中国境内消费者通过跨境电商第三方平台经营者从境外购买商品，并通过"网购保税进口"或"直购进口"运递入境的消费行为。就海关监管模式而言，包括"网

---

① 资料来源：https://www.sohu.com/a/325919211_120181916

购保税进口"或"直购进口"等类型。

这里的"网购保税进口"指符合条件的电子商务企业或平台与海关联网，电子商务企业将整批商品运入海关特殊监管区域或保税物流中心（B型）内并向海关报关，海关实施账册管理。境内个人网购区内商品后，电子商务企业或平台将电子订单、支付凭证、电子运单等传输给海关，电子商务企业或其代理人向海关提交清单，海关按照跨境电子商务零售进口商品征收税款，验放后，账册自动核销。

而"直购进口"指符合条件的电子商务企业或平台与海关联网，境内个人跨境网购后，电子商务企业或平台将电子订单、支付凭证、电子运单等传输给海关，电子商务企业或其代理人向海关提交清单，商品以邮件、快件方式运送，通过海关邮件、快件监管场所入境，按照跨境电子商务零售进口商品征收税款。

2. 跨境电商零售出口

跨境电商零售出口也就是我们常说的B2C出口，指企业直接面向境外消费者开展在线销售产品和服务。就海关监管模式而言，包括"一般出口"和"特殊区域出口"。

"一般出口"指符合条件的电子商务企业或平台与海关联网，境外个人跨境网购后，电子商务企业或平台将电子订单、支付凭证、电子运单等传输给海关，电子商务企业或其代理人向海关提交申报清单，商品以邮件、快件方式运送出境。综试区海关采用"简化申报，清单核放，汇总统计"方式通关，其他海关采用"清单核放，汇总申报"方式通关。

"特殊区域出口"指符合条件的电子商务企业或平台与海关联网，电子商务企业把整批商品按一般贸易报关进入海关特殊监管区域，企业实现退税；对于已入区退税的商品，境外网购后，海关凭清单核放，出区离境后，海关定期将已放行清单归并形成出口报关单，电商凭此办理结汇手续。

▶▶ 11.1.3 我国跨境电子商务的发展现状与发展趋势

跨境电子商务通过互联网缩短中国制造商与国外消费者的距离，重塑国际产业链，促进外贸发展方式转变。跨境电子商务的火热发展得益于强劲的网购外需与内需、完善的供应链体系以及趋于多元的跨境出口渠道。

1. 我国跨境电子商务的发展历程[①]

跨境电商的雏形源于海淘、个人代购等模式，在多种因素刺激下，我国跨境电子商务市场逐渐发展起来，跨境电商的形式也不再拘泥于海淘与个人代购，逐渐实现了规模化、企业化发展，越来越多的企业相继涌入跨境电子商务市场，由于海淘与个人代购存在诸多突出问题，跨境电商逐渐取代了海淘与个人代购，成为跨境电商市场的主力军。如表11-1所示，2007年之前，随着留学生群体的剧增，以留学生为代表的第一批个人代购兴起，这个阶段主要表现为熟人推荐的海外个人代购模式。2007年淘宝上线"全球购"，随后一些专注于代购的网站不断涌现，海外代购行业发展壮大，海淘的品类也从母婴商品扩展到保健品、电子产品、服装鞋帽、化妆品、奢侈品等。2010年9月，我国调整进出境个人邮递物品管理政策，缩紧海淘与代购市场，

---

① 资料来源：https://www.92hi.com/scjs/show_489.html

海淘与代购的成本和风险剧增。随后，我国启动了跨境电商服务试点城市，跨境电商发展进入快车道。自2014年7月起，包括海关总署的《关于跨境贸易电子商务进出境货物、物品有关监管事宜的公告》《关于增列海关监管方式代码的公告》（即56号、57号公告）在内，各类利好政策不断出台，涉及海关、商检、物流、支付等环节，刺激了跨境电商的发展，至此跨境电商企业不断涌现，也逐渐步入了正常发展的轨道。

表 11-1 我国跨境电商发展历程

2007年之前	2007—2010年	2010—2013年	2014年至今
探索阶段 个人代购	起步阶段 代购体系化	发展阶段 海淘	成熟阶段 跨境电商
海外留学群体扩大，以留学生为代表的代购兴起。 随着代购模式的发展，消费者选好商品后，寻求靠谱的代购方，给予一定的代购费。 该阶段的关键在于代购人的选择，大多依靠同事、亲戚、同学或朋友等熟人口碑推荐	出现了一些专注于代购的网站，淘宝"全球购"上线，代购市场逐渐壮大，代购市场体系日益完善	消费者从美国亚马逊、易贝等国外网站购买商品，一些网站也将商品送抵转运公司的国外地址再转运到国内，海淘模式涌现并发展壮大。 我国全面启动跨境电商试点城市	利好政策频繁出台，传统国内电商企业、外贸企业等纷纷涉足跨境电商业务，跨境电商企业数量与规模攀升

- 留学生第一批代购者
- 2007年，淘宝"全球购"上线
- 2010年，中国调整进出境个人邮递物品管理措施，海外代购成本与风险大幅增加
- 2012—2013年，中国跨境电商试点城市全面启动
- 2014年，海关总署发布第56号、57号公告，跨境电商迅猛发展；利好政策密集出台，推动跨境电商发展

2. 我国跨境电子商务的发展的现实状况

（1）跨境电子商务高速增长。

出口方面，跨境电子商务出口卖家由原先集中在南部地区向中西部拓展。进口方面，伴随着市场的不断开拓，互联网网络技术的普及，相应设施的完善，国家对外、对内政策的支持与给予的自由，跨境电子商务的发展空间将逐步得到拓展。中国电子商务研究中心的数据显示，2020年上半年交易额达到2万亿元，同比增长42.8%，较去年增速提高12.2%。跨境电子商务的快速发展，同时也带动了从事跨境电子商务的企业的增长。2019年，我国跨境电子商务平台企业超过5 000家，境内开展跨境电子商务的企业已超过20万家，目前我国跨境电子商务呈现蓬勃发展态势。[①]

（2）提升国内消费者福利水平。

我国居民收入在逐步提高，跨境电子商务能更好地满足国内居民对更高品质生活的需求，这样就能够以消费升级需求引领产业升级。跨境电子商务进口以扁平化的线上交易模式使中间多个环节减少，海外产品的价格下降。我国通过引入品质较优的海外产品培育国内市场，使国内市场的产品得到优化提升，也使产品多样化，国内消费者有了更多的选择，最终使国内消费

---

① 资料来源：http://field.10jqka.com.cn/20151020/c585119792.shtml

者获得满足，大大提升了国内消费者的福利水平与幸福感，也增强了消费者对于跨境电子商务的信任度与满意感，实现双赢。

（3）受到政府的高度重视。

我国政府对于跨境电子商务的发展非常重视。一是政府将跨境电子商务视为制造经济新的增长点的一个重要方式。二是关于跨境电子商务的一系列政策措施将会逐步落地，为支持跨境电子商务的发展营造一个良好的环境。三是跨境电子商务试点在全国范围不断拓展，成为之后发展可借鉴的成熟经验。继第一批跨境电子商务试点城市上海、重庆、杭州、宁波、郑州后，广州、深圳前海以及青岛也陆续获批，成为跨境电子商务试点城市。可以看出政府的力量是不容忽视的，有了政府的支持与扶持，跨境电子商务的发展可以说是无阻碍的。

3. 存在的问题

尽管跨境电子商务得到了快速的发展，但也有存在的问题。一是跨境物流发展相对滞后，跨境外贸发展迅速，国际物流发展却跟不上节奏，可想而知会引发很多问题。买家与卖家发生交易后，持续的等待与态度恶劣的物流服务直接影响买家对卖家的满意度、购物体验和忠诚度。二是通关手续不够简化。通关是跨境电子商务面临的一个共同难题，跨境货物流动并不自由。我国跨境电子商务的发展相对来说还是在一个初始阶段，如何解决这些问题得到更好的发展是急需要解决的。

4. 跨境电子商务的发展趋势

我国作为世界的工厂，具有全球最完备的工业体系，短期内中国制造的地位难以撼动，"中国制造"在全球范围内仍具优势。同时，随着全球经济的发展和我国经济的崛起，我国跨境电子商务将服务整个"地球村"，以崭新姿态容纳全球70亿消费者。

（1）跨境电子商务仍将继续保持高速增长。

随着国际人均不断增强的购买力、不断提升的网络普及率、进步的物流水平、逐步改善的支付方式，跨境电子商务发展迅速。据第三方数据机构e-Marketer调查显示，仅2011年到2016年间，全球网络零售交易额从8 600亿美元增长至19 200亿美元，年平均增长率达17.4%，市场前景巨大。2020年，全球网络零售交易额将超过40 000亿美元，占全球零售总额的比例从2016年的7.4%增长至14.6%。得益于此，跨境电子商务市场毫无疑问将得到进一步增幅。[①]

（2）跨境电子商务仍以出口为主。

2020年海关总署数据显示，海关跨境电子商务监管平台进出口增长26.2%，其中出口增长28.7%，进口增长24.4%，所以我国跨境电子商务之后的发展仍以出口为主，出口占据主导地位。

（3）跨境电子商务被流程化、制度化。

我国跨境电子商务还存在灰色通关现象，基于历史因素和不完善的体制机制。随着跨境电子商务规模的壮大和严格的监管制度的完善，将不符合条件的清关物品纳入法定行邮监管的必要性不断增强，跨境电子商务被流程化、制度化是跨境电子商务发展的必然趋势，这样才有助于正品的销售、降低物流成本、完善售后制度，使跨境电子商务朝着健康规范化方向发展。

---

① 资料来源：https://www.sohu.com/a/154721407_99896342

（4）自营与平台类的融合成主流。

跨境电子商务企业具有很强的竞争力，主要体现在正品、价格、物流和售后。跨境电子商务平台类企业产品丰富，在交易过程中只是为买卖双方提供机会。而自营类企业由于自身的要求，需要先进行海外商品的采购，因此对企业的资金实力和选择商品水平都有更高要求，其重点消费产品是标准化且易于运输的正品。如果自营类企业能够看清市场趋势，抓住市场需求形成自己较强的竞争力，那么发展是很快速的。综合来看，跨境电子商务的发展方向应该是两者的结合，综合各自的核心竞争力，实现多项优势，为跨境电子商务的发展再创佳绩。

11.2 我国跨境电子商务的立法进程

在我国"一带一路"以及"互联网+"战略的扶持下，我国跨境电子商务得到了迅速发展，进出口比例逐年增加，已经成为我国经济发展的重要引擎。当然，跨境电子商务的极速发展也使得我国法律监管的缺点日益暴露，法律监管已经难以跟上跨境电子商务的发展需求，2018 年《电子商务法》的出台使跨境电商的发展纳入了法治化发展的轨道，为跨境电商提供了法律框架。

▶▶ 11.2.1 我国跨境电商立法的早期探索

2012 年，我国传统进出口贸易业务的表现不容乐观，而民间利用邮政通道进出口货物的模式却发展得如火如荼。这种模式，出口方面表现为外贸电商，也即利用亚马逊、易贝等平台将产品销售到海外；进口方面表现为海淘代购，也即从国外网站或实体店购买商品并运回国内。

很快，我国发改委和海关总署选择了 5 个城市（郑州、杭州、宁波、上海、重庆）作为进出口跨境电商试点城市，之后增加了深圳、广州，再后来又补增了天津、福州、平潭。进口方面，在国内大量刚性需求的推动下（本质上也是各方利益的驱动），试点大获成功：不仅推出了保税进口和直购进口两种模式，还首次提出"订单、支付单、物流单三单对碰"的监管原则。

2013 年，我国商务部发布了《关于实施支持跨境电子商务零售出口有关政策意见的通知》，通知中对跨境电子商务模式下的政策措施进行了规制，包括海关监管、跨境结算、信用体系建设等内容。

自 2015 年起，国务院已分四批设立 59 个跨境电子商务综试区，商务部会同各部门和各地方，探索建立起以"六体系、两平台"为核心的政策体系，面向全国复制推广了 12 方面、36 项成熟经验和创新做法，推动跨境电子商务规模持续、快速增长。

2016 年，我国财政部等部门联合颁布了《关于跨境电子商务零售进出口税收政策的通知》，对零售方面的相关内容进行了规定。

11.2.2 《电子商务法》颁行与跨境电商的新起点

2018年8月31日第十三届全国人民代表大会常务委员会第五次会议通过《中华人民共和国电子商务法》(自2019年1月1日起施行),这是我国电商领域首部综合性法律,也使得跨境电商有了专门的规范性法律,虽然《电子商务法》对跨境电子商务仅仅是一种原则性规定,不过这也为今后跨境电商立法留有极大的逐步完善的空间。《电子商务法》主要在以下方面对跨境电商进行了规范和进行了发展方向的指引:如国家促进跨境电子商务发展,支持小型微型企业从事跨境电子商务;规范了跨境电商主体,并对跨境电商的主体资质及许可进行了规定;明确要求跨境电子商务经营主体应当履行消费者权益保护,依法承担产品和服务质量责任;要求跨境电商数据共享,更加适应互联网模式快节奏的发展速度等。

《电子商务法》出台后,我国跨境电商实践与立法发展进入快车道。

2018年11月,我国国务院确定在2019年元旦起开始调整跨境电子商务零售进口政策,对享受税收优惠的相关商品的限额进行上调,并扩大产品范围。

2019年3月,国务院强调:"将改革完善跨境电子商务等新业态扶持政策。推动服务贸易创新发展,引导加工贸易转型升级、向中西部转移,发挥好综合保税区作用。优化进口结构,积极扩大进口。办好第二届中国国际进口博览会。加快提升通关便利化水平。"也就是在2019年,我国跨境电子商务零售进出口额达到了1 862.1亿元人民币,是2015年的5倍,年均增速49.5%。2020年我国跨境电子商务交易额将达到12万亿元人民币,未来跨境电子商务发展市场空间巨大。[①]

2020年2月,商务部出台《关于应对新冠肺炎疫情做好稳外贸稳外资促消费工作的通知》,提出支持企业有序复工复产、支持外贸新业态新模式发展等22条措施。海关总署从减免滞报金和滞纳金等4个方面推出新措施,进一步降低通关成本。

2020年2月23日,国家邮政局发布了《关于促进跨境电子商务寄递服务质量的若干意见》,强调打造更多跨境寄递服务通道平台,促进跨境寄递服务高质量发展,保障寄递安全,改进用户体验,降低物流成本,维护公平竞争,形成线上线下协同发展新格局。

2020年5月,国家外汇管理局出台《关于支持贸易新业态发展的通知》。《通知》指出,从事跨境电子商务的境内个人,可通过个人外汇账户办理跨境电子商务外汇结算等。境内个人办理跨境电子商务项下结售汇,提供有交易额的证明材料或交易电子信息的,不占用个人年度便利化额度。

11.3 我国跨境电子商务的法律规制与保护

由于跨境购销的交易链条之长以及不稳定性,往往给各大电商平台带来不小的困扰,在这

---

① 资料来源:https://www.sohu.com/a/350824178_99988076

中间，质量问题、疫病疫情风险、消费者权益、知识产权等问题都是跨境电子商务监管所面临的难题。

▶▶ 11.3.1　关于跨境电子商务的一般性法律规定

我国电子商务法明确规定，国家促进跨境电子商务发展，建立健全适应跨境电子商务特点的海关、税收、进出境检验检疫、支付结算等管理制度，提高跨境电子商务各环节便利化水平，支持跨境电子商务平台经营者等为跨境电子商务提供仓储物流、报关、报检等服务。

国家支持小型微型企业从事跨境电子商务。

国家进出口管理部门应当推进跨境电子商务海关申报、纳税、检验检疫等环节的综合服务和监管体系建设，优化监管流程，推动实现信息共享、监管互认、执法互助，提高跨境电子商务服务和监管效率。跨境电子商务经营者可以凭电子单证向国家进出口管理部门办理有关手续。

国家推动建立与不同国家、地区之间跨境电子商务的交流合作，参与电子商务国际规则的制定，促进电子签名、电子身份等国际互认。

国家推动建立与不同国家、地区之间的跨境电子商务争议解决机制。

▶▶ 11.3.2　跨境电子商务中的主要法律主体的相关规定

跨境电子商务这类新型贸易模式中，除了与传统线下贸易同样存在的卖家与买家，近几年我们也经常听到一些耳熟能详的新词汇或是新机构，如电商平台、三方支付机构、跨境购汇结汇、供应链、物流货代企业等。这些新鲜词汇即构成了跨境电子商务与传统线下贸易的最大不同之处，从中也诞生出至少三种新兴的法律主体。

1. 跨境电子商务平台

根据《电子商务法》，我们认为"跨境电子商务平台"符合电子商务经营者的定义与解读。电子商务经营者指通过互联网等信息网络销售商品或者提供服务的自然人、法人和非法人组织，包括自建网站经营的电子商务经营者、电子商务平台经营者、平台内电子商务经营者。由于跨境电子商务是基于网络发展起来的，跨境电子商务平台同样具有全球化、即时性、无纸化的特点。

2. 第三方支付机构

跨境电子商务中通常使用的第三方支付机构，通常指非银行支付机构。其在《非银行支付机构网络支付业务管理办法》中的定义为：依法取得《支付业务许可证》，获准办理互联网支付、移动电话支付、固定电话支付、数字电视支付等网络支付业务的非银行机构。此类支付机构与银行等金融支付机构相较而言，最大的区别在于，非银行支付机构主要服务于电子商务发展，并为社会提供小额、快捷、便民的小微支付服务，基于客户的银行账户或者按照《非银行支付机构网络支付业务管理办法》规定为客户开立支付账户提供网络支付服务。

▶▶ 11.3.3　电子合约的签署及其履行过程中的风险

消费者与跨境电子商务之间的采购合同，几乎都是通过电子合约来完成的，无论是消费者与电商平台、境内外卖家抑或是物流公司。通常，在消费者选择完毕其需要购买的商品后，查看电子合同并发送要约（即点击同意签署）的时间一般只需要十几秒的时间。但网络电子合同的快捷与高效也同样隐藏着不小的风险，主要存在于以下方面：(1) 电子要约无法撤销或撤回。由于因特网电子传输的即时性，无论是要约还是承诺一经发出就等于到达，不存在撤回或撤销的机会，因此只要发出电子合同订立邀请，合同一般即告成立；(2) 电子合同的内容基本上属于格式条款，其中往往加入了大量使跨境电子商务平台等交易主体免责的条款，消费者无法进行协商修改；(3) 电子合同的争议解决条款中存在的风险，因消费者等相关主题的忽视常常造成维权之艰难。不过依据民事诉讼法司法解释，以信息网络方式订立的商品买卖合同，经营者使用格式条款与消费者订立管辖协议，未采取合理方式提请消费者注意，消费者主张管辖协议无效的，人民法院应予支持；(4) 由于网络交易的线上化特征，消费者通常无法看到实物，这也经常会引起消费者的重大误解而无法获得很好的救济。

我国网络发展虽然起步晚，但近几年来发展迅速，大有超越欧美发达国家之势。但在网络电子合约立法方面，我国目前仅有 1999 年《中华人民共和国合同法》以及 2005 年《电子签名法》予以规制。我国 1999 年《合同法》（现为《中华人民共和国民法典》中的合同编）对于电子合同的形式，要约承诺生效的时间、地点以及有关电子合同效力确认等问题都做了规定，确认了电子合同与传统书面合同形式同等的法律地位，但由于规定过于简单，有些问题不易于操作，所以单靠合同法本身的规定还不足以解决电子合同的效力及一系列相关问题。2005 年的《电子签名法》首次赋予可靠的电子签名与手写签名或盖章具有同等的法律效力，并明确了电子认证服务的市场准入制度。这部法可谓是我国电子商务法律在近几年最重要的成果，但我国规制电子合同的法律仍不系统、不全面，有诸多具体以及实践性问题亟待解决。

▶▶ 11.3.4　供应链配送问题的法律风险[①]

在跨境电子商务行业中，以物流配送为主的供应链环节常常被消费者忽略，但又是极其重要的一个组成部分。我国物流的基础设施和管理水平都相对落后，与电子商务发展相匹配的全国性现代物流体系尚未真正形成，因而也给电子商务合同的履行带来了一定的风险。如送达服务的不及时、物流分供方的选择不当的风险，货物在运输过程中的灭损风险、监管不到位、物流从业人员水平参差不齐等。

通常消费者无从选择物流配送的主体与要求，通常由跨境电子商务平台或商家来指定。由于跨境供应链时间之久，经手主体之多，货物灭损等问题在所难免。关于货物运输的风险，从消费者角度而言，目前我国也仅有《民法典》这一基本法律对该问题进行了原则性规定，但对于跨境电子商务交易中货物运输的监管与维权，仅凭《民法典》中的规定难以得到很好的实施。

---

① 资料来源：https://www.sohu.com/a/239773376_806432

▶▶ 11.3.5　个人信息的法律保护

在电子商务时代,个人信息已经成为具有很高价值的商品,通过对网络用户个人信息的利用,向网络用户推销商品或者服务是电子商务营销的重要手段。从这个意义上说,电子商务不是网络隐私问题产生的原因,但它无疑是引发网络隐私保护的主要因素。电子商务对网络用户和电子商务消费者隐私权的侵害很大程度上是由互联网的开放性、虚拟性以及计算机和网络技术的发展等因素造成的。

由于用户在进行跨境商务交易的过程中,大多数的网络经营者都会要求消费者登记个人信息资料。但如果平台、卖方或物流方不对用户的私人信息进行保护,公民的个人信息安全将受到严重侵害。

▶▶ 11.3.6　海关、检验检疫、税务和收付汇等问题[①]

2013年8月,国务院办公厅发布了《国务院办公厅转发商务部等部门关于实施支持跨境电子商务零售出口有关政策意见的通知》(以下简称《通知》),其在《通知》中说明,电子商务出口在交易方式、货物运输、支付结算等方面与传统贸易方式差异较大。现行管理体制、政策、法规及现有环境条件已无法满足其发展要求,主要问题集中在海关、检验检疫、税务和收付汇等方面。

关于涉税问题,我国2018年《关于跨境电子商务零售进口税收政策的通知》明确规定:"跨境电子商务零售进口商品按照货物征收关税和进口环节增值税、消费税,购买跨境电子商务零售进口商品的个人作为纳税义务人,实际交易价格(包括货物零售价格、运费和保险费)作为完税价格,电子商务企业、电子商务交易平台企业或物流企业可作为代收代缴义务人。跨境电子商务零售进口商品的单次交易限值为人民币2 000元,个人年度交易限值为人民币20 000元。在限值以内进口的跨境电子商务零售进口商品,关税税率暂设为0%;进口环节增值税、消费税取消免征税额,暂按法定应纳税额的70%征收。超过单次限值、累加后超过个人年度限值的单次交易,以及完税价格超过2 000元限值的单个不可分割商品,均按照一般贸易方式全额征税。"

> **案例与思考**
>
> **广州海关破获案值15亿元跨境电商走私大案**
>
> 据广州海关2020年5月20日消息,5月19日凌晨,在海关总署缉私局的指挥下,广州海关缉私局开展"奋战12",打击跨境电商走私保健品专项行动,一举打掉利用跨境电商平台走私进口保健品的团伙5个,初估案值达15亿元。
>
> 广州海关缉私局相关负责人介绍,据有关线索显示,以牛某为首的走私团伙存在伪报贸易方式、通过跨境电商平台走私进口某国品牌保健品的重大嫌疑。该局迅速运用"智慧缉私"开展"大数据"分析,广州海关缉私局、风险防控分局联合开展风险研判。

[①] 资料来源:https://www.sohu.com/a/239773376_806432

在分析比对数十万条各类信息后,办案人员锁定牛某走私团伙,2019年以来,该团伙以香港某公司名义承揽某国品牌保健品,与广东省内多家跨境电商平台勾结,通过非法套用他人身份信息,使用虚假跨境电商订单、支付单、运单的"三单"信息向海关申报,以伪报贸易性质为跨境电商直购进口的方式走私进口保健品。

2020年5月19日凌晨,广州海关缉私局在广州、肇庆、河源等地统一开展集中收网行动,抓获犯罪嫌疑人20名,现场查扣涉嫌走私进口的保健品一批。

据缉私办案人员介绍,涉案的该品牌保健品在国内市场没有取得相关合法经营资质,走私团伙为了牟取非法利润,利用跨境电商平台伪报贸易方式实施走私,损害合法跨境电商进口商家的权益,扰乱正常进出口贸易秩序。广州海关将深入开展"国门利剑2020"打击走私联合专项行动,严厉打击走私犯罪活动,营造良好的进出口贸易环境,维护跨境电商行业健康发展。

目前,案件正在进一步侦办中。

(资料来源:https://www.chinanews.com/cj/2020/05-20/9190140.shtml)

思考:
1. 谈一谈利用跨境电商平台实施走私的害处。
2. 谈一谈我国处罚跨境电商走私的法律依据。

本章实践技能操作

通过互联网登录全球速卖通的官方网站,体会入驻跨境电子商务平台的流程。

基本情况介绍:

全球速卖通 AliExpress 是中国最大的跨境出口 B2C 平台之一,同时也是在俄罗斯、西班牙排名第一的电商网站。全球速卖通是阿里巴巴集团旗下电商业务之一,致力于服务全球中小创业者出海,让天下没有难做的跨境生意,快速连接全球超过 200 个国家和地区的消费者,为全球消费者带去一种崭新的生活方式。

全球速卖通覆盖3C、服装、家居、饰品等共30个一级行业类目,其中优势行业主要有:服装服饰、手机通信、鞋包、美容健康、珠宝手表、消费电子、计算机网络、家居、汽车摩托车配件、灯具等。

入驻要求:

个体工商户或企业身份均可开店,须通过企业支付宝账号或企业法人支付宝账号在速卖通完成企业身份认证,请先注册一个企业支付宝或企业法人支付宝。

注:平台目前有基础销售计划和标准销售计划供商家选择,个体工商户商家在入驻初期时仅可选择基础销售计划。

操作流程:

(1)打开浏览器,输入网址:https://www.cifnews.com/form/3774。

（2）设置用户名，输入你的电子邮箱，拖动滑块验证，勾选下方选项并点击下一步。提示：邮箱账号最好是没有注册过淘宝、天猫、"1688"和支付宝的。

（3）做企业的认证，包括企业支付宝或者公司营业执照和法人支付宝。

（4）选择销售计划，标准或者基础计划。

（5）类目准入，选择类目经营类型：专营店、专卖店、官方店。

（6）类目提交审核，通过了之后就可以缴年费。

（7）进入卖家后台，进入店铺，进入店铺资产管理，设置店铺名称和二级域名，阅读《速卖通店铺二级域名申请及使用规范》，若您申请的是官方店，请同步设置品牌官方直达及品牌故事内容。

（8）入驻基本完成，请开始发布商品，对店铺进行装修后就可以正式开张。

本章知识自测

名词解释

1. 跨境电子商务　　2. 垂直型跨境电子商务　　3. 跨境电商零售进口
4. 跨境电商零售出口　5. 网购保税进口　　　　6. 直购进口
7. 一般出口　　　　8. 特殊区域出口

单选题

1. 跨境电子商务指分属不同关境的交易主体，通过（　　）达成交易、进行支付结算，并通过跨境物流送达商品、完成交易的一种国际商业活动。

　　A．电子商务平台　　B．中间商　　　　C．出口电商　　　　D．进口电商

2. 跨境电商的 B2C 模式下，我国企业直接面对（　　）。

　　A．国内消费者　　B．国外消费者　　C．国外企业　　　　D．国内企业

3. （　　）跨境电子商务主要针对特定的领域、特定的需求进行服务，提供在相应跨境电子商务里全部的信息与服务。

　　A．综合型　　　　B．专项型　　　　C．一般型　　　　　D．特殊型

4. 根据我国《电子商务法》规定，国家支持（　　）企业从事跨境电子商务。

　　A．小型　　　　　B．中型　　　　　C．小型微型　　　　D．国有

5. 跨境电子商务零售进口商品按照货物征收关税和进口环节增值税、消费税，购买跨境电子商务零售进口商品的（　　）作为纳税义务人。

　　A．企业　　　　　B．个人　　　　　C．政府　　　　　　D．海关

多选题

1. 跨境电子商务的特征包括（　　）。
   A. 直接性　　　　　　　B. 无边界交易　　　　　C. 无形交易　　　　　D. 以上都不对
2. 以下属于跨境电子商务对我国的意义的有（　　）。
   A. 创造新的经济增长点
   B. 提高国内消费者的福利水平
   C. 提高我国对外开放水平
   D. 提升我国经济发展的质量
3. 跨境电子商务按照物品的流动性可分为（　　）。
   A. 专项型跨境电子商务　　　　　　　　　B. 综合型跨境电子商务
   C. 跨境出口电子商务　　　　　　　　　　D. 跨境进口电子商务
4. 下列属于跨境电子商务 B2C 平台的有（　　）。
   A. 亚马逊　　　　　　　B. 速卖通　　　　　　　C. 易贝　　　　　　　D. 兰亭集势
5. 跨境电商零售进口，就海关监管模式而言，包括（　　）。
   A. 网购保税进口　　　　　　　　　　　　B. 直购进口
   C. 一般出口　　　　　　　　　　　　　　D. 特殊区域出口

简答题

1. 简答跨境电子商务对我国的意义。
2. 简答我国跨境电子商务的发展趋势。
3. 简答跨境电子商务中的主要法律主体。

参考文献

[1] 电子商务法起草组. 中华人民共和国电子商务法条文释义[M]. 北京：中国法制出版社，2018.

[2] 郭锋. 中华人民共和国电子商务法法律适用与案例指引[M]. 北京：人民法院出版社，2018.

[3] 松本恒雄，斋藤雅弘，町村泰贵. 电子商务法[M]. 北京：北京大学出版社，2019.

[4] 法律出版社法规中心. 最新电子商务法规汇编[M]. 北京：法律出版社，2018.

[5] 凌斌. 电子商务法[M]. 北京：中国人民大学出版社，2019.

[6] 吴景明.《中华人民共和国电子商务法》消费者权益保护法律制度：规则与案例[M]. 北京：中国法制出版社，2019.

[7] 罗佩华，魏彦珩. 电子商务法律法规[M]. 北京：清华大学出版社，2019.

[8] 温希波，邢志良，薛梅. 电子商务法——法律法规与案例分析[M]. 北京：人民邮电出版社，2019.

[9] 韩晓平. 电子商务法律法规[M]. 北京：机械工业出版社，2020.

[10] 郑远民，李俊平. 电子商务法发展趋势研究[M]. 北京：知识产权出版社，2012.

[11] 全国人大财政经济委员会电子商务法起草组. 中国电子商务立法研究报告[M]. 北京：中国财政经济出版社，2016.

[12] 王芸，袁颖. 电子商务法规[M]. 北京：高等教育出版社，2016.

[13] 柯桦龙，周海斌，夏雪峰，刘焱飞. 以案说法：电子商务法案例评析[M]. 北京：机械工业出版社，2016.

[14] 李国旗. 电子商务法实务研究[M]. 杭州：浙江大学出版社，2015.

[15] 高富平. 中国电子商务立法研究[M]. 北京：法律出版社，2015.

[16] 刘喜敏，迟晓曼. 电子商务法实务研究[M]. 大连：大连理工大学出版社，2015.

[17] 张楚，郭斯伦. 电子商务法教程[M]. 北京：首都经济贸易大学出版社，2005.

[18] 杨路明. 电子商务法[M]. 北京：机械工业出版社，2007.

[19] 秦成德. 电子商务法[M]. 北京：科学出版社，2007.

[20] 李适时. 各国电子商务法[M]. 北京：中国法制出版社，2003.

[21] 郭懿美. 电子商务法经典案例研究[M]. 北京：中信出版社，2006.

[22] 杨坚争. 电子商务法教程[M]. 北京：高等教育出版社，2007.

[23]《电子商务法》最权威解读[EB/OL]. https://www.sohu.com/a/252301138_100002749.

[24] 中国互联网络信息中心.《中国互联网络发展状况统计报告》（第 45 次）[EB/OL]. http://www.gov.cn/xinwen/2020-04/28/content_5506903.htm.

[25] 陈群. 中华人民共和国电子商务法（解读版）[EB/OL]. http://www.lycoop.net/zcfg.php?newsid=2102.

[26] 中国消费者报.《电子商务法》正式实施 14 个关键词教你如何维权[EB/OL]. https://tech.sina.com.cn/i/2019-01-02/doc-ihqfskcn3330502.shtml.